觀
OBSERVE
乎

董 康 \ 著

中国数据资本存量核算及其对经济增长影响研究

ZHONGGUO SHUJUZIBEN CUNLIANGHESUAN JIQIDUI
JINGJIZENGZHANG YINGXIANG YANJIU

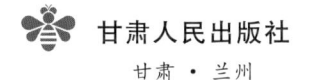

甘肃人民出版社

甘肃·兰州

图书在版编目（CIP）数据

中国数据资本存量核算及其对经济增长影响研究 / 董康著. -- 兰州：甘肃人民出版社，2024.9. -- ISBN 978-7-226-06137-4

Ⅰ．F492

中国国家版本馆CIP数据核字第2024CP6183号

责任编辑：马元晖
封面设计：孔庆明珠

中国数据资本存量核算及其对经济增长影响研究

董　康　著

甘肃人民出版社出版发行

（730030　兰州市读者大道568号）

甘肃浩天印刷有限公司印刷

开本787毫米×1092毫米　1/16　印张15　插页3　字数225千
2024年9月第1版　2024年9月第1次印刷
印数：1~1000

ISBN 978-7-226-06137-4　　　定价：68.00元

摘　要

21世纪以来,随着中国经济社会数字化、信息化水平的不断提升,数据在人们生产生活中的地位变得日益重要。2020年中国正式将数据列为第五大生产要素,充分体现了中国政府对于数据的重视程度。数据从之前为人们提供信息的工具转变为现在的生产要素,不仅体现为对数据利用效率的提升,更是一种观念上的转变,在生产生活的各环节都要发挥数据的作用。然而目前中国对于数据要素规模、数据要素对经济增长的促进作用以及影响数据要素作用发挥存在的问题等方面的研究还较为薄弱,抑制了数据要素潜力的发挥,从而阻碍经济增长。在此背景下,如何界定数据要素,计算数据要素的流量与存量并将数据要素纳入国民经济核算体系,如何测算数据要素对经济增长的促进作用,梳理数据要素促进经济增长的机制以及影响数据要素作用发挥存在的问题,需要进行详尽、全面、系统的研究。这对于中国掌握数据要素规模,更好地发挥数据要素对经济增长的促进作用具有十分重要的意义。

本文首先对数据要素、数据资本、数据资产投资、数据资本存量等相关核心概念进行阐述和区分,然后对重要的数据资产投资量化方法、资本存量测算方法、经济增长测算方法进行了详细的介绍并结合中国的实际情况与数据要素的特点选取适用于本文的研究方法。其次,按照永续盘存法的要求,运用科学的方法确定了数据资本的价格指数、基期存量、重置(折旧)率等重要参数,并在此基础上尝试测算中国所有沪深市场上市公司19个传统行业的数据资本存量,之后利用等资本产出比法将结果外推至全国层面,再通过与不同路径测算出的结果问题,这些数据会因为一些客观因素或主观因素无法反映出真实的信息,政府依据这些错误信息制定的政策很可能无法达到预期效果,对经济社会发展造成危害。

关键词:数据要素;数据资本存量;经济增长贡献;数据治理

ABSTRACT

SINCE THE BEGINNING OF THE NEW CENTURY, WITH THE CONTINUOUS IMPROVEMENT OF THE DIGITAL AND INFORMATION LEVEL OF CHINA'S ECONOMY AND SOCIETY, DATA HAS BECOME INCREASINGLY IMPORTANT IN PEOPLE'S PRODUCTION AND LIFE. IN 2020, CHINA OFFICIALLY LISTED DATA AS THE FIFTH FACTOR OF PRODUCTION, WHICH FULLY REFLECTS THE IMPORTANCE THAT THE CHINESE GOVERNMENT ATTACHES TO DATA. THE TRANSFORMATION OF DATA FROM A TOOL TO PROVIDE INFORMATION TO A FACTOR OF PRODUCTION NOT ONLY REFLECTS THE IMPROVEMENT OF DATA UTILIZATION EFFICIENCY, BUT ALSO A CHANGE OF IDEOLOGY. DATA SHOULD PLAY A ROLE IN EVERY LINK OF PRODUCTION AND LIFE. HOWEVER, AT PRESENT, CHINA'S RESEARCH ON THE SCALE OF DATA FACTORS, THEIR CONTRIBUTION TO ECONOMIC GROWTH AND THE PROBLEMS EXISTING IN THE PROCESS OF DATA FACTORS PLAYING THEIR ROLES. IS STILL WEAK, WHICH INHIBITS THE POTENTIAL OF DATA FACTORS AND THUS IMPEDES ECONOMIC GROWTH. IN THIS CONTEXT, DETAILED, COMPREHENSIVE AND SYSTEMATIC STUDIES ARE NEEDED ON HOW TO DEFINE DATA FACTORS, CALCULATE THE FLOW AND STOCK OF DATA FACTORS AND INCORPO-RATE DATA FACTORS INTO THE NATIONAL ECONOMIC ACCOUNTING SYSTEM, HOW TO

MEASURE THE PROMOTING EFFECT OF DATA FACTORS ON ECONOMIC GROWTH, AND SORT OUT THE MECHANISM OF DATA FACTORS PROMOTING ECONOMIC GROWTH AS WELL AS THE PROBLEMS EXISTING IN THE PROCESS OF DATA FACTORS PLAYING THEIR ROLES. THIS IS OF GREAT SIGNIFICANCE FOR CHINA TO MASTER THE SCALE OF DATA FACTORS AND BETTER PLAY THE PROMOTING ROLE OF DATA FACTORS TO ECONOMIC GROWTH.

THEREFORE, THIS PAPER FIRST EXPOUNDS AND DISTINGUISHES RELATED CORE CONCEPTS SUCH AS DATA FACTORS, DATA CAPITAL, DATA ASSET INVESTMENT AND DATA CAPITAL STOCK, AND THEN INTRODUCES IMPORTANT QUANTITATIVE METHODS OF DATA ASSET INVESTMENT, CAPITAL STOCK MEASUREMENT METHODS AND ECONOMIC GROWTH MEASUREMENT METHODS IN DETAIL. CONSIDERING CHINA'S ACTUAL SITUATION AND CHARACTERISTICS OF DATA FACTORS, RESEARCH METHODS SUITABLE FOR THIS PAPER ARE SELECTED. SECONDLY, ACCORDING TO THE REQUIREMENTS OF THE PERPETUAL INVENTORY METHOD, THIS PAPER USES SCIENTIFIC METHODS TO DETERMINE THE PRICE INDEX, BASE STOCK, REPLACEMENT (DEPRECIATION) RATE AND OTHER IMPORTANT PARAMETERS OF DATA CAPITAL. ON THIS BASIS, IT TRIES TO ESTIMATE THE DATA CAPITAL STOCK OF ALL THE 19 TRADITIONAL INDUSTRIES OF LISTED COMPANIES IN SHANGHAI AND SHENZHEN MARKETS IN CHINA, AND THEN USES THE EQUAL CAPITALOUTPUTRATIOMETHOD TO EXTRAPOLATE THE RESULTS TO THE NATIONAL LEVEL. THEN THE ROBUSTNESS AND RATIONALITY OF THE RESULTS OF THIS PAPER ARE VERIFIED BY COMPARING THE RESULTS WITH THOSE OF DIFFERENT ROUTES AND OTHER STUDIES. THE DATA FACTORS REALIZE

THE CYCLIC PROCESS OF "BASE STOCK-FLOW CHANGE-ENDING STOCK" IN CHINA'S NATIONAL ACCOUNTING SYSTEM. THIRDLY, THROUGH REASONABLE SELECTION OF ECONOMIC GROWTH MODEL, THIS PAPER CALCULATES THE CONTRIBUTION OF DATA CAPITAL TO ECONOMIC GROWTH AT THE NATIONAL LEVEL, AND THEN ADOPTS THE MEASUREMENT METHOD TO VERIFY THE IMPACT OF DATA FACTORS ON ENTERPRISE DEVELOPMENT AT THE MICRO ENTERPRISE LEVEL. FINALLY, THE PAPER ANALYZES THE THEORETICAL MECHANISM OF DATA FACTORS PROMOTING ECONOMIC GROWTH FROM MACRO, MESO AND MICRO LEVELS, AND ANALYZES AND SUMMARIZES VARIOUS PROBLEMS EXISTING IN THE PROCESS OF DATA FACTORS PLAYING THEIR ROLES. THE MAIN CONCLUSIONS ARE AS FOLLOWS:

(1) THIS PAPER ADOPTS THE PERPETUAL INVENTORY METHOD AND ADjUSTS RELATED PARAMETERS TO CALCULATE CHINA'S DATA CAPITAL STOCK. OVERALL, CHINA'S DATA CAPITAL STOCK WILL SHOW A SIGNIFICANT INCREASE AFTER THE COUNTRY LAUNCHES MAjOR POLICIES TO SUPPORT THE DEVELOPMENT OF DATA FACTORS IN 2015, 2017, 2019 AND 2020. IT SHOWS THAT THE POLICY EFFECT OF THE CHINESE GOVERNMENT IS OBVIOUS, AND THE DEVELOPMENT OF DATA FACTORS NEEDS THE STRONG SUPPORT OF NATIONAL POLICIES. FROM THE PERSPECTIVE OF DIFFERENT INDUSTRIES, THE DATA CAPITAL STOCK OF ALL INDUSTRIES HAS INCREASED IN DIFFERENT AMPLITUDE EXCEPT MINING INDUSTRY, BUT IT IS MAINLY CONCENTRATED IN INFORMATION TRANSMISSION, COMPUTER SERVICE AND SOFTWARE INDUSTRY AND MANUFACTURING INDUSTRY, AND THE DEGREE OF CONCENTRATION HAS A TREND OF FURTHER INTENSIFICATION. FROM THE POINT OF VIEW OF MEASUREMENT

METHOD, THERE ARE CERTAIN DIFFERENCES IN THE DATA CAPITAL STOCK VALUES UNDER THE THREE PATHS OF GEOMETRY, HYPERBOLA AND STRAIGHT LINE, BUT THEY ALWAYS MAINTAIN A FAST RISING TREND AND THE TREND OF CHANGE IS THE SAME. IN THE FUTURE, WITH THE STABILITY OF DATA ASSET INVESTMENT, THE DIFFERENCE WILL GRADUALLY DECREASE, AND THERE IS NO SIGNIF-ICANT DIFFERENCE BETWEEN THE RESULTS UNDER THE CAPITAL STOCK PATH AND THE ABOVE THREE PATHS, INDICATING THAT THE CONCLUSIONS OF THIS PAPER ARE ROBUST. COMPARED WITH DEVELOPED COUNTRIES, CHINA'S DATA CAPITAL STOCK BASE IS RELATIVELY WEAK, BUT RISING FAST.

(2) BASED ON THE CALCULATED DATA CAPITAL STOCK, THIS PAPER CALCULATES THE CONTRIBUTION OF DATA CAPITAL TO ECONOMIC GROWTH USING THE NEOCLASSICAL ECONOMIC GROWTH MODEL. THE STUDY FOUND THAT THE CONTRIBUTION OF DATA CAPITAL TO ECONOMIC GROWTH AT THE NATIONAL LEVEL MAINTAINED AN UPWARD TREND FROM 2010 TO 2020, ESPECIALLY AFTER THE INTRODUCTION OF MAjOR POLICIES TO SUPPORT THE DEVELOPMENT OF DATA FACTORS. MOREOVER, THE DIFFERENCE AMONG THE VALUE AND THE CHANGING TREND OF EACH YEAR'S CONTRIBUTION VALUE IS SMALL UNDER THE THREE PATHS OF GEOMETRY, HYPERBOLA AND STRAIGHT LINE. IT INDICATES THAT THE CALCULATED RESULTS ARE RELATIVELY STABLE. THIS PAPER ALSO USES MEASUREMENT METHODS SUCH AS PROPENSITY SCORE MATCHING AND ORDINARY LEAST SQUARES TO EXPLORE THE IMPACT OF DATA FACTORS ON ENTERPRISE PROFITABILITY FROM THE MICRO LEVEL. THE RESULTS SHOW THAT ENTERPRISES CAN SIGNIFI-CANTLY IMPROVE THEIR OWN PROFITABILITY BY USING DATA FACTORS.

THIS RESULT HAS PASSED A SERIES OF ROBUSTNESS TESTS AND PLACEBO TESTS, AND IS NUMERICALLY COMPARED WITH EXISTING FOREIGN STUDIES.IT SHOWS THE RESULT IS REASONABLE.

(3) THIS PAPER COMBS AND SUMMARIZES THE THEORETICAL MECHANISM OF DATA FACTORS PROMOTING ECONOMIC GROWTH FROM THE MACRO, MESO AND MICRO LEVELS IN DETAIL.THE RESEARCH FINDS THAT AT THE MACRO LEVEL, FIRSTLY, DATA FACTORS CAN REDUCE THE INFORMATION FRICTION IN SOCIETY AND IMPROVE THE EFFICIENCY OF RESOURCE ALLOCATION IN THE WHOLE SOCIETY. SECOND, DATA FACTORS PROMOTE THE FORMATION OF SOME EMERGING INDUSTRIES, CREATING A NEW DEVELOPMENT POLE FOR THE WHOLE ECONOMY AND SOCIETY.THIRD, DATA FACTORS CAN IMPROVE THE OPERATION EFFICIENCY OF THE GOVERNMENT, AND ENHANCE THE GOVERNANCE CAPACITY OF THE WHOLE COUNTRY. AT THE MESOLEVEL, FIRSTLY, DATA FACTORS CAN PROMOTE THE INTEGRATION OF EMERGING INDUSTRIES SUCH AS BIG DATA AND ARTIFICIAL INTELLIGENCE WITH TRADITIONAL INDUSTRIES.SECOND, DATA FACTORS CAN ALLOW MORE RESOURCES TO POUR INTO THE MORE TECHNOLOGY INTENSIVE SERVICE INDUSTRY AND PROMOTE THE DEVELOPMENT OF INDUSTRIAL STRUCTURE TO THE ADVANCED DIRECTION.THIRD, DATA FACTORS BRING KNOWLEDGE THAT IS MORE NEW TO VARIOUS INDUSTRIES, TO PROMOTE THE INNOVATION ABILITY OF THE WHOLE INDUSTRY.AT THE MICRO LEVEL, FIRSTLY, DATA FACTORS CAN INCREASE THE ACCURACY OF INFORMATION OBTAINED BY ENTERPRISESAND IMPROVE THE ABILITY OF ENTERPRISES TO EXTRACT EFFECTIVE INFORMATION FROM DATA, TO HELP ENTERPRISES MAKE DECISIONS THAT ARE MORE INTELLIGENT.SECOND, DATA FACTORS CAN

improve the marginal returns of other production factors in the enterprise and encourage the enterprise to adopt new production modes, thus improving the production efficiency of the enterprise. Third, data factors enable some enterprises to sell the data generated by themselves, collect and standardize the data, and help other enterprises analyze the data, thus broadening the business scope of enterprises largely.

(4) This paper expounds the problems existing in the use of data factors from three dimensions: individual, market and government. The study found that in the personal dimension, on the one hand, enterprises and other institutions would collect people's characteristics and behavior data without people's knowledge for collection and analysis, which seriously infringes on personal privacy and threatens potential data supply. On the other hand, algorithms mainly play the function of data factors, and the use of algorithms will strengthen the existing social order and inequality between people, resulting in reduction of economic growth. On the market dimension, on the one hand, giant enterprises or enterprise alliances will use data factors to occupy a dominant position in the market, squeeze out other existing enterprises and prevent other competitors from entering the market, thus intensifying market monopoly and preventing technical progress. On the other hand, there are some problems in the data trading market, which lead to confusion and low operation efficiency of the data trading market,

RESTRICTING THE FLOW OF DATA.ON THE GOVERNMENT DIMENSION, ON THE ONE HAND, THE GOVERNMENT LACKS RELEVANT LEGAL REGULATIONS FOR THE PROBLEMS EXISTING IN THE USE OF THE DATA FACTORSMENTIONED ABOVE, AND THE EXISTING LAWS ALSO HAVE PROBLEMS SUCH AS THE TOP-LEVEL LEGISLATION IS TOO GENERAL, THE COORDINATION BETWEEN VARIOUS LEGAL PROVISIONS IS INSUFFICIENT, AND IT IS DIFFICULT TO IMPLEMENT IN REALITY.ON THE OTHER HAND, MANY DATA COLLECTED BY THE GOVERNMENT HAVE QUALITY PROBLEMS. THESE DATA CANNOT REFLECT THE REAL INFORMATION DUE TO SOME OBjECTIVE OR SUBjECTIVE REASONS, AND THE POLICIES FORMULATED BY THE GOVERNMENT BASED ON THIS WRONG INFORMATION ARE LIKELY TO FAIL TO ACHIEVE THE EXPECTED EFFECT, CAUSING HARM TO ECONOMIC AND SOCIAL DEVELOPMENT.

KEYWORDS: DATA FACTORS; DATA CAPITAL STOCK; CONTRIBUTIONTO ECONOMIC GROWTH;DATA GOVERNANCE

目 录

第一章 绪 论 ··· 1
  一、选题背景和意义 ··· 1
    (一)选题背景 ··· 1
    (二)选题意义 ··· 5
  二、国内外相关研究现状 ··· 7
    (一)资本存量相关研究 ··· 7
    (二)数据要素对经济增长影响相关研究 ····························· 14
    (三)影响数据要素作用发挥存在的问题相关研究 ··················· 19
    (四)文献述评 ·· 21
  三、研究思路与技术路线 ·· 22
    (一)研究思路 ·· 22
    (二)技术路线 ·· 23
  四、研究内容与研究方法 ·· 23
    (一)研究内容 ·· 23
    (二)研究方法 ·· 26
  五、研究重难点与创新点 ·· 28
    (一)研究重点 ·· 28
    (二)研究难点 ·· 28
    (三)研究创新点 ·· 29

第二章 理论基础 ··· 31
  一、数据能够成为资本的理论支撑 ···································· 31
  二、相关概念界定 ·· 32
    (一)数据要素的定义及特征 ·· 32
    (二)数据资源化与数据资源 ·· 45

(三)数据资本化与数据资本··46
(四)数据资产、数据资产投资与数据资本存量·······················47
三、数据资产投资衡量方法··49
(一)市场法··49
(二)收益法··50
(三)成本法··51
四、资本存量测算方法··52
(一)直接调查法···53
(二)等资本产出比法···55
(三)哈罗德-多玛法··55
(四)固定资产平衡表法··56
(五)永续盘存法···57
五、经济增长理论及生产函数··59
(一)哈罗德-多玛经济增长模型··59
(二)新古典经济增长模型··61
(三)新经济增长模型··63
六、本章小节··65

第三章 数据资本存量测算··66
一、数据来源及变量介绍··66
(一)数据来源··66
(二)变量选取与说明···67
二、数据资本存量测算的理论框架及参数选择································69
(一)数据资本存量测算理论框架···69
(1)单驾马车式···72
(二)数据资本存量测算参数选择···74
三、实证结果分析··82
(一)上市公司各行业测算结果··83
(二)上市公司测算结果向全国外推方法·····································85
(三)各行业及全国总体测算结果···86
(四)其他路径下全国总体测算结果··92

（五）不同研究结果的比较……96
　四、本章小结……99

第四章　数据资本对经济增长贡献测算……101
　一、数据来源及变量介绍……101
　　（一）数据来源……101
　　（二）变量选取与说明……101
　二、数据资本对经济增长贡献测算理论框架……103
　　（一）基本假定与模型选取……103
　　（二）核算框架……105
　三、数据资本对经济增长贡献度……107
　　（一）几何路径下测算结果……107
　　（二）双曲线、直线路径下测算结果……111
　四、微观层面数据要素对企业发展的影响……112
　　（一）数据来源与变量说明……113
　　（二）模型构建与实证分析……114
　五、本章小结……121

第五章　数据要素促进经济增长机制分析……123
　一、宏观（全国）层面……123
　　（一）提升资源配置效率……123
　　（二）创造新的增长极……128
　　（三）提升国家治理能力……135
　二、中观（产业）层面……139
　　（一）促进产业融合……139
　　（二）推动产业高级化发展……143
　　（三）加速产业内部创新……147
　三、微观（企业、组织）层面……150
　　（一）有利于企业作出决策……150
　　（二）提升企业生产效率……154
　　（三）扩展企业业务范围……162
　四、本章小结……165

第六章　影响数据要素作用发挥存在的问题 ……………………167
一、企业维度 ………………………………………………………167
（一）侵犯个人隐私权力，威胁潜在数据供给 ……………………167
（二）歧视弱势群体，不平等加剧抑制经济增长 …………………170
二、市场维度 ………………………………………………………173
（一）加剧市场垄断，抑制技术进步 ………………………………173
（二）数据交易市场混乱，限制数据要素流动 ……………………176
三、政府维度 ………………………………………………………179
（一）相关立法不足，阻碍数据要素潜力发挥 ……………………179
（二）传递错误信息，干扰政策准确性 ……………………………181
四、本章小结 ………………………………………………………184

第七章　结论与展望 ……………………………………………186
一、主要研究结论 …………………………………………………186
二、促进中国数据要素进一步发挥作用的政策建议 ……………190
（一）加快推进数据要素相关统计工作，准确把握数据要素对于中国经济的影响 …………………………………………………………190
（二）完善数据要素发展支持体系，充分发挥数据要素潜力 ……191
（三）保护公民隐私权力，降低个人信息泄露造成的危害 ………192
（四）促进经济主体平等，防止市场垄断与歧视弱势群体出现 …193
（五）重视数据可信程度，提升数据质量并防止数据篡改 ………194
（六）充分发挥政府作用，促进数据要素健康高效发展 …………196
三、研究不足与展望 ………………………………………………197

参考文献 …………………………………………………………199

第一章 绪 论

本章节主要介绍该选题的背景,并从理论与实践两个方面详细阐述研究数据要素如何实现资本化及其对经济增长贡献的意义。然后对数据要素资本化及其促进经济增长机制的相关研究进行梳理,归纳总结现有研究存在的不足,从而确定本文的研究方向与研究内容。在此基础上,选择合适的研究方法与实现路径。最后,进一步说明本文研究的重点以及可能出现的难点,并提出创新之处。

一、选题背景和意义

(一)选题背景

1.数字经济快速发展的大环境下,数据要素已成为中国经济增长和转型的重要影响因素

数据要素的形成离不开数字经济的发展。20世纪末,数字经济经历了前所未有的增长并且成为美国经济增长和生产力复苏的主要原因(Moulton,2000)。中国数字经济发展相对较晚,但发展势头十分迅猛。据中国信息通信研究院2021年4月发布的《中国数字经济发展白皮书(2021)》显示,2020年中国数字经济规模已经达到39.2万亿元,GDP占比达到了38.6%,数字经济规模增长速度高达9.7%,是同期GDP增速的3倍以上。随后该研究院又在2022年7月发布了《中国数字经济发展报告(2022)》,显示2021年中国数字经济规模为45.5万亿元,占GDP比重也上升至39.8%。如图1-1所示,近十年间中国数字经济规模增

长十分迅速,数字经济核心产业的增加值始终保持8%以上的增长速度,数字经济核心产业的增加值占GDP的比重也在稳步上升。2017年后中国数字经济增长速度一直保持世界第一(吴晓怡和张雅静,2020;张英,2022)。国家统计局在2021年5月发布的《数字经济及其核心产业统计分类(2021)》中将数字经济定义为:以数据资源作为关键生产要素、以现代信息网络作为重要载体、以信息通信技术的有效使用作为效率提升和经济结构优化的重要推动力的一系列经济活动。

在数字经济蓬勃发展的大环境下,数据在经济生活中的地位日益升高,被称作"21世纪的石油矿"。数据作为数字经济时代最重要的要素,已经成为企业在决策、生产、销售、售后服务等环节所必须的投入要素,同时也在成为推动经济增长、促进经济高质量发展的主要动力(唐要家和唐春晖,2020)。数据的大量使用推动了互联网经济、平台经济等新经济形式,推动了中国以及世界的数字经济发展,因此数据在经济发展过程中正在变得愈加重要(蔡跃洲和马文君,2021)。中共中央、国务院在2020年4月发布的《关于构建更加完善的要素市场化配置体制机制的意见》中,指出中国要促进数据要素市场发展,将数据要素列为土地、劳动、资本、技术之后的第五大生产要素,充分体现了中国政府对于数据的重视程度。

在此之前的生产活动中,数据只是作为一种提供信息的工具,对人们的生产生活提供帮助。将数据作为一种生产要素,意味着要利用数据来进行生产并且产生效益,其核心目的是提高数据资源的价值。数据要素不单要促进数字经济的增长,更要使数据资源在农业、工业等传统产业发挥作用,提升传统产业的生产力。如同技术在工业革命后作为新的生产要素出现,数据作为新的生产要素出现意味着经济形态产生了重大的变革。所以数据要素化并不是简单地对数据利用效率的提升,而是一种观念上的转变,要接受数据作为新的生产要素并在生产生活中作出决定时运用这种要素(吴海青,2021)。目前绝大部分企业都意识到了这场数据革命,并且感受到了数据要素驱动企业转型的压力(Collins和Joel,2019)。世界上很多国家或地区的政府都开始将发展数据要素作为重大的战略目标。欧盟和美国分别发布了《欧洲数据战略白皮书》《联邦数据战略与2020年行动计划》等多个政策文件,为国家或地区未来的数据要素发展指明方向。

与数据要素重要性提升相对应的是当今世界数据量的爆炸式增长。因特尔公司根据大量历史资料进行计算得出,全球在2003年以前所产生的数据全部相加只有0.005ZB。然而根据国际数据公司计算,在2019年全球总共产生的数据量达到了41ZB,超过了2003年以前全部数据量之和的8000倍,并且该公司预测这一数字在2025年将变为175ZB。数据量的大幅度上涨也带来了数据市场规模的增加,中国电子信息产业发展研究院(CCID)在《全球及中国大数据市场发展现状》中指出,全球数据市场规模在2021年已经达到了2133.5亿美元,过去3年年平均增长率为8.2%。

在全球数据市场规模高速扩张之时,中国政府也深刻认识到数据要素的重要性,并从2014年开始大力发展大数据产业。在2015年9月,国务院发布的《促进大数据发展行动纲要》中首次提出数据是国家重要的战略资源并对未来发展进行了顶层设计,肯定了数据对于经济、社会、政府产生的重大影响。根据CCID的统计,中国数据市场规模在2021年达到了863.1亿元,占到全球总量的6.3%,仅排在美国之后,位列全球第二。中国数据市场规模过去3年的年平均增长率为18.0%,是全球数据市场规模增长速度排名第一的国家。2019年由希捷科技赞助、国际数据公司(IDC)发布的《IDC:2025年中国将拥有全球最大的数据圈》白皮书中预测中国数据量将在2025年达到48.6ZB,占全球总量的27.8%,成为世界数据量最多的国家。如此庞大的数据量与数据市场规模为中国数据要素推动经济增长奠定了坚实的基础。不断提升数据要素应用能力,促进数据要素在经济生活中发挥更大作用,是中国经济实现高质量发展的必由之路。

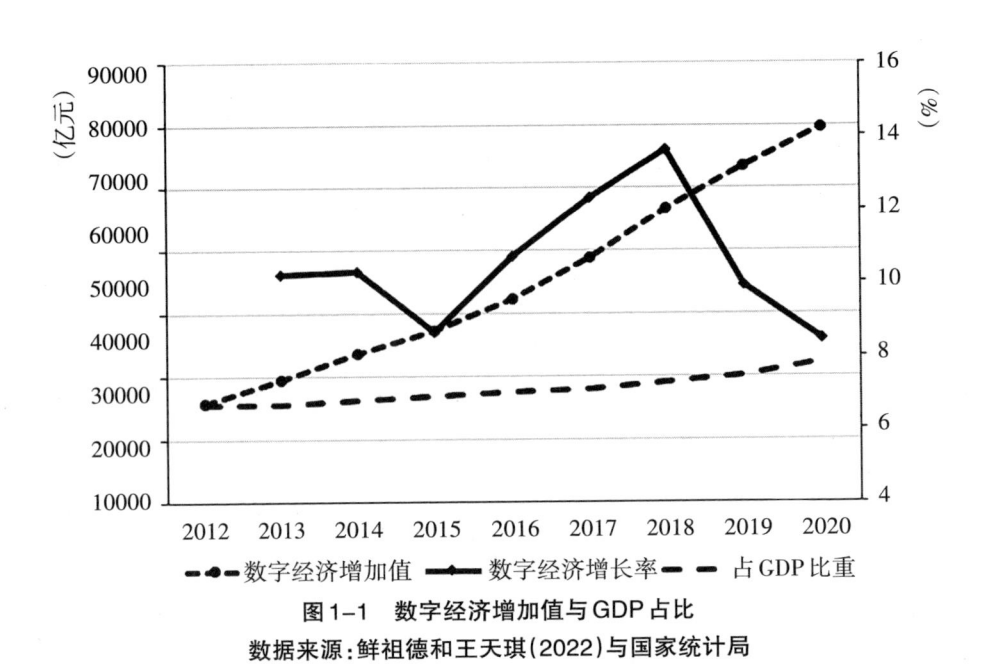

图 1-1　数字经济增加值与GDP占比

数据来源：鲜祖德和王天琪（2022）与国家统计局

2. 中国在数据要素的交易方式、使用方法等方面尚处于探索阶段，在发挥其作用的过程中仍然存在许多问题

中国在数据要素的交易与使用等方面目前依然处于起步阶段，在交易与使用的过程中仍存在很多问题。学界普遍的关注点集中在数据要素市场建设问题以及数据要素侵犯个人隐私问题两个领域。在数据要素市场建设方面，中国虽制定了一部分数据要素市场运行规则，但是缺乏对数据要素市场的顶层设计，使得制定的规则缺乏整体性和系统性，体系化程度较低，同时一些关键点缺乏明确的规章制度。从而导致数据产权界定不明晰、数据共享成本过高、对数据等级区分混乱、公司或组织机密数据容易泄露并被竞争对手利用等问题（曾铮和王磊，2021），很大程度上降低了各主体生产和使用数据的积极性，同时也限制了数据要素潜能的发挥。中国政府也意识到了这一问题，在2022年4月中共中央、国务院发布的《加快建设全国统一大市场的意见》中明确提出了要尽快培育统一的数据要素市场，促进科技资源与信息的流通共享，建立数据安全、数据流通等方面的标准，进一步加强开发和利用数据资源的能力。在侵犯个人隐私方面，现在很多企业或组织以提供产品或服务为由收集个人数据,并且可以对这些个人数据随意进行存储、转移、分析等活动,而这些数据主体对于自身的数据如何被使用、有没有转移给其他企业或组织等信息一无所知。而且企业为了自身利益很有可能会故意收集提供该产品或服务不需要的其他个人数据,严重危害人们的隐私安全。人们对于个人数据安全的担忧一定程度上阻碍了数据要素的流通,使得数字经济发展受到抑制(唐要家,2021)。除了以上问题外,数据要素在发挥作用的过程中还存在着加剧市场垄断、歧视弱势群体、传递错误信息以及相关立法不足等问题。如何妥善解决这一系列问题,对于中国充分发挥数据要素价值起到决定性作用,因此深入分析这些问题并提出相应解决措施具有重要的现实价值。

(二)选题意义

1.理论意义

正如电能、内燃机技术与原子能、电子计算机技术分别推动了第二、第三次科技革命的产生一样,近些年来大数据、人工智能、物联网等新兴技术的快速发展,推动全世界进入了以数字经济为代表的第四次科技革命。数字经济的发展对经济体中生产、消费以及分配模式都产生了很大的影响,极大地提升了整个经济体的运行效率(许宪春和张美慧,2020)。美国在20世纪结束时经历了大幅度的生产力增长与经济复苏,主要推动力就是数字经济的发展(Moulton,2000)。在这样的世界背景下,中国的数字经济也在以非常快的速度发展。

在数字经济时代,企业家的注意力不再集中于资本、劳动等传统生产要素,而是转向科技水平、数据等无形的生产要素,数据在经济生活中的作用变得越发重要。在很多互联网公司创办初期,最重要的事就是吸引用户使用,用户在使用过程中会产生大量数据,能够为公司优化经营策略提供重要信息,从而在激烈的市场竞争中脱颖而出(王伟玲和王晶,2019)。很多互联网公司在创业初期会通过巨额补贴来争夺用户,一方面是通过掠夺定价驱逐竞争者,另一方面是为了获取大量用户的数据从而提升自身的竞争力。可见数字经济中数据已经成为第一生产要素,并对企业的决策、生产、销售、配送以及售后等过程产生非常深远的影响,从而推动经济高质量发展(唐要家和唐春晖,2020)。虽然数据要素在经济社会中发挥着非常重要的作用,但是目前鲜有数据要素对经济增长贡献的实证研究,并且现有文献中对于数据要素促进经济增长的机制与影响数据要素作用发挥存在的问题缺乏完整、系统的梳理与深入的分析。因此,本文首先通过不同的路径算出中国的数据资本存量;然后将数据资本纳入原有的生产函数中,探究数据作为新要素纳入生产函数中后对于全要素生产率的改变及其自身对经济增长的贡献,并且通过计量方法验证在公司层面使用数据要素对于公司发展的影响;最后,本文将全面、系统、详细地梳理数据要素在微观(个体)、中观(产业)、宏观(全国)三个层面促进经济增长的机制,同时在企业、市场、政府三个维度总结影响数据要素作用发挥存在的问题。本文很好地补充了当下数据要素领域实证研究的空白,并且对数据要素促进经济增长的机制及其作用发挥过程中存在问题的相关研究也是很好的拓展。

2.实践意义

鉴于数据要素在经济社会中的重要性日益增加,如何将数据要素纳入国民经济核算体系并测算其对经济增长的贡献具有十分重要的意义。国民经济核算体系研究的是整个国家的经济运转。目前中国国民经济核算体系是以中心账户为核心的。中心账户运用存量账户以及流量账户实现了"期初存量—流量变动—期末存量"的循环过程,完整体现了中国经济运行的过程。而实现上述循环的关键,就是将国民经济运行中的劳动、资本等生产要素的度量方式统一,也就是以价值形式表现这些要素,使各要素可加总(彭刚和赵西超,2020)。自从中国在2015年首次提出数据资源是国家重要战略资源以来,数据要素已经在中国高速发展了近8年,各个公司、企业、政府机关都采取了很多措施来适应数据要素带来的改变。然而在实践方面,国民经济核算体系仍然未发生变化,没有将数据要素与其他生产要素放在同一地位,忽视了数据要素对于国民经济带来的改变。因此,将数据要素纳入国民经济核算体系是充分认识并发挥数据要素重要作用的关键性步骤,想要实现这一点并计算其对中国经济增长的贡献,如何量化数据要素、将数据要素与物质资本等其他生产要素统一度量方式是关键,即要明确如何计算数据要素的流量以及存量。本文在现有研究的基础上,对数据要素的流量与存量进行了定义与测算,进而估算出数据要素对于经济增长的贡献,对于了解近些年中国数据要素发展程度以及对经济增长贡献的变化趋势具有非常重要的意义,同时对制定有关完善数据要素市场、加强数据要素统计工作、优化数据要素配置、提升数据要素带动经济增长能力的相应政策具有重要的参考价值与借鉴意义。

二、国内外相关研究现状

(一)资本存量相关研究

1. 物质资本存量

在资本存量测算的研究方面,目前主要以物质资本存量测算为主。德怀特·H·珀金斯和陈越(1989)最早用永续盘存法对中国物质资本存量进行科学估算,他们首先通过假设资本存量是国民总收入的3倍,得到了中国1953年的物质资本存量为2145亿元,然后由每一部门的可比价格指数计算出平减指数,从而得到以1980年为基期的物质生产净值指数,并假设5%为物质资本存量的折旧率,最后计算出中国1953年到1985年之间的物质资本存量。张军扩(1991)沿用了1953年资本产出比为3这一假设,并根据1953年的物质资产投资计算出中国1952年的物质资本存量,他选用的价格指数是当时国家统计局给出的积累额指数。需要注意的是,他在考虑折旧率时并没有沿用单一的一个数值,而是假设投资在转变为资本时需要一定的时间,每一年投资都需要通过6年逐步成为资本,各年物质资本存量就是前一年的存量与当年新增加资本之和(当年新增加资本是当年与前5年投资的加权之和)。该研究虽然没有考虑折旧率的概念,但核心方法仍是永续盘存法。贺菊煌(1992)将物质资本分为生产性资本与非生产性资本,并用国家统计局公布的累计指数分别计算出中国1952—1990年两种物质资本存量。Chow(1993)利用国家统计局公布的国有、城镇集体与乡村集体三种类型的企业以及个人的流动资产累积与固定资产数据，根据各企业固定资产净值的比例将得到的资产数据分散至五大部门中，从而求出了中国1952—1985年各年分部门物质资本存量。谢千里等（1995）运用自己构建的价格指数算出中国1980—1992年的物质资本存量，并用该数据进一步计算获得物质资本的生产率以及全要素生产率。

上述文献为早期计算中国物质资本存量的研究，当时运用的统计体系与方法与现在不同，国家统计局每年都会公布累积数据。然而自1993年以来，统计体系进行改革后不再公布累积数据，而只公布"固定资产投资"，因此之后的研究采用的数据处理方法与之前会有所不同。任若恩和刘晓生（1997）从理论上对如何使用永续盘存法进行了详细的阐述，并且对之前运用永续盘存法测算物质资本存量的文献从未区别重置率与折旧率、未考虑退出期限与递减模式、未对建筑与设备设置不同折旧率、误认为直线衰减模式下折旧率等于重置率等方面进行了批判。王小鲁和樊纲（2000）在计算物质资本存量的过程中率先使用了全社会固定资产投资额与固定资产投资交付使用率之积作为各年的固定资产投资数据。张军和章元（2003）测算了中国1953—2001年各年的物质资本存量，他们用上海市固定资产投资价格指数解决了国家统计局不公布1992年之前固定资产投资指数的问题，并且发现生产性积累与全社会固定资产投资增速基本一致，拟合出1993年之后生产性积累数据，很好地解决了1993年统计系统改革导致数据不一致的问题。Young（2003）通过自己构建的价格指数与官方公布的价格指数分别测算了中国非农业部门物质资本存量增长率，得出的结果分别为7.7%与9.2%，他认为发展中国家国民账户中体现的存量变化经常不准确。张军等（2004）首次分省对物质资本存量进行测算，得到了1952年到2000年中国各省份物质资本存量。该研究将总固定资产分为建筑、设备以及其他三类，并分别求出各类资产的平均服务期限以及在总资产中所占的比重，最后求出固定资产的折旧率为9.6%。由于该计算方法比较严谨科学，这一折旧率数值被后续相关研究广泛引用。单豪杰（2008）再次对折旧率算法进行了改进，他根据1952—2006年每一年固定资产中建筑、机器设备以及其他费用的比重与这三类资产的服务期限求出中国固定资产各年不同的折旧率,更为准确地测得中国1952—2006年各年的物质资本存量。但由于数据可得性问题,他在测算省际物质资本存量时仍然采用张军等(2004)的不变折旧率的方法。陈昌兵(2014)同样认为折旧率是可变的,他假设折旧率与该年份在1993年前后的经济增长率有关[①],采用计量方法求出中国1979—2012年每一年的折旧率,并且在计算基期资本存量时也首次采用了计量方法。王维等(2017)沿用了陈昌兵(2014)可变折旧率的方法,假设每年折旧率与经济增长率相关,同时将原本的三种固定资本类型(建筑、机器设备、其他资本)进一步细分为农业资本品、金属制品、机械设备、建筑物及房地产等十大类,然后测算出每一类资本品在1978—2016年各年不同的折旧率与价格指数,最后加总得到全国的物质资本存量。

还有一部分研究在方法上没有比较明显的突破,但是从不同维度测算了物质资本存量。其中代表性比较强的有:分省、自治区、直辖市进行测算(叶宗裕,2010;叶明确和方莹,2012);分三次产业进行测算(李仁君,2010;宗振利和廖直东,2014;Wu,2016);自己划分行业进行测算(薛俊波和王铮,2007;孙琳琳和任若恩,2014);按国家统计局等多个部门联合制定发布的国民经济行业分类(GB/T4754-2011)进行测算(田友春,2016;杨轶波,2020);针对单一行业进行测算(黄勇峰等,2002;程名望和张家平,2019)。

2.无形资本存量

随着科学技术的发展,物质资本与劳动已经不是促进经济增长的全部生产要素,经济学界亟须构建一个能体现研发投入、创新资本、商标价值等无形资本对于经济增长贡献的新经济增长模型(Nordhaus,1994)。因此如何测算无形资本存量成为学界关注的新问题。

[①] 1993年前后资本产出比变化趋势反转,折旧作为物质资本的重要组成部分,也应在该年发生结构性变化。

(1)单个类别无形资本存量

各类无形资本中受到学界重视最多的就是R&D资本,很多学者都对R&D资本存量进行了测算。国外学者对R&D资本存量研究起步较早,以科技水平发达的美国和日本学者为主。Griliches(1980)最早使用永续盘存法对美国的R&D资本存量进行测算,在测算过程中使用了多种方法得出不同折旧率,发现引入R&D资本后全要素生产率会发生下降。随后Griliches(1987)又使用美国制造业企业的数据,对R&D资本进行了分类,发现应用于基础研究的R&D资本对生产率增长贡献较高,而政府资助的R&D资本贡献较小。Goto和Suzuki(1989)对日本50个行业1970年到1986年的R&D资本存量进行了测算,并将R&D资本纳入生产函数中,得到R&D资本边际报酬率为0.4。Kwon和Inui(2003)将日本企业进行分类并测算其R&D资本存量,结果发现在1995年到1998年,高技术企业R&D资本存量约为中技术企业的4倍、低技术企业的8倍,大企业R&D资本存量也远高于小企业。Wendy(2012)根据R&D资本折旧导致利润递减的特征,构造了包含滞后项的未来利润期待模型,更为准确地测算出美国10个R&D资本密集型行业不同的R&D资本折旧率。Akiyuki等(2015)沿用了这种测算R&D资本折旧率的方法,针对日本20个行业估算出每个行业不同的R&D资本的折旧率和存量。

相比于国外研究,中国在R&D资本存量测算方面的研究起步较晚。蔡虹和许晓雯(2005)较早对中国R&D资本存量进行了测算,并且通过对国内各行业公司的问卷调查,确定了R&D资本折旧率(文中叫陈腐化率)为7.14%,其发挥作用的时滞为4年,并且在求出结果后和美国与日本进行比较,得出在2001年中国R&D资本存量远低于美国和日本。徐国泉和姜照华(2006)通过采用R&D投入额与科研经费支出两种路径计算中国R&D资本存量并与美国进行比较,结果显示两种路径下中国与美国的差距均很大,分别为25倍与12倍。李小胜(2007)首先从理论上阐述了知识对经济增长起到重要作用,知识积累与技术进步推动经济长期增长,然后测算出中国1978年到2005年的R&D资本存量。严成樑和龚六堂(2014)在测算出中国R&D资本存量的基础上,进一步测算了R&D资本对中国经济增长的促进作用,发现R&D资本对中国经济增长的促进作用比较小。杨林涛等(2015)分别运用Goldsmith方法、Griliches方法以及BEA方法三种方法对中国整体的R&D资本存量进行测量,发现中国R&D资本存量上升较快且三种方法变化基本相同。刘建翠等(2015)指出之前的研究未将R&D投资额中的人员劳务费去除,导致计算R&D对经济增长贡献时会与劳动贡献有一部分重复计算。该研究在修正了这个问题后测算出中国1978年到2012年的R&D资本存量。曹景林和赵宁宁(2017)测算了中国高技术产业R&D资本存量,并且用生产函数法对高技术产业中5个行业的折旧率分别进行校准。陈钰芬等(2020)将R&D资本分为科学研究资本存量与试验发展资本存量,并分别计算各省、市、自治区这两种R&D资本存量。徐蔼婷等(2021)将R&D资本存量分成财富性与生产性两种,在详细论述这二者逻辑关系的基础上分别测算了中国这两种R&D资本存量。杨林涛和邱惠婷(2021)采用了与徐蔼婷等(2021)相同的分类方法对两种R&D资本存量进行测算,但是采用了不同于传统永续盘存法的递减模式与退出模式。还有一部分研究分省、自治区、直辖市(肖敏和谢富纪,2009;彭建平和李永苍,2014;侯睿婕和陈钰芬,2018;李颖,2019)或分行业(吴延兵,2006;王俊,2009;李向东,2011;陈钰芬和侯睿婕,2019)测算了R&D资本存量,并在各省、市、自治区以及各行业之间进行了比较。

还有一小部分学者对信息技术资本存量(IT capitalstock)和信息通信技术资本存量(ICT capitalstock)进行了测算。Sehreyer(2004)较早地指出了IT以及ICT资本存量的测算方法,为这个领域的后续研究奠定了基础。Wong(2004)和Heshmati(2006)对中国1980年到2005年的IT资本存量进行了测算。Saunders(2010)首次用公司层面的数据,将IT资本分为硬件、预打包软件、自定义软件、自有账户软件、外部IT服务、内部IT服务以及训练7大类,并测算出平均每个公司拥有的IT资本存量。孙川(2013)在原有研究方法的基础上,分省区市对中国ICT资本存量进行了测算,并比较了各省区市之间的差异。王亚菲和王春云

(2017)分72个行业大类计算了中国的ICT资本服务,并且发现ICT资本仅存在于金融、信息传输、软件和信息技术服务业等少部分行业。郭鹏飞和罗玥琦(2018)将ICT资本分为硬件计算机、通信设备以及软件三类,并对每一类资本假设不同的服务年限,更为精确地测算出中国ICT资本存量。

(2)总体无形资本存量

Corrado等(2005)首次研究了无形资本的科学计算方法,他们将无形资本分为经济竞争力、创新与计算机信息化三大类资本,提出了可以测算无形资本存量的模型,并与其他生产要素一起放入C-D函数形式的生产函数中。随后Corrado等(2006,2009)确定了对各个类型的无形资本折旧率、价格指数等参数的计算方法,并对美国1950年到2003年的无形资本投资量进行了测算。Marrano和Haskel(2006)、Edquist(2009)与Belhocine(2009)分别测算了英国、瑞典与加拿大的无形资本投资水平,发现瑞典经济竞争力资本要低于英国和美国,加拿大无形资本投资的相对水平已经基本与物质资本持平,并且在考虑无形资本后GDP与劳动生产率都有所增长。Roth和Thum(2013)在洲级层面研究了无形资本对GDP与劳动生产率的影响,采用欧洲国家1998—2005年的面板数据进行实证研究,发现将企业的无形资产投资纳入国民核算框架的资产边界可以增加劳动每小时的产出,无形资本是增长的主要来源且可以在很大程度上解释国家间的劳动生产率增长的差异。Corrado等(2013)进一步拓宽研究对象,对美国、日本及欧盟一部分国家的无形资产投资进行测算,发现其他欧盟国家的无形资产投资量都有超越物质资产投资量的趋势。Goodridge等(2013)在测算无形资本存量的基础上还研究了其对生产率的影响,结果显示不考虑无形资本导致计算出的2008年后英国市场部门增加值增长率偏低。

近些年来中国也有一些学者对于如何测算无形资本存量进行了探索。文豪和李洪月(2013)计算了中国2009年无形资本的投资额,并将结果与欧美发达国家进行比较,发现中国无形资本投资水平与发达国家相比差距较大。田侃等(2016)将中国的无形资产投资先分成计算机化信息资产、创新资产以及经济竞争力资产三大类,之后又细分为软件、科学R&D、广告等9小类,并采用生产无形资产的成本作为无形资产投资,测算了中国2001—2012年的无形资产投资规模,发现在该期间内中国无形资产投资增长迅速,年均增长率为21.81%。然后在每年投资规模的基础上测算出中国2012年无形资本存量为100698.82亿元。Li和Wu(2018)分省份对中国2003—2014年的无形资本存量进行了测算,并重点比较了内陆地区与沿海地区的差异,发现两个地区的无形资本存量差异正在逐步增加。郑世林和杨梦俊(2020)采用了与田侃等(2016)相同的分类方法和测算方法对无形资本存量进行测算,但对很多细节进行了改进。他们根据每一小类的行业特点求出各行业特有的折旧率以及价格指数,利用永续盘存法以及各行业的无形资产投资、折旧率、价格指数等参数,测算出中国各省的无形资本存量,分省加总后得出2016年中国总的无形资本存量为133138亿元(2000年价格)。

3. 数据资本存量

虽然现在数据的作用能够发挥在政府制定政策、企业运营、人民日常生活等多个方面,但是企业的资产负债表以及国家统计局都没有体现出数据的价值(Nguyen和Paczos,2020)。因此测算数据的资本存量对于把握全社会中存在的数据总价值及其在经济发展中起到的作用非常重要。数据资本与无形资本有很多相似之处,其存量的测算方法可参照以上无形资本存量的研究。但是由于数据可得性等问题,现在鲜有对数据资本存量进行测算的实证文献,大部分研究都停留在理论探讨阶段。

在数据资本存量测算理论方面,Reinsdorf和Ribarsky(2019)较为全面地总结了将数据资产价值化的三种方法,为数据资本存量的测算提供了理论依据。第一种是市场定价法。数据资产的价值取决于市场中相应产品的价格,也就是说企业所使用的数据资产价值就是企业为了获取该数据所支付的市场价格。第二种是成本法。数据资产的价值由企业在产生该数据时所耗费的成本表示,包括企业在数据获取、收集、整理等环节所付出的成本。第三种方法是收益法。数据资产的价值取决于企业从该数据资产中获取的收益。他认为这三种方法中成本法是最广泛适用的。许宪春等(2022)对上述三种方法进行了总结,并指出成本法相比于其他两种方法更具有客观性、可靠性与可行性。Rowley(2010)指出原始数据在以适当的形式组织或存储前是没有用的,数据只有在转化为信息之后才有价值,可以说是对数据的组织和处理让其有意义、有价值。因此数据的价值就应当是组织和处理数据的成本。OECD(2010)也认为应该使用成本法测算数据资产,并强调除了劳动报酬以外,与创建数据库相关的投入等因素也应该被计入数据资产中。

在数据资本存量实证测算方面,中国还没有学者进行过相关研究。Statistics Canada(2019)首次在上述理论的基础上运用成本法与永续盘存法(PIM)对数据资本存量进行估算。具体方法是从所有职业分类中筛选出与数据资产相关的职业,并且假设出这些职业分类在生产数据资产中所消耗的时间占比从而估计出这些职业在数据资产生产中付出的成本,然后将以上各项与非直接劳动力、电费、建筑维护费等其他成本相加,得出的和乘以一定比例作为资本服务费用,最后加总以上三项作为数据资产投资。在得到各年份数据资产投资后,使用永续盘存法求出加拿大数据资本存量在2018年达到1570亿—2177亿加元。徐翔和赵墨非(2020)沿用了加拿大统计局的方法,并采用中国劳动力动态调查、中国综合社会调查以及国家统计局的数据对中国2015—2019年数据资本存量进行了粗略估算,同时利用他们自己构建的包含数据资本的经济增长函数进行拟合测算,两种方法都得出中国2019年数据资本存量约为9万亿元。刘涛雄等(2023)通过数据相关劳动力成本和资本折旧数据,利用永续盘存法算出我国2020年包含算法进步增加值的数据资本存量为17.4万亿元。

(二)数据要素对经济增长影响相关研究

1. 数据成为生产要素前

其实数据在正式被列为生产要素之前就存在并且对经济增长产生影响,只是影响较小并未受到足够重视。早在1865年Devens就提出了商业情报(business intelligence)的概念,说明商业活动中产生的信息对于企业发展起到重要作用,从而解释了某些银行家能够成功的原因。之后随着工业化进程的加快,数据的作用得到进一步的发挥并被首次纳入生产函数中(Chandler,1977)。不过数据成为生产要素前是作为中间投入出现在生产函数中,并没有与劳动、物质资本拥有相同的地位。

广义上讲,数据指的是测量、统计活动生成的可以用来探讨、制订规划的信息。狭义上讲,数据是一连串"0""1"字符,是比特形式保存的可以被运算、分析的信息(Farboodi和Veldkamp,2021)。可以看到不管是从广义或是狭义的角度,数据都可以被视作为信息(蔡跃洲和马文君,2021)。因此,在数据被正式列为生产要素之前,数据对经济增长的贡献研究都被包含在信息(通信)技术对经济增长贡献的研究中。这方面研究主要围绕"生产率悖论(Productivity Paradox)"展开,这一理论是著名经济学家索洛在1987年提出的,他认为信息技术投资的收益要低于预期,并没有带来明显的经济效益。Loveman(1994)用柯布-道格拉斯作为生产函数,发现IT投资对美国制造业公司几乎没有带来效益的提升,从而证实了"生产率悖论"是存在的。Hitt和Brynjolfsson(1996)将研究范围拓展到国际层面,利用国际数据机构的企业数据,发现IT投资对企业盈利能力没有明显的促进作用,并且对一些盈利能力指标还有负面作用。张之光和蔡建峰(2012)没有利用企业数据,而是对于整个中国的IT资本与经济增长关系进行研究,发现没有明显正向关系,而且在生产函数包括IT资本后生产绩效还有一定程度下降,说明在中国1994—2009年存在"生产率悖论"。

但是近些年来,越来越多的学者否定了"生产率悖论"的存在。Brynjolfsson和Hitt(1996)发现在20世纪80年代美国的确存在"生产率悖论",但是这一现象在90年代消失了。Oliner和Sichel(2000)发现IT资本可以大幅度提升劳动生产率,能够解释劳动生产率2/3的增长。Stiroh(2002)采用了1987年到2000年美国经济分析局的数据,发现分解劳动生产率后IT可以解释各部分生产率的提高。Lee(2005)单独研究了中国电子产业IT投资的效果,发现IT可以提高电子产业生产率,并建议中国公司可以加大IT投入力度。Jorgenson和Stiroh(2000)对美国1958年到1998年IT资本和物质资本对生产率的影响进行了比较,得出IT资本对生产率的影响明显要高于物质资本。孟倩(2005)比较了20世纪90年代后期中美两国的IT投资产生的效果,发现中国公司的IT投资能够很大程度上改变公司的市场价值,而这一点在美国是不存在的。施莉和胡培(2007)运用计量方法检验IT投资对中国经济增长的影响,发现IT投资显著促进了中国经济增长,否认"生产率悖论"在中国的存在。杨晓维和何昉(2015)利用测算出的1991—2013年中国信息通信技术资本存量,得出信息通信技术对中国产出与全要素增长率增长的推动作用持续增加,并且信息通信技术仍然存在很大的潜力。蔡跃洲和张钧南(2015)发现ICT资本通过替代效应与渗透效应促进经济增长,并且替代效应在1977—2012年间对中国经济增长的平均贡献为3.4%。Shin(2007)认为目前研究都采用IT投资计算IT对于公司效益的影响是不合理的,简单的IT投资并不会提高公司绩效,应该用IT创新能力测算IT对公司真正的价值。他选用2000与2001年信息周刊年度数据库中IT创新公司的数据,结合Compustat数据库,用技术战略、电子商务战略、业务能力、客户了解四个指标来衡量公司的IT创新能力,研究发现IT创新能力能够显著地提升公司的绩效水平。可以看到,现在大部分研究都支持信息(通信)技术资本能够推动经济增长。

2. 数据成为生产要素后

直到近些年,由于数据收集、存储、分析的技术水平上升以及成本下降,数据量、数据种类与数据传输速度都经历了前所未有的增长,导致很多之前获取数据困难的公司或组织现在也可以拥有大量数据(Müller等,2018)。在庞大数据量的基础上,机器学习、人工智能等技术的快速发展使得更多有效的信息可以从这些数据中攫取出来。因此国家肯定了数据在经济社会中的重要地位并将其正式列为一种要素。

在数据成为生产要素后,很多学者开始单独研究其对经济增长的影响,大部分学者首先从理论层面进行了阐述。在公司和产业层面,Erik等(2011)较早提出数据在企业决策中的作用非常重要,并发现"数据驱动决策"(data-drivendecisionmaking)与公司生产率和市场价值都有正向关系。Mcafee 和 Brynjolfsson(2012)也证实了这一点,他们指出"数据驱动型决策"与传统的"基于经验决策"相比,有着非常显著的优势,精明的管理者会利用数据而非直觉去为公司作出决定。Akcigit 和 Liu(2016)认为数据在公司合作中起到重要的媒介作用,当公司之间分享研发的数据时,可以很大程度上提高公司以及所在产业的生产率和创新水平。相反如果不分享这些数据,创新的成本会增加,导致公司放弃研发活动,严重阻碍了公司的发展。Patrick 等(2018)指出数据的价值对于公司来说表现在能够帮助企业较为准确地预测市场对产品的需求趋势。他们还发现当产品的销售量与销售的时期增长或预测模型与技术提升都会增加预测的精确度。Lambrecht 和 Tucker(2017)也认为模型和技术对于数据能否发挥作用起到决定性作用,数据和算法对于公司掌握的信息质量都很重要。Pahwa(2018)发现很多公司都要从数据中提取有效的信息,从而构思出更优质的商业战略,并且公司还可以用这些信息升级业务流程,最终提高公司绩效水平。Agrawal 等(2018)指出数据要素对于新知识、新方法的发现有很强的促进作用,因为创新活动中会有很多失败,在失败中产生的数据能够提高自身和其他公司的创新效率。Farboodi(2019)发现数据要素可以让公司对于服务对象的各方面了解更深入,从而能够为客户提供定制化程度更高的服务,同时提升客户的消费者剩余以及自身的效益。在国家层面,Farboodi 和 Veldkamp(2020,2021)认为数据资本与其他资本一样也遵循边际收益递减规律,可以在短期内带来产出增加,但无法维持长期的经济增长。Cong 等(2021)将数据纳入到内生增长模型中,发现数据可以影响最终产品并带动经济增长。王谦和付晓东(2021)提出数据要素可以优化结构、改革制度、促进整个社会生产与交易效率,从而赋能经济增长。蔡跃洲和马文君(2021)厘清了数据要素推动经济发展的作用方式,提出在国家层面数据要素主要通过发展规模效应、支撑模式创新、优化资源与产品配置等机制促进经济高质量发展。刘文革和贾卫萍(2022)把数据要素纳入增长模型,发现当数据/劳动超出资本/劳动时,数据就成为了经济增长主要驱动力。所以充分发挥数据要素的直接、间接效应对于中国经济增长提速、改进经济结构有着重要推动作用。

还有一部分学者在理论的基础上,运用实证方法研究了数据要素对经济增长的影响。Brynjolfsson 等(2011)通过 179 家大型上市公司详细的调查数据,发现在其他投资与信息技术既定的情况下,运用"数据驱动决策"的公司能够使自身的生产效率和产出提升 5% 到 6%。他们通过工具变量法,进一步表明了"数据驱动决策"导致的生产效率提升不是双向因果导致的。Mcafee 和 Brynjolfsson (2012)通过调研北美的企业证实了以上结果,任何行业使用"数据驱动型决策"比例最高的三个公司,平均生产效率与利润率比其他企业分别高出 5% 与 6%。Müller 等(2018)运用美国 814 家公司 2008—2014 年的数据,发现总体来说"大数据分析"(bigdataanalytics)可以让企业的生产效率提高 4.1%,并且信息技术密集型行业与竞争激烈的行业运用数据能力更强,这一数值在这两个行业分别达到了 6.7% 与 5.7%。谢康等(2020)基于国泰安数据库以及对企业专业、合理的问卷调查,运用统计分析、计量分析的方法,研究大数据与企业创新之间的关系。结果发现大数据资源与其他资源型生产要素一样,其自身无法提升公司绩效水平,而是通过组织学习、大数据分析以及管理更新三种路径,能够解释公司 36.8% 的创新绩效提升。李树文等(2021)同样研究了大数据分析对企业创新的影响。他们通过 478 家科创公司的问卷调查,运用结构方程、层次回归等实证分析方法,发现大数据分析分别通过提高知识创造、整合、获取能力三种路径推动产品突破性创新,其中知识获取能力的提升帮助最大。徐翔和赵墨非(2020)在测算出数据资本存量的基础上,发现中国数据资本存量占 GDP 的比重在 2015—2019 年逐年上升,在 2019 年达到 9.5% 左右。杜秦川(2022)在蔡跃洲和张钧南(2015)与徐翔和赵墨非(2020)对 ICT 资本与数据资本研究成果的基础上,测算出了 2015—2019 年中国数据资本存量对 GDP 增长的贡献率始终保持上升趋势,并在 2019 年达到了 12.9%。

（三）影响数据要素作用发挥存在的问题相关研究

目前大部分学者对于影响数据要素作用发挥存在的问题主要集中在数据交易市场构建困难与隐私保护不到位这两点。在构建数据交易市场方面，蒋洁（2020）指出近年来中国在贵阳、武汉、上海、成都等城市成立数据交易平台超过20家，这些大数据交易平台大多都存在建设重叠、缺乏明确标准等问题，无法保护数据产权和产业发展。王夙（2020）同样指出数据是一种无形资产，交易模式与传统资产有很大的区别，应该让市场各主体与政府共同研究符合数据特点的交易程序与机制，一同构建健康的数据交易市场，从而尽可能使得交易成本下降、交易频率上升。曾铮和王磊（2021）认为中国数据要素交易市场主要存在制度缺乏体系、相关立法不足、政策在实践时不到位等问题。刘吉超（2021）又补充了数据权利归属难以判定、交易平台经营水平差异大、定价机制不够完善、数据有效供给欠缺等问题。王伟玲等（2021）指出中国数据要素市场应该在分配机制、开放贡献、数据资产会计认定等方面进行加强。

在隐私保护方面，Gregory（2014）指出大数据就是由人构成的。这意味着数据的获取过程通常都伴随着对人们非常有侵略性的探测、监视以及跟踪系统（Schneier，2015）。目前信息技术高度发达，各种数字设备无处不在，人们的健康、习惯、信仰与行为等数据都在被各种公司或研究机构在不直接接触的情况下获取。持续升高的数据化程度能够将人们生活的各个方面都能以数据的形式呈现出来，从而对人们的各种行为进行推断和预测（Cukier和Mayer，2013）。这种非常普遍地发生在企业界和学术界的数据收集行为面临着很多问题，比如人们对数据研究活动越来越不信任，以及数据化的需求与数据提供者自主权之间的不匹配等（Katie等，2021）。人们的这种不信任主要来源于他们总是在不知情或者"被迫"同意的情况下被获取了自身的数据，并且不知道这些数据的用途是什么（Andrejevic，2014）。即使公司或研究机构取得了数据获取对象的同意并告知他们数据的用途，这些数据也很可能被重新利用于他们无法预测的其他领域。数据要素的特殊性破坏了数据使用者的使用方法与数据获取对象自主权之间的道德关系,导致很多人对没有争议的数据收集活动也持怀疑态度(Hallinan 等,2020)。当数据变为一种新的资本形式,企业或研究机构会用任何方式从任何可能的来源获取尽可能多的数据,这种动力会使得现有的数据收集方法变强,并催生出更多新的方法。Mezzadra 和 Neilson(2017)将数据收集类比于资本主义早期对于土地的强占与资源的攫取,他们认为数据的收集过程从本质上应该被理解为数据掠夺。

除了以上两点外,一些学者还认为数据要素的发展加剧了经济社会中的不公平,容易形成垄断。IBM(2014)在其发布的视频中指出充分利用数据要素并不只要求我们被动地收集数据,而是要主动地创造数据,现在世界上的一切都是由数据构成的。[①]这不仅是对数据在现实生活中作用的一种客观描述,更重要的是体现了数据正在构造一个新的世界(Kitchin 等,2015)。而在这个新的世界中我们对世界的理解和与世界的交互方式都会改变,那些拥有数据的经济主体将处于绝对权威的地位(Gitelman,2013)。这就会形成一个反馈回路:拥有大量数据的机构才可以形成某些控制系统,而这些控制系统在运作的过程中又会产生更多的数据,导致数据会越来越集中在一些机构(Sadowski 和 Pasquale,2015)。

数据要素在导致企业极化的同时,也会在人群中造成不平等加剧以及对弱势群体的歧视等问题。Runes(2017)发现汇总数据掩盖了人们种族、收入、教育水平、职业等很多因素的差距,当运用该数据作出决策时,会让一部分群体获得过多的收益而忽略一些弱势群体的需求。各个机构在收集数据时也主要关注政府以及非政府组织的利益,为社会边缘化群体带来的收益很少(Heeks 和 Shekhar,2019)。

还有一部分学者对于人们对数据要素的过度依赖表示担忧。数据要素虽然能为我们提供很多重要信息,但其本身容易受到人为操控且很多时候质量难以得到保证,会导致我们从中获取的信息与事实不符。Naudé 和 Vinuesa(2021)指

---

① IBM, A world made with data. Made with IBM. YouTube, 27 May 2014. 网址:https://v.youku.com/v_show/id_XNjk3NTUxNTcy.html

出数据泛滥(datadeluge)会造成很多危害,当对某方面的数据需求超过供给时,就会为数据的制造和滥用提供不正当的激励,这些低质量数据会造成错误信息与虚假信息的传播。

(四)文献述评

数据要素的作用正在经济社会中持续增加,学术界对于数据要素的认识也在与时俱进。在理论研究方面,数据要素促进经济增长的机制从一开始主要关注促进公司创新、决策能力扩展到产业、国家层面的促进机制。影响数据要素作用发挥存在的问题也从交易市场构建与隐私保护逐步转向其他方面。在实证研究方面,从最初笼统测算总的信息技术或信息通信技术资本存量及其对经济增长的影响,到现在试图将数据单独列出计算其资本存量与对经济增长的贡献。然而目前数据要素的间接贡献测度很困难,各经济主体对于数据的投资统计不足,所以数据要素的存量以及对于经济增长的贡献很可能被低估(徐翔等,2021)。并且迄今为止,对于数据资本存量及其对经济增长贡献相关领域的实证研究仍然比较少,大多研究停留在理论机制层面。因此该研究领域还有很多需要进一步填补的空白。

第一,数据资本相关的实证研究尚显不足。以往数据资本总是被包含在信息技术或信息通信技术资本之中,无法单独算出社会中数据的价值与发挥的作用。随着数字经济的高速发展以及产业向数字化、智能化方向转型,数据的重要性正在逐步显现出来,数据本身就对经济增长起到了重大的作用。特别是机器学习、人工智能、云计算等相应技术的快速发展,进一步拓宽了数据要素能够发挥作用的领域。2015年后国家出台了一系列助力数据发展的政策,肯定了数据要素在经济社会中的地位。因此学界迫切需要能够测算数据资本的存量及其对经济增长贡献的方法,但目前还没有研究明确指出数据要素流量量化方法、数据资本价格指数与折旧率以及测算出数据资本存量后应该采用的生产函数模型,因此无法比较准确地测出数据资本存量及其对经济增长的贡献。

第二,数据要素对经济增长的促进机制缺乏全面总结。很多学者都对数据要素促进经济增长的机制进行了阐述,但是这方面的研究大多都是从公司的角度出发,欠缺对产业以及国家层面机制的梳理以及这三个层面机制之间的联系,因此无法完全厘清数据要素与经济增长之间的关系。

第三,影响数据要素作用发挥存在的问题认识不到位。中国对数据要素的使用和治理尚且处于探索阶段,依然存在很多问题。但是目前对于这方面的研究主要集中在数据交易平台不规范、数据主体隐私保护不足方面,而忽视了使用数据要素可能导致的垄断、歧视弱势群体、传递错误信息等问题,而这些问题对于数据要素能否充分发挥其作用同样重要。

三、研究思路与技术路线

(一)研究思路

本文以数据要素流量量化理论为研究起点,以中国数字经济高速发展时期的数据资本存量测算、构建包含数据资本的生产函数模型以测算其对经济增长的贡献为核心研究内容,并从理论上分析数据要素促进经济增长的机制与作用发挥过程中存在的问题,以上各部分串联在一起形成本文的主体研究框架。首先,本文对相关研究和理论进行了总结归纳,对数据要素、数据要素资本化、数据资产投资、数据资本存量等重要概念进行界定,然后选择合适的存量测算模型与生产函数模型,并根据数据要素的特点对模型中的重要参数进行调整。其次,运用这些模型测算出中国19个传统行业的数据资本存量,结合构建的生产函数算出数据资本对经济增长的贡献率,并运用公司层面的数据验证数据要素对公司绩效的提升作用。最后,从微观、中观、宏观三个层面梳理数据要素促进经济增长的机制,总结影响数据要素作用发挥存在的问题,并提出改善这些问题、更充分发挥数据要素作用的相关政策建议,这对于中国把握数据要素应用水平、促进数字经济发展、推动产业向高级化转型具有现实意义。因此,本文主要研究以下五个问题:1.什么是数据资本存量?2.中国各行业以及整体数据资本存量是多少?3.数据资本对于中国经济增长的贡献率是多少?4.数据要素通过什么方式推动经济增长？5.哪些问题影响数据要素作用发挥？

（二）技术路线

本文遵循的分析框架是"背景介绍与问题提出—重要概念界定—模型构建—实证结果分析—理论机制分析—提出解决方案"，并分别运用文献分析法、数理模型推导法、计量分析法、核算分析法、比较分析法以及理论机制分析法等方法，研究中国数据资本存量以及其对经济增长的贡献，并梳理了数据要素促进经济增长的机制与影响其作用发挥存在的问题，以此为充分挖掘数据要素潜能、降低数据要素带来的负面影响提出相应政策建议，图1-2为本文的技术路线图。

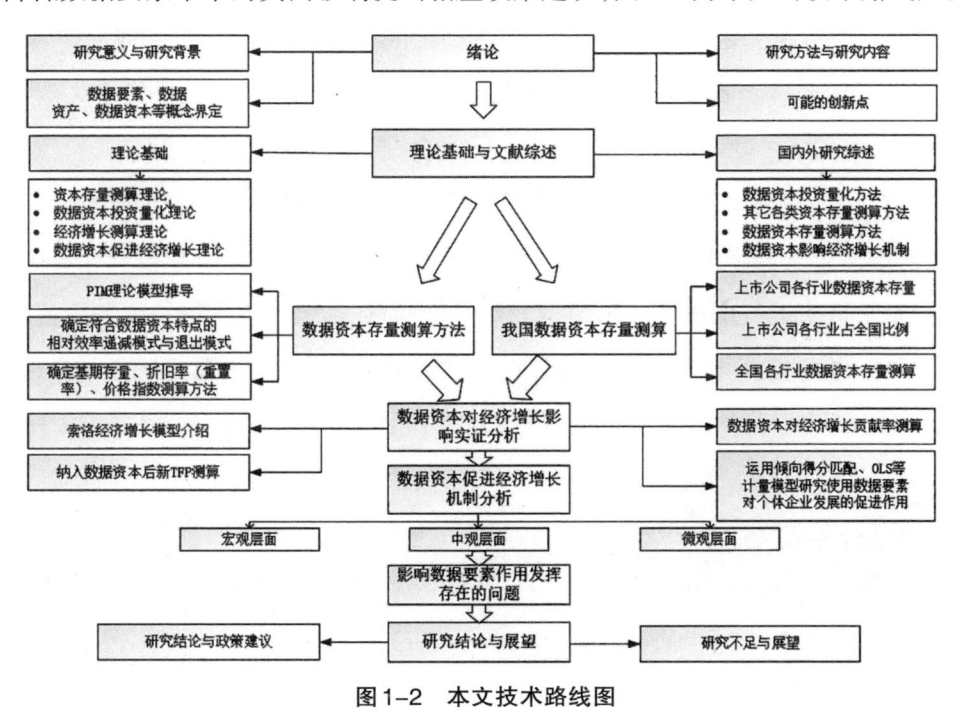

图1-2 本文技术路线图

四、研究内容与研究方法

（一）研究内容

本文主要关注中国数据资本存量及其对经济增长的贡献问题，在考虑数据要素流量量化方法的基础上，通过调节永续盘存法中各重要参数使其适应数据要素的特征并且将数据要素纳入生产函数中，分别测算出中国19个传统行业以及总体的数据资本存量及其对全国经济增长的贡献，并结合中国出台的各项关于数据要素的重大政策对实证结果进行分析。之后在实证结果的基础上，从理论层面梳理数据要素促进经济增长的机制与中国影响数据要素作用发挥存在的问题，最后为改善这些问题并进一步发挥数据要素作用提出相应的政策建议。基于以上内容，本文主要分为以下七个章节：

第一章，绪论。首先，对本文研究的背景进行介绍，并从理论意义与实践意义两个方面阐述该研究的必要性与价值。其次，对数据要素资本化及其促进经济增长机制等相关领域的研究进行归纳梳理，总结现有研究存在的缺陷。最后，根据以上内容确定本文的研究思路、技术路线与研究方法，同时提出本文的重点、难点与创新之处。

第二章，理论基础。首先，对数据为什么能够成为资本进行理论阐释。其次，对本文中需要用到的数据要素、数据资源、数据资本、数据资产投资、数据资本存量等概念进行阐述并给出明确的定义，也对数据要素的各种特征进行梳理与总结。再次，对目前学术界最为常用的三种数据资产投资量化方法进行介绍，并分析其优劣而确认本文中所用的方法。从次，对各种资本存量方法进行介绍，说明永续盘存法的优越性以及等资本产出法在缩小或扩大研究范围时的合理性。最后，对从没有考虑技术水平、技术水平外生到技术水平内生各个阶段的开拓性经济增长理论以及生产函数进行介绍，并根据各类经济增长模型的特点选出符合本文要求的新古典经济增长模型。

第三章，数据资本存量测算。首先，对测算数据资本存量的数据来源与变量构造方法进行介绍，本文中数据均来源于沪深市场的所有上市公司年报中，并采用等资本产出法推算出全国的总量。其次，介绍永续盘存法的原理以及各种递减模式与退出模式，并根据数据资本的特点确定永续盘存法中各种重要的参数。再次，通过几何路径以及确定好的各种参数，计算出上市公司各行业的数据资本存量，进而外推至全国层面，并通过其他路径测算出全国层面的数据资本存量与几何路径的结果进行比较,说明本文结果的准确性与稳健性。最后,与其他研究的数据资本存量以及其他类型资本存量进行比较,说明本文结果的合理性。

第四章,数据资本对经济增长贡献测算。首先,对本章中用到的GDP、人力资本、物质资本等其他变量的含义与来源进行了详细的介绍。其次,对新古典经济增长模型的内涵与构建方法进行解释,并且在上一章测算出的数据资本存量基础上,将数据资本纳入新古典经济增长模型。再次,计算出几何路径下2010—2020年各年数据资本对经济增长的贡献,分析各年的数值与变化趋势,并且通过双曲线、直线路径再次进行测算,以判断结果的稳健性。最后,运用计量方法在企业层面测算使用数据要素对企业盈利能力的促进作用。

第五章,数据要素促进经济增长机制分析。本章从宏观、中观、微观三个层面对数据要素促进经济增长的机制进行了全面而详细的分析。在宏观层面,数据要素可以减少信息摩擦,提高资源的配置效率;推动中国新兴产业的发展并让很多传统学科的研究方法与内容得到更新,创造新的增长极;促进政府为人民服务效率的提升并改善对腐败的治理效果,提升政府行政效率。在中观层面,数据要素能够促进其催生出的新兴产业与很多传统产业融合发展,提升传统产业生产效率;促使第一、第二产业的资源向技术密集度更高的第三产业转移,推动中国产业结构向高级化的方向发展;帮助产业内部各个企业可以收集并分享更多所需要的数据,加速产业内部创新。在微观层面,数据要素能够为企业提供更加准确的信息,帮助企业作出更明智的决策;促使企业运用新的更高效的生产方法进行生产或生产出更加符合消费者需求的新产品,提升企业生产效率;让企业能够从事售卖自身产出的数据、收集并标准化数据进行出售、帮助其他企业分析数据等业务,扩展企业的业务范围。

第六章,影响数据要素作用发挥存在的问题研究。首先,本章从企业、市场、政府三个维度对影响数据要素作用发挥存在的问题进行了全面深入的分析。在企业维度,第一,企业使用数据要素会在未经授权的情况下收集居民的个人信息并用于各种非法用途,从而侵犯居民的个人隐私权利,威胁潜在的数据供给。第二,企业使用数据要素会通过算法加深现有的社会秩序,使得社会中的阶级更加固化,弱势群体受到歧视,从而抑制经济增长。在市场维度,第一,使用数据要素会导致市场资源进一步向领头企业聚集,加剧市场垄断现象,阻碍技术进步。第二,数据交易市场在很多方面缺乏规制,仍然较为混乱,限制了数据的流动,阻碍数据要素发挥应有的作用。在政府维度,第一,目前数据要素相关的立法不足,没有对上述问题进行改善,并且导致数据无法被合理地共享。第二,由于数据收集技术手段等客观问题以及政府部门想扭曲数据达到自身目的等主观问题,数据要素很多时候会传递错误的信息,政府依据这些错误信息制定的政策很可能无法达到预期效果,对经济社会发展造成危害。

第七章,结论与展望。首先,对本文研究的主要内容以及得出的主要结论进行了梳理和总结。其次,根据前文中的内容并结合中国的现状,从加快推进数据要素相关统计工作以准确把握数据要素对中国经济的影响、保护公民隐私权力以降低个人信息泄露造成的危害、促进经济主体平等以防止市场垄断与歧视弱势群体现象出现、重视数据可信度以提升数据质量并防止数据篡改、充分发挥政府作用等方面给出促进数据要素健康高效发展的合理政策建议。最后,指出研究中存在的不足,对未来研究可能的改进之处与延伸方向进行探讨。

(二)研究方法

1.文献分析法

本文在第一章国内外研究现状部分对资本存量测算、数据要素促进经济增长机制、数据要素使用问题等领域的相关文献进行详细梳理,对现有研究的欠缺之处与空白之处进行归纳总结,并从中找出本文的研究方向。本文在第二章理论基础上,在相关文献的研究基础上对数据要素、数据要素资本化、数据资产投资、数据资本存量等重要概念进行界定,并对数据要素流量量化方法、资本存量测算方法、要素贡献测算方法进行比较分析,为本文之后的实证研究以及机制分析提供关键的理论参考。

2.数理模型推导法

本文按照传统的生产要素对经济增长贡献测算路径,以"流量—存量—经济增长贡献"为主线,运用相关的数理经济模型进行研究。首先,以 Goldsmith(1951)提出的传统永续盘存法(PIM)为基础,根据数据要素的特性,对模型中价格指数、基期存量、折旧(重置)率等重要参数进行推导测算,并选择合适的递减模式与退出模式,该方法可以将流量与存量部分连接起来。在测算出数据资本存量后,本文将数据资本纳入新古典经济增长理论的生产函数中,构建能够反映数据要素对经济增长贡献的数理模型,以此来测算中国数据要素对于经济增长的贡献。

3.计量分析法与核算分析法

本文采用 stata 数据分析软件进行计量回归分析与核算分析,该方法主要运用于第三章和第四章中。在第三章中通过调整重要参数、递减模式和退出模式的永续盘存法,结合万德数据库(wind)、国泰安数据库(CSMAR)以及《中国统计年鉴》中上市公司财报数据以及国家分行业 GDP 数据,核算出中国 19 个传统行业与总体的数据资本存量。在第四章前 3 小节,本文将全国数据资本存量、GDP、物质资本存量等数据代入经济增长模型中,用核算方法算出这些具体生产要素与全要素对经济增长的贡献。在第四章最后 1 小节,本文用公司层面的数据,采用最小二乘法、工具变量法、倾向得分匹配等方法进行计量回归分析,并进行了一系列稳健性检验与安慰剂检验,进一步研究公司数字化水平的影响因素以及使用数据要素对公司绩效的影响。

4.比较分析法

本文测算出 19 个行业的数据资本存量不仅是为了更为准确地加总到全国层面,也为了结合各个行业的特点对各个行业的数据资本存量进行单独分析以及行业之间的比较分析。同时,本文还通过不同路径测算了全国层面的数据资本存量,并对各个路径的结果进行比较分析以增强结果的可信度。最后,本文在算出全国层面的数据资本存量后,将结果与加拿大的数据资本存量以及中国数据资本与其他类型资本存量进行比较分析以表明结果的合理性。

5.理论机制分析法

本文以数据要素流量量化理论、存量测算理论、新古典增长理论、数据生产力属性理论等理论为基础,系统地研究了数据要素促进中国经济增长的机制,并论述了影响数据要素作用发挥存在的问题。对经济增长的影响机制主要从微观(单个经济主体)、中观(产业)以及宏观(全国)三个层面进行分析,对问题也从企业、市场、政府三个维度提出,并且在最后一章中针对以上机制和问题提出了相应的建议与解决方法,为目前中国如何减少数据要素负面影响、充分发挥数据要素作用提供了一定的借鉴与参考。

五、研究重难点与创新点

(一)研究重点

本文研究的重点主要集中在以下几个方面:第一,通过大量相关文献的梳理和总结,明确数据要素、数据要素资本化、数据资产投资、数据资本存量等重要概念的界定,选择合适的数据要素流量量化方法以及数据资本存量测算方法,并根据现有研究调整重要参数使其符合数据要素的特性,最后计算出中国各行业以及总体的数据资本存量。第二,将计算出的数据资本存量纳入新古典经济增长模型中,分别计算出数据资本、物质资本等生产要素与全要素对经济增长的贡献。第三,目前中国在数据要素应用方面仍然处于探索阶段,本文将系统梳理数据要素在各个层面促进经济增长的机制以及影响其作用发挥存在的问题,并且提出相应的政策建议。

(二)研究难点

本文研究的难点主要在于以下几个方面:第一,目前还没有文献对永续盘存法测定数据资本存量时使用的各个参数以及递减、退出模式提供参考,如何科学、准确地使用各个参数以及递减、退出模式需要对模型以及其他资本存量测算的研究有非常充分的了解,并在此基础上作出符合数据要素特征的改变。第二,论文写作会遇很多公司报表的解读问题,需要非常专业的财务知识,本专业在学习时涉及到这方面的知识较少,因此该领域知识储备相对匮乏。本人会在大量阅读相关文献的基础上,向在企业财务部门的其他同学请教,必要时寻求老师以及其他专家的帮助,保证论文每个指标都用得准确并且有理论支撑。第三,数据要素促进经济增长的机制错综复杂,在各个层面都会有相互影响,并且相关的研究相对较少。本文将在现有文献的基础上,结合中国特殊的市场环境与经济体制,尽可能全面、详尽地对各个层面的影响机制进行分析并厘清各层面之间的联系。

(三)研究创新点

目前中国鲜有测算数据资本存量及其对经济增长贡献的研究。许宪春等(2022)从理论上提出了计算数据资产价值的方法,本文将在该研究的理论基础上,首次运用规范的永续盘存法测算出中国的数据资本存量,为该领域后续的实证研究作出铺垫。本文可能的创新点要在以下几个方面:

第一,数据资本存量测算方法与数据选取的创新。在测算方法方面,目前中国对于数据资本存量测算的研究方法主要停留在对各年数据相关投入的简单加总,或是直接假设数据资本存量占IT、ICT资本存量或数字经济规模的一定比例,这些方法都是较为粗糙的,本文严格遵循永续盘存法"流量确定—参数确定—存量测算"的步骤,创新性地将永续盘存法运用到数据资本存量测算中。在数据选取方面,本文首次选用沪深市场上市的所有公司为样本,通过万德数据库(wind)和国泰安数据库(CSMAR)获得这些公司各年财务报表的数据,测算出信息传输、计算机服务和软件业、采矿业、制造业等行业上市公司的数据资本存量,并外推至全国层面,最后将全国层面的各行业数据资本存量加总得到中国总的数据资本存量。

第二,重要参数选择的创新。目前还没有研究对使用永续盘存法计算数据资本存量时用到的重要参数进行测算,本文将根据数据资本的特点尝试给出这些参数科学的确定方法。在递减模式与退出模式选取方面,中国学者基本上都采用几何递减模式的年龄—效率函数(单豪杰,2008;徐杰等,2010;王维等,2017;郑世林和杨梦俊,2020),即假设每一期资本的折旧与存量之比都是相等的。然而这种设定不一定与现实相符。尤其是目前关于数据资本的研究还较少,对于数据资本的年龄-效率函数的形式并没有一个统一的共识,所以本文将分别采用直线、几何、双曲线三种年龄-效率函数的递减模式,并考虑退出模式[①],进而测算出三种路径下的数据资本存量(下文中简称几何、直线、双曲线路径),同时本文还考虑运用年龄-价格函数进行测算。在折旧(重置)率方面,本文根据 Statistics Canada(2019)的研究成果计算出数据资本的期望服务年限,从而算出折旧(重置)率。在价格指数方面,本文参考郑世林和杨梦俊(2020)的方法,根据数据资本特点将消费者价格指数、工业品出厂价格指数以及固定资产投资价格指数结合起来,构造出符合数据资本特点的价格指数。

第三,对生产函数的改造。在传统生产函数中,数据的作用被包含在全要素生产率中,不会单独考虑数据对经济增长的影响。2020年中国正式将数据列为生产要素后,数据在生产函数中应与物质资本等其他生产要素拥有一样的地位。本文首次将数据资本纳入新古典经济增长模型中,对现有生产函数进行改造,单独计算出数据资本对经济增长的贡献。

第四,研究视角和机制分析的创新。首先,目前研究对于数据要素促进经济增长机制的分析大多是从一个层面出发或简要从三个层面出发。本文将从微、中、宏观三个层面对数据要素促进经济增长机制进行阐述,并挖掘这三个层面之间存在的联系。其次,当下关于影响数据要素作用发挥存在问题的研究主要集中在数据市场构建问题与对数据主体隐私侵犯两个方面,本文将拓展该领域研究范围,从企业、市场、政府三个维度梳理影响数据要素作用发挥存在的问题。

[①] 几何年龄-效率函数采用同时退出模式,双曲线、直线年龄效率函数采用钟形退出模式中的正态分布函数,具体介绍见下文。

第二章 理论基础

本章首先对数据为什么能够成为资本进行理论阐释。其次,在对数据要素的概念及其不同于传统要素的特征进行梳理和归纳的基础上,界定了数据要素资本化、数据资产投资、数据资本存量等一系列概念,并进一步介绍了数据要素流量(即数据资产投资)量化的三种方法。之后又依次介绍了永续盘存法等资本存量测算方法,以及哈罗德-多玛模型、新古典增长模型、新经济增长模型等解释经济增长的模型。

一、数据能够成为资本的理论支撑

在数字经济时代,数据已经从简单的信息记录,转变成了促进经济增长的重要动力,被称为"数据资本"。数据能够成为资本的原因主要有以下几点:第一,数据可以改变现有生产方式,从而创造价值。数据经过加工和处理后,可以转化为具有指导性的信息,这些信息可以在生产流程优化、成本控制、商业决策、市场调研、风险评估等方面发挥重要作用。第二,数据可以重复使用。与传统的物质资本不同,数据可以无限重复使用,并且不会因为使用而减少或被损坏。这种特性使得数据可以在多个领域中发挥价值,为企业创造更多的盈利可能,并且也为数据融合增值提供了机会,单一的数据集可能价值有限,但将多个数据源的数据融合起来,能够挖掘出更多有效信息,进而为企业提供更全面、深入的决策支持。第三,数据可以被不同主体共享。数据的共享能够促进信息的流通和知识的传播,降低信息不对称和知识鸿沟。这种共享不仅可以提高企业的生产效率,还能够让整个社会的文明程度、认知水平等难以量化但极其重要的方面取得进步,很大程度上增加了数据的价值创造能力。第四,数据拥有全球化特征。随着互联网和数字技术的不断发展,使得数据在全球范围内自由流动和交换成为可能,数据资本对各国之间经济交流和合作的促进作用要远高于劳动力、物质资本等传统生产要素。各国通过加强贸易、投资、金融等方面的合作,可以提高经济的整体竞争力,从而共同应对全球经济挑战、促进全球经济发展。第五,数据具有一定稀缺性。稀缺性是资本必然拥有的属性,如果没有稀缺性就不存在分配问题,也就不能称之为资本。需要注意的是,数据可以重复使用与具有稀缺性并不矛盾。虽然数据可以被无限复制,但原始、即时、特定的数据仍然是稀缺的。因为数据之间存在较大差异,为特定目标收集、储存、处理和分析数据需要时间、人力和其他资源,仍然会耗费较高成本。

生产函数是用来描述输入(如劳动力、资本、技术等)如何转化为输出(如商品和服务)的函数,上文可以看到数据在转化过程中发挥了重要作用。因此,将数据作为一种资本,测算其存量并纳入生产函数是非常必要的。此外,对于很多推动中国经济增长和高质量发展的高新技术企业,其积累的数据资本价值已远超传统的物质资本存量,然而现在计算总产出时没有考虑数据的投资生产,导致产出被低估。所以在生产函数中纳入数据资本还有助于解释物质资本、劳动力等生产要素对经济增长的贡献下降。

二、相关概念界定

(一)数据要素的定义及特征

1.数据要素定义

随着数字经济的快速发展以及逐渐增多的相关政策出台,数据作为一种重要的生产要素正在受到学者更多的关心与注意。很多学者都根据自己的理解给出了数据要素的定义,但是学界还没有一个统一的答案,使得当前研究中关于数据要素的定义众说纷纭。总的来说,数据要素是数据经过价值化演变以后得到的。此处需要注意的是,数据要素与广义的数据的概念是存在差别的。数据指的是以数字表示可以进行运算的结构化数据以及图像、符号、图片、视频等非结构化数据(李军,2016;李金昌,2017),其不能直接参与生产活动,而是要先经过一系列价值化步骤,如采集、整合、处理、分析后才能变为有生产价值的信息,即数据要素(田杰棠和刘露瑶,2020)。

总的来说,数据要素是我们在处理和分析数据时的最基本单位。这通常是一个无法被更细分的数据,例如,一个人的名字,一个产品价格,甚至是一个像素的颜色,这些都可以是数据要素。每个数据要素都有其特定的数据类型,如整数、浮点数、字符串、日期等。在数据库中,数据要素通常被当作一个字段,它是某种实体或事件的特性或属性。例如,在一份员工名单的数据库中,员工的名字、地址、生日和雇佣日期都可以是数据要素。数据要素在数据处理中扮演了重要的角色。在数据收集过程中,它们被定义和格式化,作为信息的基础。随后在数据管理和分析过程中,它们被用来生成有用的见解和决策。而在复杂的数据结构中,如树形结构,链表或图结构中,数据要素可能会有着更复杂的关系,不同的数据要素可能存在依赖关系或者连接关系。数据要素是掌握和理解复杂数据系统的关键,它们是构建大数据和信息系统的基础。因此,数据要素是一种重要的生产要素,它能够推动生产力和生产效率的显著提升,是数字经济时代的第一生产要素。随着数字化时代的到来,数据要素的重要性将越来越受到关注和认可。

数据的价值化过程能够重新构造生产要素的体系,这也是数据能够成为生产要素并且推动数字经济快速发展的前提。生产要素是整个经济社会在当前技术条件下进行生产所用到的各类资源,在早期农业经济时代,生产要素主要包括技术(主要是农业技术)、劳动、土地;工业革命后进入工业经济时代,生产要素主要包括技术(主要是工业技术)、物质资本、劳动、土地;20世纪90年代后以人工智能、大数据技术为代表的新信息技术革命以来(何哲,2021),进入了数字经济时代,生产要素主要包括技术(主要是数字技术)、数据、物质资本、劳动、土地,三个时代的生产函数变化如图2-1所示。

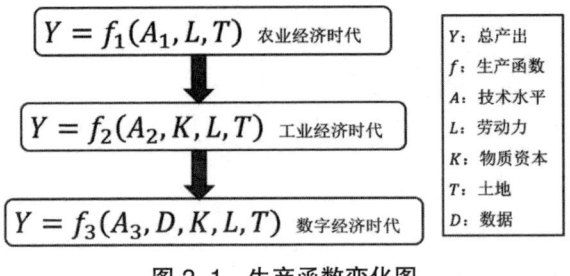

$$Y = f_1(A_1, L, T) \quad \text{农业经济时代}$$
$$\downarrow$$
$$Y = f_2(A_2, K, L, T) \quad \text{工业经济时代}$$
$$\downarrow$$
$$Y = f_3(A_3, D, K, L, T) \quad \text{数字经济时代}$$

Y：总产出
f：生产函数
A：技术水平
L：劳动力
K：物质资本
T：土地
D：数据

图 2-1 生产函数变化图

从图2-1可以看到，数据要素并不是数字经济时代唯一的生产要素，然而却是数字经济时代新出现的、特有的生产要素。数据要素在数字经济发展过程中始终发挥着重要作用，并且和其他生产要素一直在融合、相互促进发展。数据在经过价值化后可以推动物质资本、劳动等其他生产要素发生变革，挖掘其他生产要素的潜能，助力数字经济快速发展。还可以直接促进传统产业向数字化、智能化方向转变，从而使得工业与农业都可以实现精准控制、智慧生产（中国信息通信研究院，2020a）。可以看到，数据要素既可以被视为劳动对象，也可以被视为劳动工具。视为劳动对象是因为数据要素在被采集、整合、处理、分析后才拥有价值，而视为劳动工具是因为使用数据要素可以提升其他生产要素的生产效率，从而推动生产力进步（方丹丹和俞文群，2022）。

在以上理论阐述的基础上，一些学者对数据要素给出了较为明确的定义。张昕蔚和蒋长流（2021）认为数据要素指的是通过对数据的采集、整合、处理、分析等步骤，让数据能够作为一种新的要素，投入到生产过程中，在将自身价值转移到新产品中的同时也提高其他生产要素的生产效率。方丹丹和俞文群（2022）指出数据要素是生产活动中必需的资源，是以电子形式储存并可被读取与社会化再利用的数据。白永秀等（2022）将数据要素简单定义为生产产品或服务的投入要素。中国信息通信研究院给出了较为权威的数据要素的定义：数据要素是参与生产经营活动，以电子方式记录并为使用者和所有者带来收益的数据资源。①本文认为该定义较为全面且简洁地总结了数据要素没有实体形态且能够带来效益的内涵。国家工业信息安全发展研究中心也指出,数据要成为数据要素,必须所有权与使用权明确且能够带来经济效益。②

2.数据要素特征

从数据要素的定义中可以看到,数据要素与传统生产要素一样,都是要参与到生产活动中,并且以为生产者带来经济效益为最终目的。然而数据要素与传统要素相比又呈现出很多不同特征,很多学者都对这些特征进行了总结,主要有以下几点:

(1)虚拟性

我们首先要认识到数据要素是一种存在于网络、计算机、硬盘、数据库等虚拟空间的非实体生产要素,具有虚拟性的特征。数据要素的虚拟性是指其不同于传统的、具有物理形态的生产要素,如土地、劳动力、资本等。数据要素是一种无形的、非物质的资源,没有具体的实物形态,但其作用和价值却取决于数据本身。所以很多学者都认为数据要素最核心的特征就是虚拟性(Jones 和 Tonetti,2020)。虚拟性意味着数据要素必须依托于其他生产要素作为载体才能发挥具体作用。这意味着数据要素必须与其他生产要素结合,才能产生实际的经济效益。例如,数据要素可以与资本结合,通过数据分析来优化资本配置,提高投资效率;也可以与劳动力结合,通过数据分析和机器学习来提高生产效率和质量。数据要素作为一种非实体生产要素,如果无法与其他生产要素融合,就无法创造价值。由于数据要素没有具体的实物形态,不易被直观地感知和认识,其产生、迭代、管理、使用、消亡的生命周期中,往往容易被管理者、使用者忽视。因此,虚拟性决定了我们需要对数据要素进行有效的管理和保护,以确保其发挥最大的

---

①《数据价值化与数据要素市场发展报告》,中国信息通信研究院政策与经济研究所发布于2021年5月。
②《中国数据要素市场发展报告(2020—2021)》,国家工业信息安全发展研究中心发布于2021年4月。

经济效益。Mueller和Grindal(2019)也指出,数字经济最重要的特点之一就是依赖于数据要素这种虚拟的生产要素,这也是区分数字经济和传统经济的重要特点。

(2)替代性

数据要素不仅能够与其他生产要素融合,还能够在一定程度上对其他生产要素产生替代作用。王谦和付晓东(2021)认为数据要素能够产生替代作用的其他生产要素主要指的是土地、劳动与管理要素。

首先,数据要素可以替代土地要素。在传统的农业生产中,土地是必不可少的生产要素之一,但是,随着科技的发展和数据的积累,农业生产的模式发生了变化。例如,通过精准农业技术,利用卫星遥感、无人机等手段收集农田数据,对农田进行精细化管理,提高农作物产量和质量。这种方式不仅可以减少对土地等传统生产要素的依赖,还可以提高农业生产的效率和可持续性。并且,现在数字技术的发展使得虚拟空间可以在一定程度上映射出实体空间,从而让产品或服务可以在虚拟空间中进行生产,这样就可以将实体土地上的一部分生产任务转移到虚拟空间中,很大程度上实现了土地资源的节省,冲破了有限的实体土地空间对于生产活动的限制。同时,数据要素还增加了土地在供给侧的弹性,使得实际生产空间得到拓展,一部分生产活动摆脱了对土地的依赖。

其次,数据要素可以替代劳动要素。在传统的制造业中,劳动力是必不可少的生产要素之一。但是,随着机器人技术和自动化技术的发展,制造业的生产模式发生了变化。例如,通过机器人和自动化设备进行生产线的操作和管理,可以大幅减少对劳动力的依赖,提高生产效率和产品质量。这种方式不仅可以降低生产成本,还可以解决人力短缺的问题。并且,随着人工智能技术的快速发展,很多产品或服务的生产都实现了某一部分或全面的自动化,这种自动化是以数据要素为核心,自发对数据进行采集与储存并自发建立新的任务。在整个流程中,数据要素为核心的自动化生产会对劳动产生替代作用,减少生产活动中对于劳动的依赖。

再次,数据要素可以替代资本要素。在传统的生产过程中,资本是必不可少的生产要素之一。资本的功能主要是提供资金和资源支持,以推动生产的顺利进行。然而,随着数据要素的兴起,数据要素开始替代部分资本的功能。例如,在互联网金融领域,通过大数据分析和机器学习等技术,可以评估借款人的信用状况和还款能力,从而为借款人提供更加精准的金融服务。这种方式不仅可以减少对传统资本的依赖,还可以提高金融服务的效率和质量。并且,随着互联网技术和大数据技术的发展,金融服务的模式发生了变化。例如,通过互联网平台和移动支付等技术,提供更加便捷、高效的金融服务,满足消费者的需求。这种方式不仅可以减少对资本的依赖,还可以提高金融服务的覆盖面和可获得性。同时,数据要素可以拓展资本市场的范围。传统的资本市场主要依赖于实体资产和传统的金融工具来进行资本运作。随着数据要素的积累和应用,资本市场开始向数字化和虚拟化方向发展。比如在数字货币领域,通过区块链技术和去中心化网络等技术,可以发行和交易数字货币,从而为投资者提供更加便捷和高效的金融服务,这种方式很大程度上可以拓展资本市场的范围。

最后,数据要素可以替代管理要素。随着数据收集技术的快速发展,现在很多物品和设备都实现了智能化,每一个人、物品或设备都能够生成数据并上传至云端进行处理与分析。之后人工智能可以对人的思维进行模拟,突破人类思维的局限性,并结合生成的海量数据帮助或代替人们对各项经济活动进行管理,减少对管理者的需求(李海舰和赵丽,2021)。可以看到,数据要素可以对其他生产要素产生一定的替代作用,增加了全社会的潜在产出。

(3)非竞用性

除了虚拟性和替代性以外,数据要素还有非常强的非竞用性。非竞用性指的是当某个消费者在使用数据要素时不影响其他消费者继续使用这些数据要素。现实生活中大部分的资源都是具有竞用性的,在被某消费者使用后不能继续被其他消费者使用,比如蔬菜、水果等在被某个消费者使用后会被消耗,其他消费者无法使用。但对于数据来说却不一样。数据一旦生成并被存储后,就可以被无限制地复制和分享,每个得到这份数据的人都可以使用它进行分析,产生洞察,无论其他人如何使用这份数据,都不会降低他人使用这份数据的价值。因此从技术层面而言,数据是无限可用的。一些人对数据的使用并不影响其他人的使用,即数据可以被多个主体同时使用而不会被耗尽,能够持续产生、无限积累。比如一部电影可以在多个影剧院同时放映,而一个影剧院的使用并不会影响其他影剧院的使用。并且数据由于其虚拟性,额外使用它不存在边际成本,不同的公司或个体可以在同一时间同时使用同一数据集,多增加一个使用者不会妨碍其他使用者对该数据集的使用,甚至能在使用的过程中让这个数据集的价值不降反升(Jones 和 Tonetti,2020;Yan 和 Haksar,2019)。比如多个象棋棋谱形成的数据集合可以被各个下棋软件运用不同的算法同时使用,在使用时各个软件之间的对弈又会产生新的棋谱加入到这个数据集中,从而使这个数据集的价值上升。需要注意的是,数据要素不仅在使用时具有非竞用性,在生产时也具有非竞用性。同一种数据可以被不同的数据收集渠道收集,比如我们每天走路的步数可以同时被微信、支付宝等应用程序收集。由于数据要素在使用和生产阶段都具有非竞用性,大量的公司、个人都可以在同一时间使用同一个数据集而不影响其他人,这种特征使得数据要素对于经济社会存在非常大的潜在价值(Jones 和 Tonetti,2020)。

(4)部分排他性

排他性指的是某个消费者在不支付一定数量货币的情况下,无法拥有一个物品的使用权。数据要素具有部分排他性是因为数据在某些情况下可以被排他性地使用或控制,虽然数据具有非竞用性,但是在一些情况下,数据的所有权或使用权可以被特定主体所拥有或控制,这使得其他主体无法直接使用或访问该数据。与非竞用性是由物品物理特征决定不同,这种排他性可以是由于技术、法律或商业原因而产生的。例如,一些数据可能会受到专利、版权或商业秘密等法律保护,使得其他主体无法直接使用或访问该数据。此外,一些数据可能会受到技术限制,例如加密或访问控制等,使得只有特定主体可以访问或使用该数据。

因此除政府在网站上公开的数据以外,公司和私人的数据本来应该具备排他性(蔡跃洲和马文君,2021)。当然,这种排他性并不是绝对的。在一些情况下,数据的所有权或使用权可以被多个主体共同拥有或控制,在共享经济中,一些数据可以被多个主体共同使用和访问。数据要素之所以只具有部分排他性的另一个原因是在数据的产生过程中,需要数据主体、数据收集公司、数据分析公司、网络平台等多个主体参与,导致数据同时被多个主体所拥有,并且数据由于其虚拟性基本没有运输成本,很大程度上增加了数据被扩散出去的可能,从而使得数据要素在应用过程中客观存在非排他性(Varian,2018;丁文联,2018)。但当数据量很大、数据复杂程度和价值较高时,数据要素就会呈现出比较高的排他性,因为此时数据的拥有者通常会试图隐藏而不是分享数据。Gaessler和Wagner(2019)也指出现实生活中大部分公司都不愿意分享自己生成或是收集到的数据,即便分享这些数据可以对社会产生非常大的经济效益。Jones和Tonetti(2020)还指出了数据排他性的另一个原因就是数据无法随着人力资本的流动而流动。比如公司通过机器学习产生的知识是可以随着技术人员的流通在公司之间传播,但是机器学习所用到的数据一般是保密的。虽然一部分公司会为了提升社会的科技水平而公布自己的数据,但大部分公司还是选择保密自己的数据以提升自身竞争力(徐翔等,2021)。由此可见,数据要素同时具有非排他性与排他性,表现为部分排他性。

(5)部分稀缺性

数据要素的非稀缺性是指数据的供给是无限的,不会因为使用而耗尽。这与传统的生产要素不同,例如土地、劳动力等,它们的使用会消耗资源,导致供给有限。所以数据要素的出现很大程度上改变了经济学界对于生产要素资源分配方法的研究思路。经济学这门学科在刚出现时主要研究任务就是如何对有限的资源实现最优配置,从而在资源既定的情况下尽可能增加产出,这主要是因为物质资本以及劳动具有稀缺性,无法无限增多并且会在生产流程中被消耗。但是数据要素突破了传统生产要素物理形态的限制,表现出了非稀缺性。这种非稀缺性主要体现在四个方面:第一,数据来源非常广泛。数据无处不在,来源各自不同,包括互联网、传感器、社交媒体、企业数据等等。这些数据源的不断扩大和多样化,使得数据的供给非常丰富,不会因为使用而耗尽。第二,数据的复制和传播成本非常低。数据是可以随意复制的,并且复制的成本基本为0。一旦数据被采集和处理,可以以非常低的成本复制和传播,这使得数据的供给可以无限扩大。并且数据在使用过程中不会被消耗掉,反而可以在不同的场景和目的下被重复使用,同一数据集可以在科学研究、商业分析、社会治理等方面发挥巨大的作用。这使得数据资源可以被看作能够无限开发,数据量只受到储存数据的物理设备的限制,但是现在科技水平的快速发展让体积小且成本低的一块硬盘就能储存大量数据,导致这一限制几乎不再存在。第三,数据的组合和挖掘潜力巨大。与传统生产要素不同,数据要素在参与生产流程过后仍然存在,可以重复多次投入到生产活动中,其价值一点都不会减少甚至还能够在生产过程中增加。不同的数据可以相互组合、相互启发,从而产生新的信息和知识。这种组合和挖掘的过程可以释放出更多的数据价值,同时也可以提高数据的供给能力。第四,数据具有自我繁衍性。一些数据在使用过程中会不断产生新的数据,这些新数据的产生不仅增加了数据的供给,也使得数据的价值更加多元化和深入。社交媒体上的用户行为数据可以通过分析用户的兴趣、行为和社交关系等来产生更多的数据,这些新数据的产生可以进一步推动社交媒体的发展和应用。并且,数据要素在使用过程中也不需要像传统要素一样担心污染等问题,可以尽可能大量使用(田杰棠和刘露瑶,2020)。但需要注意的是,数据的非稀缺性并不意味着想使用什么数据就可以随时获得,数据的价值与所处的环境也有很大关系,欧阳日辉和龚伟(2022)指出在一些特殊的时间点或场景,数据仍然可以表现出高度的稀缺性。因此,可以认为数据要素具有部分稀缺性。

(6)非均质性

物质资本、劳动等传统生产要素都体现出一定程度的均质性。对于物质资本来说,机器、设备、厂房等的价值基本都可以用货币衡量,物质资本中的每一元价值没有明显差异。对于劳动来说,虽然个体的生产力由于知识水平的不同差别较大,但是一些研究中按照受教育程度将每个劳动个体分解为不同单位劳动,每一单位劳动基本上是同质的。但是对于数据要素来说情况完全不一样,各个数据集的数据量虽然有大小之分,但它们的价值很难进行比较,每一个"比特"数据之中包含的价值差异非常大。这些差异主要来源于以下五个方面:第一,数据来源的多样性。不同的数据来源可能具有不同的数据结构和数据格式,比如数据库、数据仓库、数据集市等,这些来源的数据在内容、特性和属性上可能存在很大的差异。第二,数据收集方式的多样性。不同的收集方式可能会引入不同的偏差和噪声,例如通过调查问卷、网络爬虫、传感器等方式收集的数据可能在内容和特性上存在差异。第三,数据处理过程中的不一致性。对数据使用不同的处理方法会让数据产生完全不同的价值。在对数据进行清洗、预处理、转换等操作时,不同的处理方式可能会导致数据在不同尺度上存在差异,或者在处理过程中引入新的噪声和偏差。第四,数据的存储方式的不同。不一样的存储介质、存储格式和存储时间可能会导致数据在不同时间点和不同空间上的差异。第五,数据的价值还取决于使用者的差异。数据的价值取决于使用者需求、使用者应用能力、具体场景等一系列多变又难以量化的因素,因此在现实生活中很有可能一模一样的两组数据,对一个公司非常有用,而对另一个公司毫无价值(田杰棠和刘露瑶,2020)。由此可见,数据要素具有很明显的非均质性。目前有很多专门从事数据售卖的公司,利用数据的非均质性,根据买家的特点、偏好专门为买家定制数据,从而提升数据的价值。

(7)时效性

数据要素的时效性,通常指的是数据的有效期或者数据的更新频率。也就是说,数据由于环境变化、需求变化、时间的推移等原因,可能会变得过时或者无效,不再适合当前的分析或决策需求。随着新一代信息通信技术的快速发展,数据完成收集、传输、处理等步骤的时间大幅度缩短,使得很多数据能够被快速产生并分析,但同时也意味着这些数据主要反映即时的情况,因此数据要素一般都具有较强的时效性。数据的时效性主要体现在以下三个方面:第一,数据的过时性。随着环境的变化,同样的数据在过去可能是准确的,但在现在可能已经不再准确。比如在判断一个人的健康状况时,十年前的体检报告对于评估今年的健康状况价值很小,说明这份十年前报告中的数据已经过时。第二,数据的动态性。在某些领域,数据可能会频繁变化,需要持续更新。比如股票市场的数据、新闻、社交媒体的数据等,会随时发生变化,或者在用某产品过去某一季度销量预测未来该季度销量时,距离现在时间越远的数据预测能力越差,因此在这些情况下只有近期数据具有较高的价值。第三,数据的即时性。在某些场景下,使用最新的数据是非常重要的,稍有延迟就可能导致巨大的影响。在金融交易、电子商务中,几秒钟的延迟就可能导致丢失业务机会。总的来说,随着市场状态变化、时间的推移,数据的价值会不断地降低,为生产活动作出的贡献也会一直下降直到为零(任保平和王思琛,2022)。

(8)衍生性

数据要素是在劳动、土地、物质资本等传统生产要素相互作用的过程中派生出来的要素(王江容,2022),它是对传统生产要素使用过程以及使用结果的一种记录。Devens 早在1865就指出了在各类商业活动中生成的信息能够促进公司的发展,说明很早的时候公司等经济主体在进行生产、销售、售后服务等经营活动时就开始对产生的数据进行记录,数据是这些经济活动产生出来的一种附属品,这些数据通过专业的数据分析师、决策者进行分析后,就会影响各种经营活动,从而改变实体经济。

数据要素的主要来源有商业交易、生产制造、物流运输和社交媒体四个方面。首先,商业交易是数据要素的主要来源之一。在市场上,消费者和企业的购买、销售、交易等行为被记录下来,形成了商业数据。这些数据反映了市场的需求、供应和趋势,对于企业来说具有重要的决策价值。其次,生产制造过程中也会产生大量的数据,如原材料的采购、生产线的运行情况、产品的质量检测等。这些数据记录了生产过程的各种信息,对于企业来说是优化生产流程、提高效率和质量的重要依据。再次,物流运输过程中也会产生大量的数据,如货物的运输路线、货物的数量和状态、运输成本等。这些数据反映了物流运输的效率和效果,对于企业来说是优化物流网络、降低成本和提高服务质量的重要依据。最后,社交媒体上的用户行为数据也是数据要素的重要来源。用户的关注、点赞、评论等行为被记录下来,形成了社交媒体数据。这些数据反映了用户的需求和偏好,对于企业来说使用这些数据能够快速了解市场趋势、定位产品和服务。

Veldkamp(2005)指出在经济环境比较好时,投资者会进行更多的投资活动从而产生很多与当前经济状态相关的数据。当经济状态比较好时发生波动并且市场上数据量很多的情况下,资产的价格会根据状态快速变化使得金融市场崩溃。但是在经济状态不良的情况下,市场上缺乏数据并且未来的确定性下降,这些都会导致投资者无法很快对经济形势作出判断,使得金融市场出现的波动对实体经济的冲击大幅度降低(徐翔等,2021)。经济整体的状态可以被大规模投资行为所产生的数据反映出来,从而对金融市场产生一定的影响。在经济状态不好时,创业比较容易失败,银行或其他金融机构能够从很多失败的创业活动所产生的数据中对经济形势作出判断,从而提升利率来抵消违约可能对自己造成的损失,所以在经济下行时贷款活动会减少且利率升高。在经济从下行中恢复时,投资活动的成功率会逐渐提高,当银行或其他金融机构了解到这个情况后,就会降低利率从而促进投资和产出的增长(Ordonez,2013)。数据可以帮助各经济主体作出借贷、投资等方面的决策,因此各个公司、银行与其他金融机构都会记录各种经济活动产生的数据,即便某些数据与自身的业务没有直接联系,因此数据具有衍生性的特征。

(9)边际产量始终为正

劳动、土地、物质资本等传统生产要素都具有边际产量递减的特征,也就是将连续等量的某种生产要素用于生产时,一开始每单位要素带来的产量递增,但是当该要素投入达到某一数值时,每单位要素带来的边际产量开始递减,最后边际产量会为小于零(高鸿业等,2018)。但是数据要素由于其虚拟性不占用物理空间,不会出现传统生产要素投入过多而导致的混乱、拥挤的问题,因此不受这一规律的束缚,不会发生边际产量小于零的情况。相反,数据要素在投入量较小时,由于无法从中识别出规律或趋势,不会表现出边际产量递增。Varian(2018)在其研究中也证明了这一点,他利用斯坦福狗(Stanford Dogs Dataset)的数据库证明了只要输入的图形数据量上升,机器学习的准确度就会持续增加。Enric 等(2013)也发现了同样的规律,但是他通过进一步的研究发现,当数据量大于5亿时,每一单位的数据边际产量会下降。可以看到,数据要素在具有一定规模后边际产量才会出现递增,在积累到很大量的时候边际产量会变为递减,但是始终不会为负。

(10)外部性

经济学中外部性指的是当没有任何交易发生时,某些经济主体需要承担其他经济主体的行为所产生的后果。这种性质意味着一个经济主体的效用不仅受自身行为的影响,而且还受其他经济主体的影响,并且这种影响不是该经济主体能够改变的(高鸿业等,2018)。较为典型的产生外部性的事例有公司排放污染物对社会造成的负外部性或公司研发出某项尖端技术对社会造成的正外部性。同样,数据要素产生的外部性也分为正外部性与负外部性,数据要素的外部性并不是由其自身决定的,而是取决于利用数据要素的经济主体对于它的处理方式。在对数据要素进行处理后会生成信息,这些信息如何使用就确定了数据要素造成哪种外部性(蔡跃洲和马文君,2021)。数据要素的外部性,通常指的是数据的产生、使用或消费可能对其他相关方产生间接影响的特性,这种影响可能是正面的,也可能是负面的。

数据要素造成的正外部性主要体现在使用数据要素企业生产效率的提高(徐翔等,2021)。比如搜索引擎能够利用用户在搜索时产生的数据大幅度提升搜索服务质量,从而造成正的外部性。首先,当用户进行搜索时,搜索引擎能够从用户的点击选择、浏览时长等数据中提取用户最期望看到的结果以及用户对信息的接受能力,从而在以后呈现结果时能够将最重要的结果以尽可能简洁的方式呈现给用户,提升搜索服务的质量。其次,这种改善是累积的,因此该搜索引擎存在时间越久,正外部性就会越高。除此之外,公司还可以利用数据对企业的运营、资源配置、创新能力等方面进行改善,在企业内部生产、组织效率以及提供的产品与服务质量提高等方面造成正外部性(Schaefer和Sapi,2020)。数据要素造成的正外部性还体现在数据能够被共享。一份数据的价值不仅在于单一用户或者场景,当这份数据被共享并用于更多的场景时,往往可以创造更大的价值。比如,公共交通数据被共享后,可以帮助城市规划,创造出更大的社会价值。

数据要素造成的负外部性主要体现在对用户隐私的侵犯。在收集、处理和使用数据的过程中,可能会侵犯到用户的隐私权。公司在进行用户数据收集活动时,由于市场地位不平等、信息不对称等问题,经常未经授权而过度收集用户的个人数据并且过度处理(Yan和Haksar,2019),即在未经用户同意的情况下收集数据并挖掘出提供产品或服务不需要的用户信息,造成了负外部性。Acemoglu等(2019)也指出了某一个群里中很多用户的消费习惯、偏好等非常相近,公司可以根据一部分人的特征来预测该群体中其他人的行为。所以一些人在为公司提供自己的个人数据时也会侵犯到其他人的隐私,进一步加强了数据要素的负外部性。

(二)数据资源化与数据资源

数据资源化指的是让没有使用价值、混乱的数据通过收集、整理、分析等步骤形成格式标准、容易识别、能够交易、可以使用的数据资源的过程。这一过程的本质是提高数据的质量,将数据价值激发出来,从而让数据拥有使用价值。因此数据资源广义上来讲是对企业或机构有价值的数据,通常存储在数据库管理系统和公司软件下的数据库当中。数据资源是信息技术基础设施的一个组成部分,代表可以使用的所有数据。此外,数据资源还是智能资源,可以从分析处理的输出中及时获取最新的信息。数据资源就是可以有效地处理、分析和控制的数据,有助于提升数据可用性,支持灵活的业务结构,以便更好地支持业务和分析结果。

本文对数据资源的定义就是能够参与经济活动、被经济主体使用的数据。数据要素与数据资源的主要差别在于数据资源注重于数据是否具有使用价值，而数据要素在注重使用价值的基础上，同样注重能否带来经济效益。①

(三)数据资本化与数据资本

目前对数据资本化有两种解释。第一种是让数据像土地、物质资本、劳动一样，将他们的价值与未来收入以信贷融资、证券化的形式转化为可以在市场上流通的资本。在这种定义下，数据资本化的方法主要是将证券化、价值化以后的数据要素通过参与信贷融资、控股、交易等路径实现配置优化，从而促进市场上数据的效益与效率。数据资本化的目标是让数据要素在市场上流通起来，实现保值甚至增值，从而变为数据资本。简单来说，数据资本化就是利用数据市场交易、金融手段让数据的产权、形态持续发生改变，从而优化数据配置、实现数据增值，最终让数据变为数据资本。这个概念下的数据资本指的是产权明晰并且价值能够提升的数据资源，主要包括数据资源的总量和质量、数据要素的使用价值、数据要素未来带来经济效益的潜力等方面。这里的数据资本主要强调价值增值性，主要考虑的是数据要素目前的价值与未来能够升值的潜力(杜庆昊，2020)。

对数据资本化的第二种解释是通过对数据进行挖掘、清洗、整理、分析等步骤，将"原始数据"转化为能够进行生产的数据的过程。根据这一思想，徐翔和赵墨非(2020)将数据资本定义为以现代的数据网络以及各种数据库为载体、在先进的信息通信技术基础上实现了充分生产要素化的数据与信息。该定义的重点就是强调数据资本就是数据的生产要素化，普通的原始数据是不能够作为数据资本的，必须得经过以上步骤最终能为生产活动作出贡献的才能被称为数据资本。比如某公司对销售产品的型号、各时期数量简单记录是没有用的，必须要对这些记录的数据进行挖掘、清洗、整理、分析等步骤，使得公司能够从这些数据中

---

① 《数据价值化与数据要素市场发展报告》，中国信息通信研究院政策与经济研究所发布于2021年5月。

预测未来各时期的销售量以及未来市场对产品偏好的走向从而指导生产,这一系列的步骤就是数据的生产要素化,此时这些数据才能够被称为是数据资本。由此可见,这种定义下的数据资本与数据要素概念较为相似,主要是侧重点不同,数据资本主要侧重的是能够为生产作出贡献。徐翔和赵墨非(2020)在研究中采用了这个定义,并且将数据资本像物质资本、劳动一样纳入生产函数之中。本文的研究目标也是将数据资本纳入生产函数中并计算其对产出增长的贡献,因此本文中所说的数据资本主要指的是第二种定义。

白永秀等(2022)指出数据资本、数据要素这些概念都是高度相关的,都是数据在经济生活中变得愈加重要而产生出的概念,学术界在决定使用哪些概念时主要取决于使用的不同场景。比如,当说到对产出的贡献、纳入生产函数中时,一般都采用"资本"这一概念,例如数据资本、人力资本、物质资本对于生产作出了多少贡献。当说到生产要素的特性、机制等问题时,一般都采用"要素"这一概念,例如其他学者在研究中所表述的"数据要素的特征""数据要素的作用机制"等。因此,本文也将根据这一原则,在计算数据资本存量以及将其纳入生产函数计算对经济增长的贡献时,采用"数据资本"这一概念,在梳理数据的特征、促进经济增长的机制、作用发挥中存在的问题以及其他将其视作一种生产要素的场景时,采用"数据要素"这一概念。

(四)数据资产、数据资产投资与数据资本存量

确定数据要素的流量以及存量是将其纳入国民经济核算体系的关键。流量指的是每年新投入的数据资产的价值,即每一期的数据资产投资。数据资产是一个组织中,不仅有价值,而且可以被用来创建更多价值的数据。这些数据可能涵盖各种形式和类型,包括但不限于文本、数字、图像、音频、视频等。这些数据可能来源于各种内部和外部渠道,如交易数据、用户行为日志、社交媒体、公开数据集等。2008 年版 SystemofNationalAccounts(SNA)[1]将资产定义为一种价值贮

---

[1] 《SystemofNationalAccounts(2008)》由欧盟委员会、国际货币基金组织、经济合作与发展组织、联合国、世界银行五个组织联合发布。

藏手段,意味着资产的持有者在一定期限内(通常是一年以上)可以持有并使用该物品获得收益,资产的价值可以在不同时期间转移。可以看到SNA所指的资产是经济资产,必须满足所有权明确、能够带来经济收益两个要求。因此本文将数据资产定义为由个人或企业拥有或者控制的,能够为企业带来未来经济利益的,以物理或电子的方式记录的数据资源,包括各种类型的数据,如个人信息、企业数据、市场数据、科研数据等。这些数据资源具有重要的商业价值,可以为企业提供决策支持、创新和竞争优势等。需要注意的是,数据资产必须要满足以下几个特点:第一,数据资产是由个人或企业拥有或者控制的。这意味着数据资产的所有权和支配权归属于个人或企业,其他组织或个人未经授权不得随意使用或处置。第二,数据资产能够为企业带来未来经济利益。这意味着数据资产具有经济价值,可以通过使用或处置这些数据资产来获得商业利益。第三,数据资产是以物理或电子的方式记录的。这意味着数据资产可以以各种形式存在,如纸质文档、电子表格、数据库、数字设备等。第四,数据资产包括各种类型的数据,如个人信息、企业数据、市场数据、科研数据等。这些数据资源都可以被视为数据资产,因为它们都可以为企业带来商业价值和其他优势。能够满足以上四个条件的数据就可以称为数据资产,而数据资产投资就是每一期生产的数据资产所蕴含的价值。

在数据资本存量的概念方面,OECD(2001)将固定资本存量定义为在某个时间点经济主体持有的所有固定资产投资在考虑消耗后的总价值。其中,SNA(2008)对固定资本消耗的解释为在资本服务年限内因为退化、退出生产或意外等原因使得固定资本存量现值降低。虽然数据要素因为虚拟性而不存在以上问题,但是由于数据要素具有时效性,其价值仍然会随着时间的推移而降低,同样存在消耗。因此,数据资本存量可以被视为一个企业或组织在一定时间段内积累的数据资产总量。它反映了企业在数据收集、存储和利用方面的能力,是企业现有的,并且具有潜在经济价值的数据资产。基于以上理论,本文效仿OECD(2001)对固定资本存量的定义,将数据资本存量定义为在某个时间点经济主体持有的所有数据资产投资在考虑消耗后的总价值,并探索如何衡量数据资产投资以及测算数据资本存量。

三、数据资产投资衡量方法

数据资产作为一种新形式的资产,具有虚拟性、非稀缺性、非均质性等特征,因此准确衡量它的价值是非常困难的。目前为止,学术界或相关统计部门还没有形成成熟、统一的衡量数据资产价值的方法。从会计学的角度来讲,数据资产是无形资产中的一种[①],因此对其价值的衡量可以参考衡量无形资产的方法。目前衡量数据资产价值的方法主要有3种,分别为市场法、收益法以及成本法。

(一)市场法

2008版的SNA对市场法的解释是,交易物的价值应当由其市场价格估值决定,也就是对该交易物有意愿的买家从有意愿的卖家手中购买该交易物所支付的价格,如果市场价格不存在的话,就利用等价物品或者相似物品的价格等近似结果进行替代。SNA认为这种方法比较适合确定物品的价值。从理论方面来说,当市场中拥有大量的各类数据进行交易时,基本上任何数据资产都能够根据可以比较的指标找到与自身类似的数据资产,这种情况下就可以采用市场法。Ahmad等(2017)使用该方法对五大数字服务公司(脸书、推特、Ins、领英、谷歌邮箱)的用户数据价值进行测算,该研究基于《金融时报》提供的用户配置文件价格,结果发现这五家公司的用户数据价值约占全球GDP的0.02%。但这种计算方法只考虑了原始用户数据的价值,而没有考虑到整合、清理等步骤所需要消耗的大量资源,并不能准确估计数据资产的价值。

现实中,除了商业第三方数据库以外,市场上基本不存在真正可以比较的数据资产,这主要是因为数据资产的价值与其使用在什么场景密切相关,各式各样的海量数据资产使用场景导致数据资产价值非常的多变,很难在市场中找到与

---

① 《企业会计准则第6号——无形资产》中将无形资产定义为企业有所有权以及使用权、没有实物形态、能够被辨认的非货币资产。

之在各方面可以进行类比的数据资产。并且，由于数据要素具有非竞用性与非稀缺性，市场上的数据交易主要是授予买方使用数据的权力，这种情况下市场交易的价格主要反映的是这种使用权力的价值，而非数据本身的价值。而且目前来看，中国的数据市场仍然有很多规章制度不够完善，所以大部分数据都是自己收集并处理，然后自己使用，用于交易的数据较少（许宪春等，2022）。此外，市场法只考虑数据资产产出后的第一次交易价格，而大部分数据资产具有可以重复交易的特征，所以市场法只适用于一次性买断数据的知识产权型交易，并不适用于普遍的数据资产价值衡量。可以看到，运用市场法衡量数据资产投资只适用于少部分情况，绝大部分时候是不适用的。

（二）收益法

收益法主要考虑的是对数据资产未来的使用，它是将数据资产未来期望取得的收入流进行贴现以后加总，得到数据资产的价值。使用收益法需要满足两点，第一是明确该数据资产未来将会被如何使用，第二是该数据资产一定能为所有者带来收入并且收入可以被计算。

2008版的SNA中指出使用收益法计算数据资产投资价值需要持谨慎态度，因为收益法需要按照资产未来产生的预期收益进行贴现计算。但是，数据资产未来的收益有着很大的不确定性，很难准确判断，并且对于数据资产的寿命以及贴现因子都需要很强的假设性，因此应该在其他方法都不适用的情况下，再使用这种方法。

理论上讲，这种方法在资产用途比较单一且很容易识别的情况下比较适用，应该被应用于文学、音乐、影视等有固定版税流动系统的数据（OECD，2010），但是，收益法的一个重要问题就是无法将数据资产产生的回报与其他资产分割开。虽然一些学者认为没有数据资产一些平台就无法存在，应该将该平台产生的所有收入都归因于数据资产，这种观点的正确性有待探讨，但就目前的国民账户体系而言，这种假设是不能够被接受的。在现有国民账户体系下，这些平台的收入应该视为由数据资产以及其他有形、无形资产共同创造的，包括办公设备、管理能力、技术能力、创新能力等。例如,很多平台的大部分或全部收入都来源于按照客户的私人特征数据给客户推送定向广告,但如果认为所有的广告收入都来源于客户的私人数据显然是过高估计了数据的价值,很多厂商只是想让更多的人认识自己的产品,并不是非常注重广告与客户的匹配程度。Jessica(2019)也证实了这一点,她发现在欧洲实施《通用数据保护条例》(GDPR)之后,《纽约时报》无法再利用用户的隐私数据进行精准的广告投放,但是其广告利润并没有因此而减少。

运用收益法的还有一个弊端是,如果数据资产的收入体现在全要素生产率的增加中,那么用收益法算出的数据资本存量将不适用于全要素生产率的分析(Reinsdorf和Ribarsky,2019)。此外,收益法主要体现的是企业用数据资产获利的能力,同样的数据资产会因为企业经营水平不同而获得不同的价值,这也有悖于数据资产投资价值的概念。由此可见,收益法同样不适用于衡量数据资产价值。

(三)成本法

成本法指的是将数据资产生产过程中各步骤的成本加总后得到数据资产的价值。以目前的国民经济核算体系来看,成本法是比较适合用于数据资产价值测算的,并且成本法已经广泛应用于无形资产价值的测度,Marrano和Haskel(2006)、Corrado等(2006)、田侃等(2016)、Li和Wu(2018)、郑世林和杨梦俊(2020)都采用了该方法衡量无形资产的价值并进一步计算出无形资本对经济增长的贡献。

运用成本法计算数据资产价值主要包括以下几点:第一,收集数据的成本,比如发放调查问卷、捕获信息、提供免费服务等。第二,当数据收集完成后,必须将其转化为能够被使用的格式,这就涉及数据的组织、整理、纠错、使数据适应应用场景等一系列步骤,收集数据的公司一般会在这些步骤投入大量成本,主要包括数据录入人员、数据分析人员、数据架构师等人员的工资。第三,数据需要储存在公司的服务器或云中,租用或维护服务器或云也需要花费一定成本。第四,当数据以能够被使用的格式储存好后,公司需要购买数据分析软件并雇佣统计学家、数据分析师进行数据分析,或利用机器学习训练人工智能算法。同时,数据分析阶段可能需要对数据进行额外的处理,使其能够适应特定用途或与其他类型数据结合进行分析(Reinsdorf 和 Ribarsky,2019)。成本法较为全面地包括了数据从原始形态到转化为对生产有用的信息各个步骤所发生的成本。

有很多权威的机构也都建议采用成本法衡量数据资产的价值。OECD(2010)对知识产权等无形资产如何衡量给出了明确的指导,提出在实际核算软件、数据库以及 R&D 等知识产权资产时应该采用成本法估算其价值。中国资产评估协会(2019)为从事数据资产价值评估的机构与人员提供了指导性意见,该文件在分别分析了市场法、收益法与成本法的优势与缺点后,指出应该使用成本法衡量数据资产价值,其他两种方法一般只适合能够被交易并且有明确收益的数据资产。中国信息通信研究院(2020b)对三种方法都进行了一定的改进,认为根据数据实际使用状况来看,应该首先考虑使用成本法,并且从数量、质量、应用场景与风险水平四个方面对成本法进行了调整,有效减少了误差,使其结果更加符合数据资产的实际价值。许宪春等(2022)认为从资料来源的角度来看,也应该使用成本法,因为数据资产生产过程中发生的各种费用一般都能够在会计账户以及统计资料中直接获取。可以看到,成本法相比于其他两种方法具有一定的优越性,本文也将使用成本法来衡量数据资产投资。

四、资本存量测算方法

目前所有类型的资本存量测算方法都是物质资本存量测算方法演变而来。目前绝大部分国家都使用永续盘存法对国内的资本存量进行测算,但是在用该方法测算过程中,需要对一些参数进行假设,这些参数的取值会对最后的结果造成一定的影响,因此永续盘存法的可靠性会受到怀疑,并且永续盘存法中的个别参数也需要其他方法得到,Gerhard 和 Bert(1997)就指出永续盘存法中的重要参数资本服务年限就需要直接测算得到。因此还有一些学者或国家采用了不同于永续盘存法的方法对资本存量进行测算,这些方法与永续盘存法相比不需要过多的参数假设,测算方式更为直接。本文主要对直接调查法、等资本产出比法、哈罗德-多玛法以及固定资产平衡法进行介绍。其中,等资本产出比法与哈罗德-多玛法是在了解其他范围资本存量与产出的基础上推算研究对象的资本存量,而直接调查法与固定资产平衡法是通过实际调查获得研究对象资本存量的方法。

(一)直接调查法

有一些国家使用直接调查的方法得到国内的资本存量,或者是利用其结果对永续盘存法进行修正。直接调查法是一种通过直接向有关对象进行调查以获取所需数据的方法。在资本存量核算中,直接调查法通常用于获取有关资本存量的详细数据。这些数据可能包括企业的固定资产、流动资产、无形资产等,以及与这些资产相关的折旧、投资等。具体的步骤主要有:(1)确定调查范围和目标。首先需要确定要调查的范围和目标,例如要调查的企业、行业或地区等。同时还需要确定调查的目标资产,例如固定资产、流动资产等。(2)设计调查问卷。根据目标资产的特点和需要获取的数据类型,设计合适的调查问卷。问卷应该包括所有需要获取的信息,例如资产的类型、数量、价值、折旧等。(3)发放调查问卷。将设计好的问卷发放给目标对象,并确保问卷能够被正确理解和回答。为了确保问卷的回收率和准确性,可以进行多次发放和回收。(4)收集数据。收集所有返回的问卷,并对数据进行整理和分析。需要对数据进行清洗和整理,以消除错误和异常值。(5)处理数据:对收集到的数据进行计算和分析,以得到所需的资本存量数据。这包括对数据进行加总、平均、推算等操作,以便得到整体的资本存量数据。

韩国、日本和荷兰是使用直接调查法计算资本存量的国家,但是日本在1983年之后就停止了该项调查,因此本文主要对韩国和荷兰两个国家采用的直接调查法进行分析。

1.韩国直接调查法

韩国的直接调查法也叫国民财富调查,统计法律中明确指出了国民财富调查的目标是掌握为国民经济活动服务资本的结构与数量,能够进行国家之间的比较并为以后经济发展战略提供数据支撑。调查的方法与范围主要是对政府部门进行普查,对公司企业部门、非公司企业部门、住户部门进行抽样调查,对国外存量净额使用现成数据,其中非公司企业部门包括农渔业、采矿业、制造业、批发零售业、运输业以及服务业。调查资产的类别主要包括建筑物、机器与设备、车辆与其他运输设备等十大类。

2.荷兰直接调查法

荷兰大约从1980年开始运用直接调查法得到资本存量。相比于韩国而言,荷兰的直接调查法范围较小,主要针对100人以上(包括100人)的制造业公司进行调查,主要调查这些公司租赁以及自有的工业建筑物、土木工程(道路等)、外部和内部的传输设备、计算机、其他类型的固定资产。对于这些固定资产的存量是每五年调查一次,而对退出的资产以及新增的资产是每年调查一次,以便随时了解固定资产变动情况。

3.直接调查法述评

直接调查法的优点是可以直接获取目标数据,而且数据较为准确和详细。此外,直接调查法还可以针对不同的资产类型和行业进行更为细致的调查和分析,有助于了解不同资产和行业的特性和状况。在运用直接调查法获取资本存量时,相比于永续盘存法不需要对退出模式、折旧(重置)率等进行过多假设,获取结果方法更为直接,并且得到的都是经过调查的实际结果而不是估算结果,用该方法也可以对永续盘存法的结果进行检验(叶樊妮,2009)。

但运用该方法计算数据资本存量存在一定问题。第一,会计核算的质量无法保证,目前还没有明确的规定强制公司在资产账户中列出数据资产,有些列出数据资产的公司核算标准、核算方法等都无法统一,很难进行比较或加总。第二,如果靠研究者自己调查,需要走访多个公司,记录正确信息并减少误差,需要消耗很多人力物力以及时间。第三,数据可能受到问卷设计、目标对象的配合程度等因素的影响。现在数据资产作为很多公司的核心竞争力,公司很可能不愿意透露自己真实的数据资产拥有量,从而出现不配合调查或谎报结果的情况。因此直接调查法不适用于数据资本存量测算。

(二)等资本产出比法

等资本产出比法的核心是假设研究对象的资本-产出比与全社会的资本-产出比保持一致,在这一假设下研究对象与全社会的经济增长率差异主要由资本存量增长率决定,用公式表示为:

$$\frac{K}{Y} = \frac{K_s}{Y_s} \Rightarrow K = K_s \times \frac{Y}{Y_s} \#(2-1)$$

$$\frac{K}{Y} = \frac{K_s}{Y_s} \Rightarrow K_s = K \times \frac{Y_s}{Y} \#(2-2)$$

其中,K 与 K_s 分别是研究对象与全社会的资本存量,Y 与 Y_s 分别是研究对象与全社会的产出,K/Y 与 K_s/Y_s 分别是研究对象与全社会的资本-产出比。从式(2-1)与式(2-2)中可以看到,使用该方法时,只要知道研究对象与全社会的产出以及一方的资本存量,就可以求出另一方的资本存量,比较适合用于扩大或缩小研究结果的范围。

(三)哈罗德-多玛法

哈罗德-多玛法假设研究对象与全社会的产出增长率差异只由资本-产出比决定,因此在研究资本-产出比时要充分考虑产出增长的差异(吴清峰和唐朱昌,2014),根据哈罗德-多玛经济增长模型,产出增长率可以表示如下:

$$g = \frac{i}{v} - \delta \#(2-3)$$

$$g_s = \frac{i_s}{v_s} - \delta_s \#(2-4)$$

其中,g 与 g_s 分别是研究对象与全社会的产出增长率,i 与 i_s 分别是研究对象与全社会的投资率,表示为 $i = I/Y$、$i_s = I_s/Y_s$,v 与 v_s 是两者的资本产出比,δ 与 δ_s

是两者的折旧率,将式(2-3)与式(2-4)相减,得到:

$$g - g_s = \frac{i}{v} - \frac{i_s}{v_s} - \delta + \delta_s \#(2-5)$$

根据之前产出增长率差异只决定于资本-产出比例的假设,可以得到 $i = i_s$、$\delta = \delta_s$,将该条件代入式(2-5)并进行整理,得出:

$$v = \frac{iw_s}{(g-g_s)v_s + i} \#(2-6)$$

$$K = v \times Y \#(2-7)$$

将式(2-6)代入式(2-7)中,就可以得到研究对象的资本存量。该方法只要知道全社会资本-产出比、研究对象投资率、研究对象与全社会产出增长率,就可以求出研究对象的资本存量。与等资本产出比法相比,该方法需要知道更多信息(投资率)。

(四)固定资产平衡表法

固定资产平衡表法是一种用合计数相等的两组互有联系的项目所组成的平衡表,反映各种经济现象间平衡关系和比例关系的方法。在固定资产平衡表中,通常将资源与需要、收入与支出分列平衡表的两边,便于平衡表两边的总量与各个构成项目进行比较。固定资产平衡表法可以用于表明或安排多种产品和生产要素或一系列企事业单位等的平衡关系和运动过程。它包括单项平衡表、综合平衡表和矩阵式平衡表等多种形式。单项平衡表用于表明或安排个别产品或个别生产要素的平衡关系,如煤炭平衡表、粮食平衡表等。综合平衡表用于表明或安排多种产品和生产要素或一系列企事业单位等的平衡关系和运动过程。矩阵式平衡表又称棋盘式平衡表,用于表明或安排产品间、部门间、地区间在生产和消耗、收入和支出、调入和调出等方面的相互联系和平衡关系。

固定资产平衡表法主要是一部分东欧和北亚国家使用,这些国家都是从之前的计划经济向市场经济转变,因此它们对国民经济的统计方法也由之前的物质产品平衡表转向了国际普遍采用的国民经济核算体系(SNA)。在这个过程中,有一部分国家直接全部照搬SNA的体系,而另一部分国家将两种方法进行了结合,运用固定资产平衡表测度资本存量。该方法得到期末固定资本存量的方式是用期初固定资本存量与本期固定资产获得(包括新资产投入与其他获得)之和减去本期固定资本存量处置(包括固定资产清算与其他处置),得到的结果再减去使用期间固定资产的折旧。该方法的数据来源主要包括三种:第一,包含所有规模在中型及以上公司的年度资本存量调查。第二,机器与设备使用期限调查,但现在这一调查已经停止。第三,月、季、年度投资调查。俄罗斯采用该方法的覆盖范围主要包括建筑物、构筑物、机器与设备等八类固定资产,其他一些国家有所不同,但差异较小。

总的来说,固定资产平衡表法的作用在于可以全面反映人力、物力、财力在社会再生产各个环节和国民经济各个部门的运动过程和平衡关系,对于分析和研究经济问题,制定经济决策具有重要意义。该方法融合了永续盘存法和直接调查法两种方法,其优势和存在的问题与直接调查法基本相同。但除了直接调查法有的问题之外,该方法还存在 SNA 目前没有明确的关于数据资产分类、范围、投资价值的规定这一问题,因此不适用于数据资本存量核算。

(五)永续盘存法

永续盘存法(全称 PerpetualInventoryMethod,简称 PIM,)是由 Goldsmith(1951)首次提出的,该方法刚提出的时候主要用于会计对于存货的核算,核心思想是用流量累积之后的结果减去退役与折旧部分就能够得到存量,核算思路是期初资本存量与新增资本的和减去折旧,就能够得到期末资本存量。这种思路的理论基础是耐用品生产模型,该模型指出资本品在整个生产过程中发挥的作用会随着使用年限的增加而减少,也就是资本品的生产效率会逐步递减,所以永续盘存法在将资产投资累加的过程中也考虑了生产效率随时间变化的问题。Christensen 和 Jorgenson(1973)将资本品、资本服务租赁的价格等相关概念纳入永续盘存法中,极大程度上拓宽了永续盘存法的应用范围,促使永续盘存法成为核算资本存量和资本服务最主要的方法。永续盘存法的优势在于可以将长期、可靠的统计资料中的投资数据转化为存量数据,并且能够利用资料相对充足时期的数据来推算资料相对缺乏时期的结果,因此该方法是目前计算资本存量时最为流行的方法。

永续盘存法主要有两种核算路径,分别是资本存量路径与资本流量路径。资本存量路径指的是运用年龄-价格函数和退出函数求出资本存量总额或净额[①],目的是测度收入与财富。资本流量路径指的是运用年龄-效率函数和退出函数求出生产性资本总额,目的是测度生产与效率(魏辉和王春云,2016)。资本存量净额和生产性资本存量在测算时能够通过年龄-效率、年龄-价格以及退出函数相互推算,实现这两种测算路径的融合。在资本存量路径下,先确定年龄-价格函数与退出函数,通过资产租赁价格等数据,计算出初始资本存量净额,再结合本期的投资、收益或损失与折旧额计算出期末时期的资本存量净额。在资本流量路径下,先确定年龄-效率函数与退出函数,通过每一期的投资数据并考虑资本效率的损失,就可以得到期末的生产性资本存量。

这两种路径的共同之处在于:第一,都是运用投资的时间序列数据进行测算的,并且退出函数与服务期限是相同的。第二,在资产收益率可知时,年龄-效率函数与年龄-价格函数二者之间可以互相推算,因此资本存量净额与生产性资本存量之间也可以互相转变。这两种路径的主要区别在于:第一,从指标种类、测算目的以及应用领域方面来讲,资本存量净额是一种价值指标,表示的是国民财富水平,是用来构建资产负债表的,在SNA中衡量资本的财富量。生产性资本存量是一种物量指标,主要测算的是资产的生产力与生产效率,从而计算全要素生产率(TPF)与资本服务,是测度经济增长的核心。第二,从测算方法方面来讲,资本存量净额可以利用退出函数与年龄—价格函数结合资产不同时期的价格进行测算,或者通过退出函数先计算出资本存量总额,然后再减去资本折旧部分得到。生产性资本存量需要利用退出函数与年龄—效率函数结合不同时期的使用者成本进行测算。

[①] 资本存量总额是历年资本投资额的加总扣除已经退出的资产价值,资本存量净额是资本存量总额减去资本累计损耗。

本文是为了在计算出数据资本存量后将其纳入生产函数中计算其对经济增长的贡献,并且数据资本在各个时期的价格不容易确定,因此综合上文所阐述的两种路径的测算方法与测算目的来看,本文应该选择资本流量路径进行测算。需要说明的是,目前中国所有的资本存量测算研究都采用资本流量路径,这些研究并不会刻意区分资本存量净额与生产性资本存量,都将生产性资本存量直接称为资本存量。本文也将效仿现有研究,在文中将生产性资本存量简称为资本存量。

五、经济增长理论及生产函数

经济增长一直是经济学界最为关注的话题之一,目前为止有非常多的经济增长相关理论,很难将所有的经济增长理论逐一进行介绍。本文将经济增长理论分为假设没有技术进步、视技术进步为外生与视技术进步为内生三个大类,对每一大类都只介绍这一类中最具开拓性的经济增长理论。

(一)哈罗德-多玛经济增长模型

哈罗德-多玛经济增长模型(Harrod-DomarModel)是在20世纪40年代由英国著名经济学家哈罗德以及美国著名经济学家多玛提出的,是基于凯恩斯经济理论最重要的延伸与发展。在20世纪30年代,哈罗德就与凯恩斯保持着非常密切的学术来往,并且共同加入了一个经济研究小组。凯恩斯在1935年完成《就业、利息与货币通论》(简称《通论》)初稿之后送给哈罗德一份,并且在哈罗德的帮助下进行了很多的修改,最终在1936年完成了经济学史上最为重要的著作之一。哈罗德-多玛经济增长模型的核心思想很多都来源于凯恩斯所著的《通论》之中。但是与凯恩斯主要关注短时期内的经济增长不同,哈罗德-多玛主要考虑的是长期经济增长相关的问题。

哈罗德-多玛经济增长模型构建了现代经济增长理论分析的基本框架,是很多著名经济增长模型的基础。这一模型刚开始构建的目的就是解释资本主义国家就业与经济增长间的联系,主要关注的就是资本积累对于经济长期增长的作用,肯定了资本积累的重要价值。

哈罗德-多玛经济增长模型研究的是假设在技术水平没有改变的条件下,资本增加如何改变经济增长。Harrod(1939)总结了自己理论的四个基本命题:一是一个社会的储蓄供给最主要由其收入水平决定。二是一个社会的储蓄需求最主要由其收入的增长率决定。三是需求与供给相等。四是自然经济增长率与人口增长率相同。

基于第一个命题,可以得到:

$$S = sY \quad (2-8)$$

其中,S是储蓄量,s是储蓄率,Y是总产出。哈罗德认为边际储蓄倾向不存在递增现象,一直保持在一个水平。

哈罗德在第二个命题中所说的储蓄需求,是凯恩斯理论中计划投资的概念,因此基于第二个命题,可以得到:

$$I = v\Delta Y \quad (2-9)$$

其中,I是投资,哈罗德对v的解释是产出每增加一单位所需要的资本量,也就是资本产出比,ΔY是产出增长量。

基于第三个命题,可以得到:

$$S = I \quad (2-10)$$

将式(2-8)与式(2-9)代入式(2-10)中,就可以得到经济增长率的表达式为:

$$\frac{\Delta Y}{Y} = \frac{s}{v} \quad (2-11)$$

式(2-11)被称为哈罗德-多玛模型的基本等式。$\Delta Y/Y$是"有保证的增长率",也就是让社会中各个经济主体都感到满意的增长率。哈罗德对该增长率的解释是"在有保证的增长率下,各经济主体都将发出保持目前经济增长率的命令"。第四个命题指的是人口增长率$\Delta L/L$只有与自然增长率保持一致,经济增长才能够达到均衡。

哈罗德-多玛模型的意义在于它提供了一种理解经济增长过程和长期稳定增长条件的理论框架,并且提出了实现经济长期稳定增长的条件,即实现实际增长率、有保证的增长率与自然增长率的一致性,这个条件对于政策制定者来说具有重要的指导意义。根据哈罗德-多玛模型可以发现,只有当社会中的经济增长率与资本家们的意愿以及人口增长率一致时经济才能达到均衡状态。主要原因是该模型下只有当劳动与资本被充分利用时经济才能达到稳定状态,因此资本、劳动与经济增长均需要保持相同增长率才能维持经济均衡,也就是说资本主义经济达到均衡的条件是比较苛刻的,经济增长很不稳定(张利群,2010)。哈罗德-多玛经济增长模型存在着很多局限性,该模型没有考虑技术进步对于经济增长的作用,并且假设劳动与资本无法相互替代,二者比值始终相同,这显然是不符合现实情况的。

（二）新古典经济增长模型

新古典经济增长模型认为技术水平的提高会带来人均资本的提升,从而实现人均收入增加,是新经济增长理论的重要基础。在20世纪50年代,美国经济学家索洛(Solow)发表了《对经济增长理论贡献》一文,首次提出了新古典经济增长模型,该模型认为资本与劳动在一定程度上能够替换,说明了技术在经济增长中的重要意义,并且只有技术进步才能带来长期的经济增长,因此新古典经济增长模型也被很多学者称为"索洛模型"。新古典经济增长模型仍然采用哈罗德-多玛模型中的 $\Delta Y/Y = s/v$ 等式作为经济稳定增长的条件,但新古典经济增长模型认为技术水平是可以变化的,资本与劳动可以相互替换,解决了哈罗德-多玛模型中人口增长率无法与经济增长率趋于一致的问题。新古典经济增长模型认为技术水平可变的前提下,资本与劳动投入生产过程中的比例会自发趋向于一个均衡状态,从而说明只有技术水平的提升才能引起长期经济增长,并且技术水平是外生变量。

从表达形式上看,哈罗德-多玛模型将式(2-9)转化为 $\Delta Y = (1/v)I$,并认为这是投资对产出的影响。而新古典经济增长模型中认为式(2-9)是比例固定的生产函数,要用比例可以改变的生产函数代替,这意味着哈罗德-多玛模型实现了重大的突破。

新古典经济增长模型最初假设全社会的产出只有一种商品,并且只有资本、劳动与技术水平三种因素影响产出。最基本的生产函数可以表示为:

$$Y = AF(K,L) \#(2-12)$$

根据新古典经济增长模型,式(2-12)表示的生产函数应该具备以下两个条件:第一,资本与劳动的边际报酬都是递减的。第二,生产过程中规模报酬保持不变。

第一个条件意味着产出对资本与劳动的二阶偏导数小于0,用公式表达为:

$$\frac{\partial Y}{\partial K} > 0, \frac{\partial^2 Y}{\partial K^2} < 0 \#(2-13)$$

$$\frac{\partial Y}{\partial L} > 0, \frac{\partial^2 Y}{\partial L^2} < 0 \#(2-14)$$

其中Y表示产出,K表示资本,L表示劳动。

第二个条件意味着当资本与劳动同时扩大或缩小某个倍数时,产出也会同样扩大或缩小这个倍数,假设资本与劳动同时扩大n倍,第二个条件可以表示为:

$$nY = AF(nK,nL) \#(2-15)$$

因为这条性质,基本生产函数式(2-12)可以被改写为$Y/L = AF(K/L,1)$,从而得到:

$$y = Af(k) \#(2-16)$$

其中,y表示人均产出,k表示人均资本。可以看到,储蓄率与技术作为外生条件,水平越高产出越多。在新古典经济增长模型中资本的边际报酬递减规律能够保证经济增长会趋于一个稳定的值,避免了哈罗德-多玛模型中经济增长非常不稳定的问题。

由新古典经济增长模型延伸出来的生产函数(后文中简称"新古典生产函数")能够计算出各生产要素以及全要素生产率对于经济增长的贡献,并且各要素之间对经济增长的贡献率互不干扰。新古典生产函数由于其计算方法的简便性和理论的严谨性,被学者广泛应用于各类生产要素对经济增长贡献的研究中,比如全社会物质资本(许妮娅和解刚刚,2018)、ICT服务业物质资本(程名望和张家平,2019)、人力资本(吴建军等,2015)、R&D资本(孙凤娥和江永宏,2017)、文化资本(张梁梁和袁凯华,2018)以及无形资本(Corrado等,2009;郑世林和杨梦俊,2020)。本文将参考以上研究,采用新古典生产函数测算数据资本对经济增长的贡献。

(三)新经济增长模型

新经济增长模型注重技术与知识的积累,该模型的核心思想是规模报酬递增与技术水平增长是内生的,并且利用这一思想去说明一个国家为什么会出现长期的经济增长以及各个国家之间经济增长率为什么会出现差异。新经济增长模型的最大特征就是将经济增长率变为内生变量,也就是经济社会中存在着一种机制可以让经济始终保持增长,所以该理论也被叫作内生增长理论。新经济增长模型将知识积累这一因素引入经济增长中,让技术水平内生化,指出生产要素存在边际报酬递增现象,是在新古典经济增长模型基础上的重要发展。新经济增长模型对于数据要求要高于新古典经济增长模型,对于数据要素这种新的生产要素,现有的数据不足以支撑使用该模型。新经济增长模型包含非常多的延伸与变化,由于本文不使用该模型,将不对各类变化进行详细介绍,主要介绍新经济增长模型中最基础的 AK 模型以及阿罗模型。

1.AK模型

AK模型是从新古典经济增长模型演化而来的最基础的新经济增长模型,该模型通过设定技术水平与劳动对产出的贡献会随着物质资本增加而等比例增长,解释了边际报酬不递减的情况下经济如何内生增长。

AK模型的生产函数表示如下:

$$Y = AK \quad (2-17)$$

其中,A 是一个常数,K 表示资本。资本的变动可以表示为:

$$\Delta K = sY - \delta K \quad (2-18)$$

因此经济增长率为:

$$\frac{\Delta Y}{Y} = \frac{\Delta K}{K} = sA - \delta \#(2-19)$$

从式(2-19)可以发现经济增长率会随着储蓄率 s 的增长而增长,实现高经济增长率的方法就是将产出的大部分作为储蓄,而这储蓄的一部分会用于知识的积累,从而使得资本的边际报酬不会出现递减现象。也可以认为式(2-19)中的 K 是一个广义上的资本,同时包含物质资本与人力资本,虽然物质资本的边际报酬会随着物质资本存量的增加而递减,但是物质资本与人力资本可以相互代替,让资本整体不存在边际报酬递减现象。AK 模型存在的一个问题就是在资本边际产量与平均产量不变的情况下,经济增长率无法收敛,不能趋于一个稳定的值。后续一些 AK 模型的拓展模型中将 AK 模型与新古典经济增长模型进行结合,既保留了 AK 模型特点的同时,也实现了经济增长率的收敛。

2.阿罗模型

阿罗在 1962 年提出了"干中学",将生产过程中劳动获取知识这一因素在模型内部体现了出来,是早期让技术水平成为经济增长内生因素的重要理论,也启迪了之后的很多内生增长理论。该模型假设人们在学习的过程中能够积累知识,在知识积累的过程中引起技术水平的提升,而学习是在生产中不断地发现问题并总结经验,因此技术水平是整个生产过程的内生变量。并且产生的知识还具有很强的正外部性,因此阿罗新古典经济增长模型的基础上提出一个规模报酬递增的经济增长模型,可以表示为:

$$Y = F(K, AL) \#(2-20)$$

其中,A 代表生产过程中技术水平的提升,也可以称作"技术进步因子",用公式表示为 $A = K^\mu$,μ 的值反应学习能力的强弱,一般来说认为 μ 值小于 1。A 的表达式说明了技术水平的提升与资本积累呈现正相关关系,技术水平的提升又通过提升劳动效率提高产出。AL 在该模型中通常被叫作"有效过去",也就是技术水平的提升导致了劳动生产水平的提高。在阿罗模型中,产出不只与有形的生产要素相关,也与生产过程中积累的经验知识有关,阿罗模型将技术进步用物质资本的形式来表达就是为了将经验知识这一类无形的生产要素像有形生产要素一样纳入生产函数中(张利群,2010)。总的来说阿罗模型通过设定人力资本水平会随着物质资本积累逐渐增加,将技术水平变为了经济增长模型中的内生变量。

六、本章小节

首先,本章详细论述了数据成为资本的理论支撑。其次,本章对于数据要素、数据资源、数据资本、数据资产以及数据资本存量等重要概念和数据要素不同于传统生产要素的特征进行了梳理与总结。再次,本章详细论述了目前衡量数据资产价值的三种方法,分别为市场法、收益法以及成本法。其中,市场法和收益法由于交易数据之间很难进行类比、很多数据会被多次交易、数据资产收益难以分割等问题,在衡量数据资产价值时存在一定弊端,很多研究者或国家统计机构都推荐使用成本法,本文也将使用成本法进行测算。从次,本章介绍了直接调查法、等资本产出比法、哈罗德-多玛法、固定资产平衡表法与永续盘存法五种资本存量的测量方法,在分析它们的利弊后发现应该使用永续盘存法进行数据资本存量数值测算,并且在不同测度范围之间可以用等资本产出比法进行推算。最后,本章解释了无技术进步、技术进步外生以及技术进步内生三类重要的经济增长模型,并且在分析与现实贴合程度、数据可得性、已有研究的基础上,指出本文应该采用新古典经济增长模型测算数据资本对于经济增长的贡献。

第三章　数据资本存量测算

本章对数据资本存量测算的方法和数据来源进行了介绍,并根据现有研究以及数据资本的特点对模型中的各个参数进行了校准。在得到符合数据资本特点的资本存量测算模型后,首先通过最为常用的几何路径测算出中国沪深市场所有上市公司分行业的数据资本存量,再根据等资本产出法外推至全国层面。最后,再通过其他路径测算出全国数据资本存量并与几何路径的结果进行比较,说明测算结果的可靠性与稳健性。

一、数据来源及变量介绍

(一)数据来源

截至2022年,沪深市场共有上市公司4806家,本文将这4806家上市公司作为国家整体层面的代表性样本进行研究。本文中的数据均来源于万德(Wind)数据库、国泰安数据库(CSMAR)以及《中国统计年鉴》,万德数据库与国泰安数据库数据的来源是各公司的年报。其中少部分上市公司某一年的个别指标数据出现缺失状况,本文根据实际情况对缺失数据进行补齐(方法见后文)。由于缺失值属于个别现象,补齐数据占整体的比重非常小,所以对最后测算结果的影响很小。中国证券监督管理委员会(证监会)将中国所有上市公司按照国家统计局发布的《2017年国民经济行业分类(GB/T 4754—2017)》划分为19个大类,本文按照这一分类标准将所有公司划分至相应行业。

(二)变量选取与说明

1.数据资产投资

数据资产投资与数据资本存量的概念在前文中已经给出,此处不再赘述。如前文所述,目前测算数据资产投资价值的主要方法有三种,分别是市场法、成本法与收益法。市场法指的是用数据资产产出后的交易价格作为数据资产的价值;成本法指的是用生产数据资产所付出的成本作为数据资产的价值,包括劳动者报酬、固定资本成本、中间投入等;收益法指的是运用数据资产投资取得的收益作为数据资产的价值。由于市场法只考虑数据资产产出后的第一次交易价格,而大部分数据资产能够被重复交易,所以市场法只适用于一次性买断数据的知识产权型交易,并不适用于普遍的数据资产衡量。收益法主要用于测算企业利用数据资产获取收益的能力,相同的数据资产在不同企业会获得不同的收益,这明显与数据资产投资价值的概念不符,并且收益法需要预测该数据在未来的收益,难度较大。而成本法克服了以上缺点,数据资产的价值不受交易次数、企业经营能力及其他因素的影响,所以很多学者都建议应尽力使用成本法进行数据资产价值的核算(Reinsdorf 和 Ribarsky,2019；StatisticsCanada,2020；许宪春等,2022；Calderón 和 Grassier,2022),本文也将使用成本法测算数据资产投资。

Statistics Canada(2019)用每年数据行业相关人员的工资,相关人力资源管理成本、电力、建筑维护等非直接劳动力和其他成本与资本服务费用作为该时期加拿大的数据资产投资,在计算相关人员的工资时根据人员工作类别将他们的工资总额分别乘以不同比例,之所以使用工资的一定比例是因为加拿大统计局认为数据行业相关人员并没有将全部工作时间花费在数据业务上。许宪春等(2022)也指出数据资产价值应包括劳动成本、中间投入以及资本服务成本。本文将参考以上研究,运用上市公司数据业务的主营业务成本以及相关变量计算各个行业的数据资产投资。[①]主营业务的一个特征就是公司内部进行并能够为公司获得收入,这也是数据能够成为数据资产的两个重要前提(产权明晰,获得收益),因此利用主营业务成本测算数据资产投资是非常合理的。主营业务成本包括直接参与生产人员的工资、直接材料以及制造费用。[②]其中,直接参与生产人员一直在进行数据业务工作,工资不需要乘以比例,可以作为劳动成本。中间投入指的是经济主体在生产或提供货物与服务活动过程中,消耗和转换的所有非固定资产的货物和服务的价值。制造费用则包括间接材料费用、管理费用、能源消耗费用、折旧费用等。因此数据主营业务成本中直接材料与制造费用的和减去折旧近似等于中间投入。杨默如和杨令仪(2022)同样认为,中间投入应定义为"营业成本—折旧—职工薪酬"。可以看到,主营业务成本减去折旧就是劳动成本与中间投入之和,测算数据业务折旧的具体方法是用数据业务成本与总成本的比例乘以公司的总折旧(以上折旧均为固定资产折旧)。资本服务费用方面,Statistics Canada(2019)认为其占劳动成本与中间投入之和的3%。本文通过对中国数据公司的调研,初步匡算这一数值在中国大约为5%。因此,数据业务的主营业务成本减去其固定资产折旧加上5%的加成(markup),就会得到许宪春等(2022)与Statistics Canada(2019)中所说的数据资产投资。全国4806家上市公司中,共有近500家公司从事数据业务,这些公司大多数在2010年才开始从事或记录数据业务,所以本文将2010年作为基期进行研究。同时,目前国内很多分行业数据都没有更新到2021年,因此本文选择2020年作为研究的截止年份。

[①]Müller等(2018)指出数据密集型(dataintensity)企业与信息密集型(informationintensity)企业是同一概念,蔡跃洲和马文君(2021)也指出无论是广义还是狭义的数据都可以被看作是信息。因此数据业务包括数据类型业务和信息类型业务。由于主营业务名称较为多变,本文将名称中包含"数据"的业务定义为数据类型业务,如"大数据""大数据运营""数据处理""网络数据中心"等,将名称中包含"信息"的业务定义为信息类型业务,如"信息运维服务""信息服务""信息化服务"等。
[②]极少数公司某些年份的主营业务成本在报表中缺失。补全方法是用其余年份的主营业务成本与主营业务收入之比乘以缺失年份的主营业务收入。如果没有其余年份主营业务成本,就用总的主营业务成本与主营业务收入之比乘以缺失年份的主营业务收入。

2.GDP

本文在求出上市公司各行业数据资本存量的基础上,假设上市公司各行业数据资本存量与GDP的比例(即数据资本产出比)在全国范围内保持不变,从而推出全国数据资本的存量。在《中国统计年鉴》中可以获得全国层面各行业的GDP,国家统计局在计算分行业GDP时采用的是增值法,也就是用最终产品的价值减去中间产品的价值。为了外推后结果的准确性与严谨性,必须保持两个层面GDP计算方法一致,企业GDP也应该使用增值法进行计算。但目前国内关于如何使用增值法计算企业GDP还没有统一方法,很多学者为了简化研究,使用企业营业收入来代替(段伟杰和陈文晖,2021),但是企业营业收入包含了上年生产的产品价值,不包含当年生产但未销售的产品价值,如果这二者差别较大的话会导致结果不准确,并且企业营业收入没有考虑到中间产品价值,因此使用该方法会产生较大误差。马海涛和朱梦珂(2021)使用固定资产折旧、劳动者报酬、生产税净额、营业利润之和代替企业GDP,这种方法可以计算出企业的增加值,但是使用企业年报中的指标计算生产税净额较为困难。因此本文选用张少辉等(2021)的方法,用营业收入－营业成本＋工资总额＋福利费总额＋固定资本折旧计算企业增加值[①],该方法结果较为准确并且每一部分都与企业年报中的指标相对应。

二、数据资本存量测算的理论框架及参数选择

(一)数据资本存量测算理论框架

1.基本测算框架

Statistics Canada(2019)使用永续盘存法(PIM)对加拿大国内数据资本存量进行了测算,这也是国内外研究测算资本存量的主要方法,本文也将使用该方法

---

① 其中职工福利费很多企业从2012年开始才开始在年报中统计,2010年与2011年的职工福利费依据之后年份平均增长率推出,职工福利费在企业GDP中占比不足1%,因此对最终结果影响较小。

测算中国的数据资本存量。如上文所说,永续盘存法主要有两种核算路径,分别是资本存量路径与资本流量路径。资本存量路径指的是运用年龄-价格函数和退出函数求出资本存量总额或净额,目的是测度收入与财富。资本流量路径指的是运用年龄-效率函数和退出函数求出生产性资本总额,目的是测度生产与效率。资本存量路径下折旧率的计算需要资本品的二手价格,资本存量的计算需要未来多期资本租赁价格,并且本文的目的是测算数据资本存量并将其纳入国民经济核算体系,所以根据两种路径的数据可得性以及目的性,应选择资本流量路径进行测算。但同时本文也会按照数据资本特点对资本存量路径中的重要参数做出一些假设,从而测算出资本存量路径下的数据资本存量并与流量路径下的结果进行比较分析。

Goldsmith(1951)首次提出永续盘存法并使用该方法核算固定资本存量,其原理是资本存量是所有过去不变价格表示的投资的加权之和。以不变价格的投资表示某一时期资本存量的表达式为:

$$K_t = \sum_{\tau=0}^{\infty} d_\tau I_{t-\tau} \#(3-1)$$

其中,K_t 表示 t 时期的资本存量,d_τ 表示使用 τ 年的资本品相对于新资本品的相对效率,也是对 τ 年前投资所加的权重,$I_{t-\tau}$ 表示以不变价格表示的 τ 年前的投资。对于一般的资本品来说,使用一定时期后效率与新资本品相比总会出现下降,并且这种相对效率会随着使用时期的增加而递减,所以,d_τ 有着相对效率以及生存率的双重含义(黄勇峰等,2002)。数据资本由于具有时效性,也同样具有这种性质。d_τ 通常满足以下条件:

$$\begin{cases} d_0 = 1 \#(3-2) \\ d_\tau - d_{\tau-1} < 0 \quad \tau = (1,2,\cdots\cdots,T) \#(3-3) \\ d_\tau = 0 \quad \tau = (T, T+1, \cdots\cdots) \#(3-4) \end{cases}$$

其中,T 为资本品的使用年限。式(3-2)表示新资本品相对效率为 1,当期投资不存在重置,式(3-4)表示当资本品超出使用年限后,不再具有效率且不计入存量之中。式(3-3)表示资本品的相对效率是单调下降的,所以每过一个时期资本品需要重置一定比率以保持生产效率不变。为表示资本品每一时期的效率损失比率,引入死亡率(mortality),表示为：

$$m_\tau = d_{\tau-1} - d_\tau = -(d_\tau - d_{\tau-1}) \quad \tau = (1, 2, \cdots\cdots, T) \#(3-5)$$

死亡率满足：

$$\sum_{\tau=1}^{T} m_\tau = -\sum_{\tau=1}^{T}(d_\tau - d_{\tau-1}) = 1 \#(3-6)$$

式(3-6)表示资本品使用年限内每一时期的效率损失比率相加为1。然后本文引入重置率δ_τ表示τ时期为了保持资本存量不变必须重置的比率。由更新方程$H(t) = \sum_{\tau=1}^{L} F_\tau(t)$①可得：

$$\delta_\tau = \sum_{n=1}^{\tau} m_n \delta_{\tau-n} \quad \tau = (1, 2, \cdots\cdots, T) \#(3-7)$$

对式(3-1)一阶差分,可得：

$$K_t - K_{t-1} = d_0 I_t + \sum_{\tau=1}^{\infty} d_\tau I_{t-\tau} - \sum_{\tau=1}^{\infty} d_{\tau-1} I_{t-\tau} \#(3-8)$$

将式(3-5)代入式(3-8),得到：

$$K_t - K_{t-1} = I_t - \sum_{\tau=1}^{\infty} m_\tau I_{t-\tau} \#(3-9)$$

引入R_t作为保持资本效率不变的重置资本存量,表示为：

$$R_t = \sum_{\tau=1}^{\infty} m_\tau I_{t-\tau} = \sum_{\tau=1}^{\infty} \delta_\tau (K_{t-\tau} - K_{t-\tau-1}) \#(3-10)$$

可以看到,t期的重置资本存量R_t等于t期之前每一期的资产投资乘以该期到t期的死亡率并求和,也等于t期之前每一期的资本存量变化乘以该期的重置率并求和。t期的资本存量为t期资产投资加上(t-1)期的资本存量减去t期重置资本。当每一期的重置率不发生变化时,t期资本存量可表示为：

---

①$H(t)$为更新函数,$F(t)$为分布函数。

$$K_t = I_t + K_{t-1} - R_t = I_t + (1 - \delta_\tau)K_{t-1} \#(3-11)$$

在用永续盘存法核算资本存量时,要同时考虑资本品的相对效率递减模式以及退出模式(郭文等,2018)。

2.相对效率递减模式

目前年龄-效率函数采取的效率递减模式主要有四种:单驾马车式、线性递减模式、几何递减模式以及双曲线递减模式。

(1)单驾马车式

单驾马车式表示资本品在使用年限T内始终维持相对效率不变,在超过使用年限后即刻为0。相对效率表示为:

$$d_0 = 1, d_1 = 1, \cdots\cdots d_{T-1} = 1 \quad d_{T+n} = 0 \quad (n = 0,1,2,\cdots\cdots) \#(3-12)$$

该模式下,资本品的使用效率在使用年限内不会减少,使用效率完全取决于使用年限T。这是一个比较严格的假设,在现实的生产生活中很少有资本品符合这一假设,只有大坝、高速公路等大型建筑物可能保持一段时期内相对效率不变(向蓉美和叶樊妮,2011),该模式显然不适用于具有时效性的数据资本。

(2)线性递减模式

线性递减模式表示资本品的相对效率每年按照固定的量递减,直到资本品到达使用年限时效率降为0。相对效率表示为:

$$d_0 = 1, d_1 = 1 - \frac{1}{T}, \cdots\cdots d_{T-1} = 1 - \frac{T-1}{T} \quad d_{T+n} = 0 \quad (n = 0,1,2,\cdots\cdots) \#(3-13)$$

根据式(3-5)与式(3-7),重置率表示为:

$$\delta_1 = \frac{1}{T}, \delta_2 = \frac{1}{T^2} + \frac{1}{T}, \delta_3 = \frac{1}{T^3} + 2\frac{1}{T^2} + \frac{1}{T}, \cdots\cdots \#(3-14)$$

运用多项式定理,可得:

$$\delta_\tau = \frac{1}{T}\left(1 + \frac{1}{T}\right)^{\tau-1} \quad (\tau = 1,2,3,\cdots\cdots,T) \#(3-15)$$

(3)几何递减模式

几何递减模式表示资本品的相对效率每一时期都按照固定的比率递减,相对效率表示为：

$$d_0 = 1, d_1 = 1 - \delta, d_2 = (1 - \delta)^2, \cdots\cdots \#(3-16)$$

对于任意时期 τ，相对效率为：

$$d_\tau = (1 - \delta)^\tau (\tau = 0,1,2,\cdots\cdots) \#(3-17)$$

其中，δ 表示每个时期的重置率，为常数。该模式意味着虽然每个时期相对效率递减的比率相同，但是递减的绝对量一直在减少（向蓉美和叶樊妮，2011）。几何递减模式因为理论和计算相对比较简单，并且该模式下计算出的重置率与资本存量路径下计算出的折旧率一致①，所以很多资本存量的研究都使用几何递减模式。

(4) 双曲线递减模式

双曲线递减模式表示资本品在初期效率递减速度较慢，当使用时间快接近使用年限时效率递减速度加快。相对效率表示为：

$$d_0 = 1, d_\tau = d_0 \left(\frac{T - \tau}{T - \beta\tau} \right) (\tau = 0,1,2,\cdots\cdots,T) \#(3-18)$$

其中，β 为效率递减参数且小于等于1。根据式(3-5)与式(3-7)，重置率表示为：

$$\delta_1 = \frac{1 - \beta}{T - \beta}, \delta_2 = \frac{(1-\beta)(T^2 - 2\beta T + T - 2\beta + 2\beta^2)}{(T - 2\beta)(T - \beta)^2}, \cdots\cdots \#(3-19)^②$$

该递减模型考虑到重置率随时间变化，弥补了几何递减模式的缺陷。

3. 退出模式

资本品的退出模式决定了其退出资本存量的过程，目前使用的退出模式主要有四种：同时退出、线性退出、延迟线性退出和钟形退出模式。(1)同时退出模式指的是资本品的退出时间都是一样的，所有的资本品在使用年限前的退出率

---

① 证明将在本章第四节中给出。
② 由于双曲线递减模式相对效率的特性，没有可以概括任意期的重置率函数，且之后期公式较复杂，本文不再赘述。

是0,之后变为1。中国学者在运用几何年龄-效率函数时一般默认使用同时退出模式(魏辉和王春云,2016),本文在运用几何年龄-效率路径计算时将延续这一设定。(2)线性退出模式指的是资本品在使用年限前一直保持每年不变的退出率,且使用年限是平均使用年限的两倍。(3)延迟线性退出模式是线性退出模式发展而来,指的是资本品在投入使用一段时间后才开始退出,延迟线性退出模式开始退出比线性退出模式晚,但结束退出较早。(4)钟形退出模式的退出率在平均使用年限达到顶峰,并在平均使用年限两边下降。表现钟形退出模式的函数形式主要有:威布尔函数与正态分布函数。

威布尔函数表示为:

$$F_t = \alpha\lambda(\lambda t)^{\alpha-1} e^{-\lambda t^\alpha} \quad (3-20)$$

其中,F_t为资本品t时刻退出的边际概率,参数α、λ分别决定峰度与偏度。

正态分布函数表示为:

$$P(t) = \left[\left(\frac{1}{s}\right)(2\pi)^{-\frac{1}{2}}\right] \cdot exp\left[\left(-\frac{1}{2}\right)\left(\frac{t-\bar{T}}{s}\right)^2\right] \quad (3-21)$$

其中,$\bar{T}$表示资本品的平均使用年限,即均值,s为标准差。正态分布由于比较贴近现实且其计算简便,被很多国家统计局广泛采用。[①]

(二)数据资本存量测算参数选择

本文将运用几何、双曲线、直线三种路径计算数据资本存量。主要需要确定四个变量:数据资产投资、价格指数、基期数据资本存量和重置率。第一个变量上文中已经介绍过,下面主要论述价格指数、基期数据资本存量和重置率如何确定。

1.价格指数

在运用永续盘存法计算资本存量时,需要用价格指数将各个时期的投资流量进行折现,从而得到以基期不变价格衡量的各时期投资流量。在现有的国民

[①] 采用正态分布退出模式的主要有加拿大统计局、法国统计局等。

账户体系下,基本上大家在计算物质资本存量时都会使用固定资产投资价格指数,但是中国国家统计局一直到1992年开始才公布这项数据,对于1992年之前的固定资产投资价格指数,主要获得方法大致可以分为三类:指数替代法、指数构造法以及计量法,下面将对这三种方法进行简单介绍。

第一,指数替代法是指使用其他种类的价格指数对固定资产投资价格指数进行代替,其中比较有代表性的研究有:张军和章元(2003)使用上海市固定资产投资价格指数进行替代;黄勇峰等(2002)使用商品零售物价指数进行替代;叶宗裕(2010b)使用GDP平减指数进行替代;张军等(2004)使用隐含固定资产投资指数进行替代。这四种替代方法中,隐含固定资产投资指数更为准确,具体方法是运用《中国国内生产总值核算历史资料(1952—1995)》之中给出的"以上一年为基期的固定资本形成总额指数",让其等于"(当年价格计算的当年固定资本形成总额/以上一年为基期的隐含固定资产投资指数)/当年价格计算的上一年固定资本形成总额",进而推算出以上一年为基期的隐含固定资产投资指数。随后张军等(2004)用这种方法求出1992—1995年的隐含固定资产投资指数并与国家统计局公布的固定资产投资价格指数进行对比,发现两种指数数值大致相同。第二,指数构造法是运用已有的固定资产投资中各类投资的价格指数构造出总的固定资产投资价格指数。比如Jefferson等(1992)用建筑投资价格指数与机器设备价格指数构造出固定资产投资价格指数。Bai等(2006)就分别用建筑业增加值价格指数与机械制造业出厂价格指数代替了建筑投资价格指数与机器设备投资价格指数。白重恩和张琼(2014)也使用了类似的方法构造出固定资产投资价格指数。第三,计量法指的是一些学者使用回归的方法构造固定资产投资价格指数。比如吴方卫(1999)使用固定资产投资指数与生产资料出场指数进行计量回归,得到二者之间的关系系数,从而倒推出1981—1991年的固定资产投资价格指数。李治国和唐国兴(2003)运用同样的方法,但是将生产资料出场价格指数换成了与固定资产投资价格指数更为相关的上海市固定资产投资价格指数,从而倒推出了中国1978—1991年的固定资产投资价格指数。

随着科学技术的发展,很多学者开始研究R&D等无形资本的测算方法,各类无形资产的价格指数选取更为困难。美国国家经济分析局(BEA)提出了两种R&D资产投资的价格指数,分别是成本价格指数和产出价格指数(Jennifer和Andrew,2010)。但是这两种方法都有明显的弊端,成本价格指数只能解释通货膨胀对R&D资产投资价值的影响,却无法解释生产率的增长,产出价格指数是对R&D资本密集型行业各类产品产出价格的加权平均,虽然一定程度上能够考虑R&D资本密集型行业生产率增长,但无法剔除很多与R&D没有关系但影响产出价格的因素。鉴于以上指数的不合理性,一些学者在计算R&D资本存量时直接使用其他价格指数替代,比如杨林涛等(2015)直接使用GDP平减指数替代R&D资产投资价格指数。现在更多的学者在选取各类无形资产价格指数时通常使用指数构造法,即运用工业品价格指数、劳动者报酬指数、消费者价格指数、固定资产投资价格指数、GDP平减指数等构造出各种无形资产的价格指数(田侃等,2016;Li和Wu,2018;郑世林和杨梦俊,2020)。

目前还没有机构公布数据资产投资价格指数,也没有研究进行相关测算。因此本文将参考郑世林和杨梦俊(2020)构建无形资本价格平减指数的方法,认为数据业务经费包括劳务费、餐费、资料印刷费、差旅费、土地使用与建设费、设备购置费、原材料费、水电能源费等一系列支出。其中,数据业务人力耗费较多,劳务费、差旅费、餐费等占比为50%~60%,这些开销与消费物价相关;设备购置费、原材料费采用郑世林和杨梦俊(2020)中R&D价格指数中的占比15%~25%,这些开销与工业品价格相关;土地使用与建设费占比为20%~30%,与固定资产价格投资指数相关。因此,本文采用55%的消费者价格指数、20%的工业品出厂价格指数、25%的固定资产投资价格指数构建出符合数据资产投资特点的加权价格平减指数,将各个时期的数据资产投资折算为以2010年为基期的值。

2.重置率或折旧率

资本重置率或折旧率的设定会对资本存量测算产生很大的影响(Chow,2006),然而目前各类资本存量研究中对重置率或折旧率计算方法和得出的数值差异都比较大。需要注意的是,资本流量路径推导出的式(3-11)中δ_τ应该为重置率,资本存量路径中才称为折旧率,因为资本流量路径测度的是生产与效率,重置率指的是生产能力的损失,只有在几何年龄-效率函数的情况下,重置率与折旧率才会保持一致。但是现在运用永续盘存法计算资本存量的所有研究中,很少有学者对重置率与折旧率进行区分,绝大部分学者都将式(3-11)中的δ_τ统称为折旧率。

目前的研究中确定重置率或折旧率的方法主要有以下几种:

第一,忽略折旧问题。张军扩(1991)、贺菊煌(1992)与Chow(1993)基于主生产计划(MPS),用每年积累的数据表示新增资本,避免了折旧率的计算。但是1993年之后国家统计局停止公布积累指标,因此这一方法在之后的研究中基本被弃用。

第二,直接使用官方提供的数据。比如Holz(2006)直接采用公布的国有企业折旧率为固定资本折旧率测算中国的物质资本存量。薛俊波和王铮(2007)与徐杰等(2010)使用了投入产出表中给出的固定资产折旧额。但孙琳琳和任若恩(2014)认为官方给出的折旧是账面价值,与资本流量路径中的重置率概念不相同,并且中国官方采用的直线折旧法也不适用于资本流量路径。郭文等(2018)还指出官方数据倾向于低估折旧,容易得到偏高的资本存量。

第三,国民恒等式推导。Chow(1993)利用GDP计算公式"GDP=折旧额+国民收入-补贴+间接税"推导计算出折旧额。但这种方法与上一个方法有同样的缺陷,得到的是会计意义上的折旧,不适用于生产性资本存量计算。

第四,根据以往研究或经验直接设定一个值。比如Wang和Yao(2003)将折旧率设定为5%,Hall和Jones(1999)设定为6%,龚六堂和谢丹阳(2004)设定为10%。这种方法虽然计算简便,但是主观性较强,得到的过程不够严谨。

第五,计量方法计算。陈昌兵(2014)认为折旧率会在某个时间点出现结构性变化且会随着经济增长发生变化,提出模型:

$$\delta_\tau = \delta_1 + \delta_2 x_{2\tau} + \delta_3 x_{3\tau} \#(3-22)$$

其中 $x_{2\tau}$ 与 $x_{3\tau}$ 分别代表结构性变化与经济增长[1]，通过回归最后计算出 δ_τ 的均值。方文全（2012）假设折旧率与维护投资有关，提出模型 $\delta_\tau = \bar{\delta}exp(-\gamma m_t)$，其中 m_t 为维护投资率，[2]通过参数设定以及计量方法求出不同条件下的 δ_τ，最后求出其平均值作为折旧率。但是由于本文可观测到数据资产投资的年份较少，样本量无法使用计量方法。

可以看到，以上方法对数据资本重置率或折旧率均不适用。因此本文选用第六种方法，利用资产的使用年限计算。对于几何年龄-效率函数路径，可以通过公式 $\delta_\tau = 1 - (d_\tau)^{\frac{1}{\tau}}$ 求出折旧率或重置率（黄勇峰等，2002；张军等 2004；单豪杰，2008；雷辉，2009；王亚菲和王春云，2018；曾先峰和杨柳，2017）。其中，τ 表示数据资本的使用年限，d_τ 表示到达使用年限后的残值率。利用该公式计算重置率或折旧率的方法大致可以分为两种，第一种是将总资产中各类资产按照比重加权平均得到总资产的重置率或折旧率，再计算出总的资本存量。第二种是先通过各类资产的重置率或折旧率将各类资本存量先计算出来，然后加总得到总资本存量。陈培钦（2013）通过研究发现这两种方法计算出的结果基本相同，前者的结果略微低于后者。本文由于数据限制无法将各类数据资产区分开，不能使用第二种方法，因此将使用第一种方法算出数据资产总的重置率（折旧率）。Statistics Canada（2019）将本文中数据资本分为数据资本、数据库资本和数据科学资本三小类，并指出这三类资本的使用年限分别为 25 年、5 年和 6 年，残值率为 0。其中，数据资本是指数据采集、整合过程产生的资本；数据库资本是指数据存储过程产生的资本；数据科学资本是指数据处理、分析过程产生的资本。本文所求的数据资本是这三类资本的总和且无法细分，因此应使用这三类资本的综合使用年限。2018 年，加拿大这三类资本在总数据资本中的占比分别为 68.1%、12.2% 和 19.7%，可以计算出综合使用年限为 19 年。结合 Statistics

---

[1] $x_{2\tau}$ 为虚拟变量，结构性变化时间点之前为 0，之后为 1。
[2] 维护投资率是改建扩建投资额与上期资本存量的比值。

Canada(2019)给出的残值率以及本文求出的数据资本使用年限,可以得出数据资本重置率(折旧率)约为22%。①

对于直线、双曲线结合路径,每期重置率的确定主要取决于数据资本的平均使用年限$\bar{T}$、使用年限T、效率递减参数β以及正态分布的设定。在使用年限方面,本文将继续沿用上文计算出的结果。在效率递减参数方面,蔡晓陈(2009)在用双曲线递减模式测算资本存量时将效率递减参数β设为0.5,OECD(2009)也将ICT制造业以及软件β值设为0.5,本文将延续这一设定。在正态分布设定方面,本文参考加拿大统计局,②将标准差设为平均使用年限的1/4。由于正态分布的一个特性就是无限性,这会导致一些资本在形成之前就退出或者有些资本的使用年限过长而不符合实际情况,并且OECD(2001)指出使用年限超过1年才能被称为资本,所以将2年之前以及19年之后的部分按比例加在2—19年之间的各年上。图3-1为在本文假设下,几何递减模式、双曲线递减模式以及直线递减模式下的相对效率变化图。

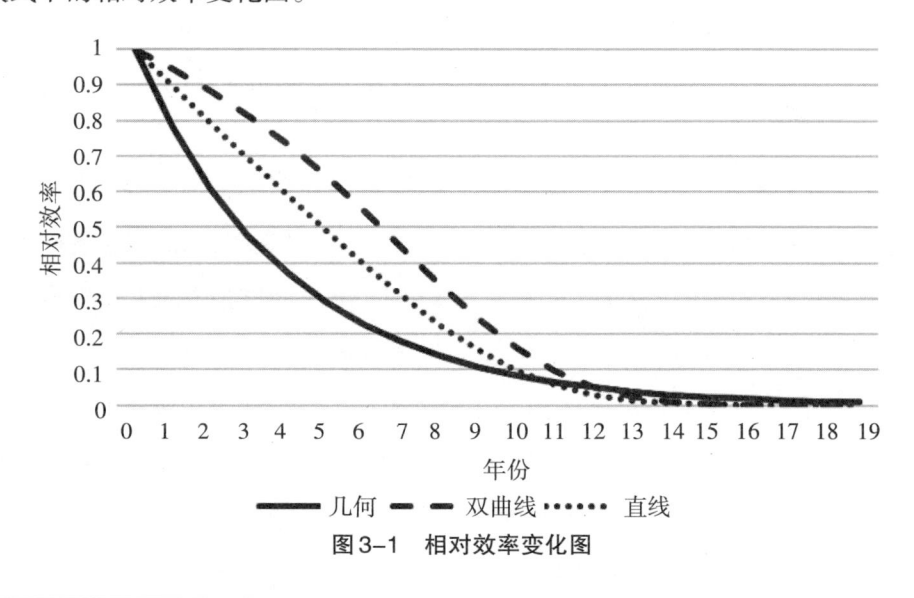

图3-1 相对效率变化图

---

① 由于公式特点,残值率无法变为0,当折旧率为22%时,数据资产投资在19年后价值为最初的1%以下。
② Statistics Canada. 网址:Online http//:www.statcan.ca/

从图3-1中可以看到,资本品的相对效率在三种递减模式下起点与终点都相同,在几何递减模式下刚开始下降最快,但随后下降速度开始变慢,并在第11年、第13年相对效率分别超过了直线递减模式和双曲线递减模式。双曲线递减模式刚开始下降缓慢,随后下降加快,在平均年限前凹向原点且高于其余两种模式,符合双曲线递减模式的特征。直线递减模式下同一年退出的资本品每年下降的绝对量都相同,在平均年限前相对效率变化接近一条直线。

3.基期资本存量

很多学者都对如何确定基期资本存量进行了研究,目前主要有以下几个大类。

第一,资本产出比法。德怀特·H·珀金斯和陈越(1989)最早对中国基期物质资本存量进行测算,通过假设1953年中国资本产出系数为3测算出当年中国资本存量为2145亿元。张军扩(1991)通过计算验证了德怀特·H·珀金斯和陈越(1989)计算出的1953年资本产出比是合理的,并进一步推算出了1952年的物质资本存量(以1952年为价格基期)。何枫等(2003)在这一假设的基础上,更为精确地套算出中国1953年资本产出比为3.487,进而推算出中国1952年年末的物质资本存量为5428.26亿元(以1990年为价格基期)。李宾(2011)使用各种资本产出比对基期资本存量进行了敏感性分析,在排除明显不合理的基期资本存量后,初步得出中国1952年的资本产出比应该在1.4到2之间,随后经过进一步测算得出该年资本产出比应为1.6,物质资本存量应为4429.28亿元(以2000年为价格基期)。

第二,运用相关数值进行推算。Chow(1993)运用固定资产净值估算出除农业部门外其他部门1952年固定资本存量为582.67亿元,全国总的固定资本存量为1750亿元(以1952年为价格基期)。李治国和唐国兴(2003)沿用了Chow(1993)的结果。张军和章元(2003)分别运用工业固定资产净值、上海固定资产原值和农业资本存量对中国1952年物质资本存量进行估算,最终发现农业资本存量估算出的结果最为准确,中国1952年物质资本存量为800亿元(以1952年为价格基期)。除了使用国家统计局给出的官方数据进行推算外,还有学者使用其他学者的研究成果进行了推算。黄勇峰和任若恩(2002)首先将 Maddison(1995)算出的中国 GDP 数量指数序列与 Harry(1993)算出的中国 1952 年 GDP 值相乘,获得了中国 1952 年之前的 GDP 数据,其次运用假设资本产出比例的方法求出中国 1921—1952 年各年的建筑投资、工业投资以及总投资[①],然后与 1952 年之后统计资料中的数据相结合,进而算出 1978 年的各类资本存量与总资本存量。

第三,直接设定法。王小鲁和樊纲(2000)在没有给出具体推算步骤的情况下直接将中国 1952 年物质资本存量设定为 1600 亿元。郝枫(2006)随后使用 Albala 的最优一致法计算出中国 1952 年的物质资本存量为 1607 亿元,验证了王小鲁和樊纲(2000)计算结果的合理性。但最优一致法假设产出的增长率与投资始终保持相同,这与早期中国经济运行的现实情况相差较大,因此结果的准确性受到较大的质疑。

第四,计量方法。陈昌兵(2014)运用计量法进行测算,认为基期的资本存量是以往所有时期投资之和,表示为:

$$K_0 = \int_{-\infty}^{0} I(t) dt = \frac{I(0)}{\theta} \#(3-23)$$

其中 θ 表示每一期投资的增长率,可得:

$$I(t) = I(0) e^{\theta t} \#(3-24)$$

对式(3-24)两边取对数可得到:

$$\ln I(t) = \ln I(0) + \theta t \#(3-25)$$

对式(3-25)进行回归可求出 $I(0)$ 以及 θ,并带回到式(3-23)求出基期资本存量。

然而,等资本产出比法与直接设定的方法假设性较强,计算结果准确度低;国家统计局以及其他学者没有给出数据资本相关的数据,因此运用相关数值进行推算的方法也无法实现;计量方法没有考虑到数据资本重置率的问题,并且本

[①] 选取 1921 年是考虑到资本服务年限的问题。

文以2010年为基期,研究期数较少,不适合使用计量方法。所以以上方法对数据资本均不适用。

对于几何年龄-效率函数路径,本文将采用增长率法(也叫经验研究法)进行基期存量测算。Hall 和 Jones(1999)在计算1960年资本存量的时候,将1960年的投资除以之后10年几何平均增长率与折旧率之和。Young(2003)也使用了同样的方法计算出中国1952年的物质资本存量。该方法的原理是假设基期之前每一期的增长率g和重置率δ都相同,增长率为基期之后投资增长率的几何平均数。则基期数据资本存量可表示为:

$$K_0 = I_0\left(1 + \frac{1-\delta}{1+g} + \left(\frac{1-\delta}{1+g}\right)^2 + \cdots\cdots\right) = I_0\left(\frac{1+g}{g+\delta}\right) \#(3-26)$$

进一步假设在稳态下 $\Delta K/K = \Delta I/I$,则可以用当年投资算出期初的资本存量,表示为:

$$K_0 = I_0\left(\frac{1}{g+\delta}\right) \#(3-27)$$

对于直线、双曲线结合路径,同样假设基期之前每一期的增长率g保持不变,求出之前每期的数据资产投资,然后用相应的重置率将每期的资产投资在之后各期的值算出,再将同一期的值加总,就可以得到考虑了基期前资产投资的基期及之后各期的资本存量。蔡跃洲(2018)认为在1998—2000年中国互联网时代刚开始发展,在此之前数字技术对于经济社会的影响非常微弱,数字经济可以忽略不计,因此本文将忽略2000年之前的数据资产投资。

三、实证结果分析

根据上文中设定的理论模型和各个参数,下面将首先通过传统的几何路径测算出上市公司2010—2020年各行业数据资本存量,以及上市公司各行业GDP所占中国各行业GDP的比重,进而求出中国各行业以及全国的数据资本存量。其次,本文将通过直线、双曲线以及资本存量路径测算出中国的数据资本存量并与几何路径的结果进行比较,同时给出中国数据资本存量可能的范围以减少结果的误差。最后,本文将与其他研究中测算出的数据资本存量进行比较以说明本文结果的合理性以及与发达国家存在的差距。

(一)上市公司各行业测算结果

我们按照前文中所说的GDP计算方法,分别计算出2010—2020年每一年各行业的上市公司GDP总和,进而求出各行业上市公司GDP总和占各行业GDP的比重,如表3-1所示。可以看到,各行业上市公司GDP总和在各行业GDP的占比总体上呈现上升趋势,说明上市公司对于全国的代表性在逐步增强。尤其是数据资本存量明显高于其他行业的制造业和信息运输、计算机服务和软件业(见表3-1),这2个行业上市公司GDP总和占行业的比重分别达到了1/5和1/4,对整体有一定的代表性,也说明该方法具有可行性。同时,从表3-1中可以看到金融业上市公司GDP总和占比畸高,甚至超过了100%。这主要是因为从事金融业的都是上市公司,并且由于其行业特性,大多数公司都从事大量的海外业务,在海外产生的收益计入公司营业收入但不计入中国的行业GDP之中,然而海外业务的准确比例无法得到,很难进行扣除,从而导致金融业上市公司GDP存在误差。不过金融业上市公司数据资本存量在总的上市公司数据资本存量中占比非常小,因此这一畸高占比不会对最终结果产生较大影响。需要注意的是,在19个行业中,农林牧渔业、住宿和餐饮业、居民服务和其他服务业、公共管理和社会组织、教育、卫生、社会保障和社会福利业这6个行业由于其行业的特殊性,从事这些行业的很多机构都是政府机构、非营利组织、小微企业或个体,这些机构都没有上市,导致这些行业上市公司GDP占全国的比重基本都在1%以下,如果按照这个比重外推至全国会导致严重的数据失真,破坏结果的准确性。因此本文在从上市公司外推至全国层面时剔除这些行业,具体方法见后文。

随后,我们运用最常用的几何路径测算方法,根据式(3-11)估算得到了除剔除部分行业外的13个行业上市公司2010—2020年每年的数据资本存量,如表3-2所示,其目的是结合表3-1推算出全国层面的数据资本存量。从表3-2中可以看到,除采矿业外,上市公司各行业数据资本存量在2010—2020年均发生了不同程度的上涨,说明中国越来越多的公司开始涉足数据业务,具体对各行业数据资本存量的分析见后文。

表3-1 各行业上市公司GDP总和的行业占比(单位:%)

年份 行业	2010	2011	2012	2013	2014	2015	2016	2017	2018	2019	2020
采矿业	64.69	59.20	62.53	61.54	66.00	72.86	77.60	79.04	81.25	75.98	66.36
制造业	12.26	12.56	12.15	12.43	12.89	13.90	15.88	17.72	18.34	18.83	19.79
电力、燃气及水的生产和供应业	17.25	17.08	20.47	23.58	26.77	26.37	25.14	21.83	21.45	23.14	25.39
建筑业	10.60	10.63	10.44	11.17	11.52	12.51	11.34	11.39	11.58	12.10	12.92
交通运输、仓储及邮政业	13.19	11.05	10.40	9.57	10.45	11.09	10.66	10.68	10.54	10.37	7.82
信息传输、计算机服务和软件业	33.81	32.96	32.08	33.44	29.83	27.02	25.57	24.32	30.70	27.11	24.19
批发和零售业	5.40	5.73	6.02	5.54	5.49	5.43	5.26	5.74	6.03	6.05	5.91
金融业	122.70	130.15	128.97	124.05	127.73	125.84	119.15	119.61	116.77	121.88	119.36
房地产业	6.91	7.32	7.84	7.81	7.91	8.05	8.70	8.94	10.37	11.13	10.16
租赁和商务服务业	2.45	2.75	2.89	3.01	3.03	3.52	3.79	4.25	4.22	4.00	3.53
科学研究、技术服务和地质勘查业	1.93	2.46	2.62	2.83	3.39	3.62	3.91	4.76	5.26	5.45	6.46
水利、环境和公共设施管理业	5.10	7.41	7.08	7.07	7.40	7.75	9.08	11.26	11.70	11.05	10.84
文化、体育和娱乐业	6.18	8.88	9.89	10.51	11.40	11.70	12.20	11.74	10.87	9.71	8.21

表3-2 各行业上市公司的数据资本存量(单位:亿元,2010年不变价)

行业\年份	2010	2011	2012	2013	2014	2015	2016	2017	2018	2019	2020
采矿业					57.185	53.759	48.814	45.266	44.545	34.745	27.101
制造业	324.192	409.345	499.226	561.619	663.444	778.487	1012.77	1307.69	1640.94	2026.79	2425.18
电力、燃气及水的生产和供应业	6.454	5.609	4.991	4.729	4.699	5.252	5.194	5.279	5.765	6.649	6.951
建筑业		0.004	0.004	0.005	0.007	0.012	0.014	0.020	0.021	0.056	0.110
交通运输、仓储及邮政业							1.577	2.572	4.963	7.300	8.227
信息传输、计算机服务和软件业	632.729	844.853	1086.28	1291.14	1479.28	2057.77	2649.72	3723.57	4752.95	5657.51	6583.88
批发和零售业	42.166	43.792	45.219	51.366	70.346	88.153	104.339	115.201	125.787	114.600	107.761
金融业	4.640	6.235	7.427	8.378	12.209	16.872	19.818	22.557	24.519	26.539	30.628
房地产业						0.048	0.440	3.827	7.088	10.397	12.951
租赁和商务服务业		0.039	0.039	0.039	0.041	0.076	0.212	0.322	0.271	0.213	0.169
科学研究、技术服务和地质勘查业	31.578	31.617	32.993	32.664	29.859	26.792	23.273	25.626	32.343	36.827	39.885
水利、环境和公共设施管理业									0.069	0.119	0.098
文化、体育和娱乐业			0.017	7.429	14.581	23.909	37.085	49.399	60.674	76.412	95.056	129.945

(二)上市公司测算结果向全国外推方法

由于目前无法获得全国层面的数据资产投资,因此不能直接使用永续盘存法测算全国层面的数据资本存量。吴清峰和唐朱昌(2014)指出当投资信息缺失时,只依靠永续盘存法无法测算出资本存量,可以采用等资本产出比法弥补永续盘存法的不足。等资本产出比法在第二章进行过介绍,其核心是假设研究对象的资本—产出比与全国的资本—产出比保持一致,在这一假设下研究对象与全国的经济增长率差异主要由资本存量增长率决定,本文用到的公式为:

$$\frac{K}{Y} = \frac{K_s}{Y_s} \Rightarrow K_s = K \times \frac{Y_s}{Y} \#(3-28)$$

其中,K 与 K_s 分别是研究对象与全国的资本存量,Y 与 Y_s 分别是研究对象与全国的产出,K/Y 与 K_s/Y_s 分别是研究对象与全国的资本-产出比。从式(3-28)中可以看到,使用该方法时,只要知道研究对象与全国的产出以及研究对象的资本存量,就可以求出全国的资本存量,适用于本文将研究结果的范围进行扩大,因此本文将使用该方法将上市公司的测算结果外推至全国。

在外推过程中,本文假设上市公司所在的各行业数据资本产出比在全国层面保持不变,进而将上市公司数据资本存量外推测算出全国层面的数据资本存量。上市公司与中国大部分没上市的公司、机构从事相同的业务,因此该假设是合理的。之所以假设各行业而不是整体资本产出比率不变,是因为各行业都有其不同于其他行业的特征,生产方式也有所不同。因此,相比于假设上市公司数据资本产出比在全国层面保持不变进而推算全国整体的做法,通过各行业数据资本产出比推算全国整体的做法更符合实际情况,得出的结果也更为准确。

(三)各行业及全国总体测算结果

我们通过前文中介绍的外推方法结合表3-1与表3-2计算得出2010—2020年每一年各行业及全国总体的数据资本存量,见表3-3。[①]从2010—2020年各行业的数据资本存量来看,建筑业与水利、环境和公共设施管理业数据资本存量明显少于其他行业,是唯一始终保持低于1亿元的两个行业,说明中国在建造领域数字化转型较慢,在建造房屋与各类基础设施时主要还是保持传统的生产方式。很多行业如采矿业、电力、燃气及水的生产和供应业、交通运输、仓储及邮政业、

---

① 在上市公司对全国代表性过低而被剔除的6个行业中,农林牧渔业属于农业,住宿和餐饮业、居民服务和其他服务业属于传统服务业,教育、卫生、社会保障和社会福利业属于发展性服务业,公共管理、社会保障和社会组织属于公共部门。可以看到被剔除的行业包含于多个分类中,因此我们假设被剔除的行业与文中的13个行业数据资本产出比相同,从而计算出全国总的数据资本存量。各年份被剔除的行业GDP总和占全国GDP的20%左右,对最终结果影响较小。

金融业、房地产业与租赁和商务服务业数据资本存量基本保持在5亿到100亿之间,这些行业数字化转型优于建筑业与水利、环境和公共设施管理业,但仍然需要加强。批发和零售业、科学研究、技术服务和地质勘查业与文化、体育和娱乐业三个行业数据资本存量较高,始终保持在500亿到2000亿之间,其中批发和零售业主要是从生产者处买入生活用品、生产资料以及进出口产品等,随后卖给其他企业、事业、机关以及城乡居民,该行业本身不进行生产,而是作为代理销售商,需要大量的卖方与买方的信息,因此具有较高的数据资本存量;科学研究、技术服务和地质勘查业作为高技术服务业,很多活动都涉及人工智能、云计算等新兴技术,需要进行大量的数据相关工作;文化、体育和娱乐业本身就包含很多信息传播工作,因此数据资本存量也较高。制造业与信息传输、计算机服务和软件业数据资本存量明显高于其他行业,在2020年分别为12254.70亿元、27220.04亿元,两者之和占到全国总数据资本存量的70%以上。其中,制造业在2009年金融危机过后,一直存在着产能过剩的现象,导致制造业市场竞争激烈,利润率下降。美国、英国、日本以及中国都将解决制造业发展问题的方法聚焦于制造业数字化转型,利用新的信息技术加速数据自由流动,从而使得制造业全要素、全产业链、全价值链链接,推动制造业企业的形态与生产方式发生革命性变化(中国电子技术标准化研究院,2021)[①],可见数据资本对于制造业发展的重要性。而信息传输、计算机服务和软件业主要包括基础软件、信息系统集成服务等领域,其中基础软件领域中国重点支持大型通用数据库管理系统等基础软件的开发应用。信息系统集成服务的主要目的就是提升信息系统集成资质管理,做好信息系统的设计、实施、维护等工作,从而提高信息系统的集成能力,所以信息传输、计算机服务和软件业数据资本存量较高且增速较快。从图3-2可以看到,2010—2020年间中国制造业、信息传输、计算机服务和软件业以及全国总的数据资本存量始终保持增长。需要注意的是,2018年信息传输、计算机服务和软

[①]《制造业数字化转型路线图》,中国电子技术标准化研究院发布于2021年。

件业以及全国总的数据资本存量增速出现明显下跌,并不是由于信息传输、计算机服务和软件业上市公司数据资产投资增长减少,而是由于一些外部冲击导致了该行业上市公司GDP占全国该行业比重从24.32%急增至30.70%,这在一定程度上会导致全国层面的数据失真,也是本文采用外推方法存在的局限性。不过其他年份的信息传输、计算机服务和软件业以及各年份其他行业上市公司GDP占全国的比重基本保持稳定,因此该方法的局限性并不会对最终结果产生较大的影响。还需要注意的是,除2018年外,信息传输、计算机服务和软件业的数据资本存量增速远高于制造业和全国总量的增速,说明全国的数据资本有向该行业集中的发展趋势。

从全国层面来看,2010—2020年间数据资本存量从8894.28亿元上涨至56365.34亿元,涨幅超过了500%。具体到各年来看,2010年中国数据资本发展刚刚起步,在此之前绝大部分公司还没有进行数据业务,数据资本存量处于较低水平,随后2011年增长率也较低。从图3-2可以看到,中国在2015年、2017年和2019年数据资本存量增长率明显高于其他年份,分别为28.21%、30.18%、27.14%,这三年也是唯一增长率超过25%的年份。其中,2015年被称为中国的"大数据元年",在这一年中国正式进入了大数据时代(李政和周希禛,2020)。在2015年前后,从学者到政界都深刻认识到数据是发展数字经济的重要基础,数字经济产业的发展必须以数据资本为核心。中国在2015首次从国家层面进行顶层设计与统筹规划,提出数据已经成为国家战略资源,对于经济运行机制、社会生活方式和国家治理能力产生着重要影响。[①]2015年1月,国务院提出了《促进云计算创新发展培育信息产业新业态的意见》,其中明确指出应该加速发展云计算,推动信息产业向新业态转变。同年4月,中国正式批准成立了第一家大数据交易所——贵阳大数据交易所,之后在武汉、上海、成都等城市成立数据交易所超过20个,充分体现了中国对数据资源的重视程度。5月,中国公布了《中国制造

---

① 《促进大数据发展行动纲要》,国务院发布于2015年9月。

2050》的战略目标,旨在加快制造业与新一代的大数据技术、信息技术深度融合,推动制造业向高端方向发展。随后在11月,党的十八届五中全会提出实施国家大数据战略。将建设数据强国、释放大数据红利作为目标,为数据要素市场健康发展、促进大数据技术创新与应用提供了战略指引。由于国家在宏观层面的引导,很多公司的数据业务应运而生,促使中国2015年数据资本存量大幅度提升。2016年底,中国提出了《"十三五"国家信息化规划》,规划中明确提出要促进中国向信息化方向发展。2017年,中国再次针对数据要素作出重大战略部署,习近平总书记在中国共产党第十九次全国代表大会上指出"中国要深化供给侧改革,建设现代化经济体系,推动大数据与实体经济的深度融合"。随后,在中共中央政治局第二次集体学习时,习近平总书记再次强调"发挥数据的基础资源作用和创新引擎作用,加快形成以创新为主要引领和支撑的数字经济"。该年中国正式出台《大数据产业发展规划(2016—2020年)》,将大数据产业作为推动数字经济发展的重要力量,明确提出要大力发展大数据产业,推动大数据技术和应用的发展,为数据要素市场的发展提供了强大的产业支撑。在2019年,中国提出"要健全劳动、资本、土地、知识、技术、管理和数据等生产要素按各自的贡献参与报酬分配的机制"[①]。肯定了数据对于经济发展的重要作用,并且强调数据应得到相应的收益。同年8月,中共中央、国务院印发了《关于支持深圳建设中国特色社会主义先行示范区的意见》,提出"支持深圳建设粤港澳大湾区大数据中心""探索完善数据产权和隐私保护机制"等,对释放数据红利、推动新型基础设施建设、促进数字经济高质量发展具有十分重要的意义,同时也对数据生产要素统计核算提出了紧迫需求。很多省份也在这一年颁布了促进大数据发展的相关政策,比如贵州省颁布的《大数据安全保障条例》中,明确了大数据安全责任人的定位和义务,使其在数据采集、存储、整理、交易等步骤中都要发挥保障数据安全的作用,确保数据能够被安全使用。随后天津与海南等地也发布了类似的《条例》,

---

[①]《中共中央关于坚持和完善中国特色社会主义制度推进国家治理体系和治理能力现代化若干重大问题的决定》,党的十九届四中全会发布于2019年10月。

保证数据的交易环境安全透明,为数据发挥更大的作用提供了坚实的规章制度保证。随后在2020年,中国正式将数据列为土地、劳动、资本、技术之后的第五大生产要素[1],可见中国对数据要素的重视程度进一步提升。在数据正式成为生产要素以后,很可能促成一些公司开始将数据业务从其他业务中剥离出来,因此2020年数据资本存量增长率也高达24.09%。可以看到中国政府每次对数据要素发展出台支持性政策后,数据资本存量就会大幅度提升。

表3-3 全国各行业及总体数据资本存量(单位:亿元,2010年不变价)

年份 行业	2010	2011	2012	2013	2014	2015	2016	2017	2018	2019	2020
采矿业					86.65	73.78	62.90	57.27	54.82	45.73	40.84
制造业	2644.29	3260.09	4109.41	4518.41	5145.87	5601.52	6376.19	7404.84	8933.42	10763.60	12254.70
电力、燃气及水的生产和供应业	37.41	32.83	24.39	20.05	17.55	19.91	20.66	24.18	26.88	28.73	27.38
建筑业		0.04	0.04	0.05	0.06	0.09	0.12	0.18	0.18	0.46	0.85
交通运输、仓储及邮政业							14.80	24.07	47.10	70.43	105.15
信息传输、计算机服务和软件业	1871.56	2563.30	3370.80	3861.78	4963.91	7616.25	10346.60	15326.04	15491.34	20874.52	27220.04
批发和零售业	780.33	763.86	750.80	927.78	1282.31	1623.29	1982.67	2008.53	2085.52	1893.78	1824.74
金融业	3.78	4.79	5.76	6.75	9.56	13.41	16.63	18.86	21.00	21.77	25.66

---

[1]《关于构建更加完善的要素市场化配置体制机制的意见》,中共中央、国务院发布于2020年4月。

续表3-3

年份 行业	2010	2011	2012	2013	2014	2015	2016	2017	2018	2019	2020
房地产业						0.60	5.05	42.83	68.32	93.43	127.51
租赁和商务服务业		1.41	1.35	1.30	1.36	2.17	5.59	7.57	6.42	5.33	4.79
科学研究、技术服务和地质勘查业	1639.80	1284.93	1261.42	1152.69	881.53	741.06	595.96	537.86	614.42	675.20	617.48
水利、环境和公共设施管理业									0.59	1.08	0.91
文化、体育和娱乐业		0.20	75.16	138.77	209.78	317.02	404.93	516.99	703.17	979.08	1582.93
全国总体数值	8894.28	10016.74	12179.94	13476.12	15972.58	20478.00	25496.50	33191.57	35726.85	45423.79	56365.34

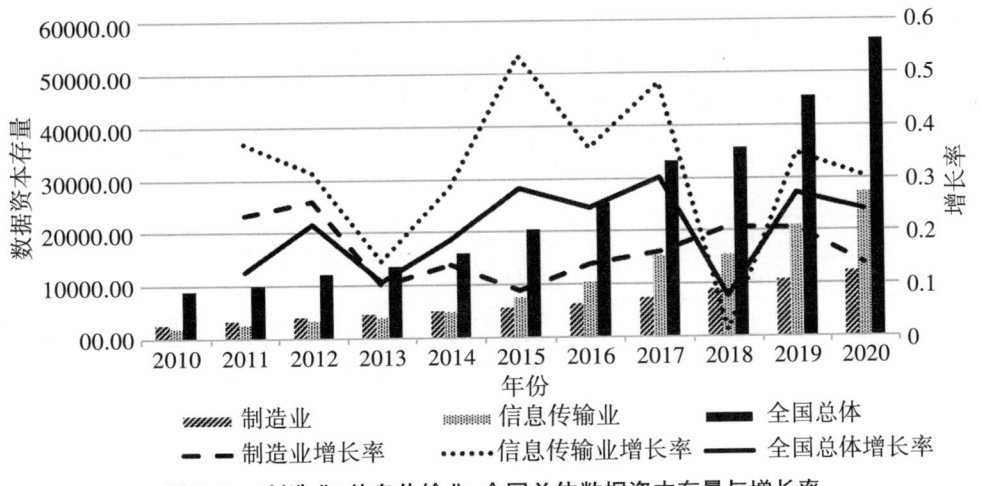

图3-2 制造业、信息传输业、全国总体数据资本存量与增长率

(四)其他路径下全国总体测算结果

为验证表3-3中全国总体数据资本存量测算结果的稳健性,需要对不同路径下测算出的全国数据资本存量进行对比。本部分将分别测算直线、双曲线以及资本存量三种路径下全国数据资本存量,并与前文中几何路径下的测算结果进行比较,判断前文中所得的数据资本存量结果是否稳健。

1. 直线、双曲线路径

直线、双曲线路径的具体测算过程是:先根据使用的年龄-效率函数以及退出函数,计算出平均年龄-效率函数,再用平均年龄-效率函数与数据资产投资相乘,可计算出该资产投资在服务年限内每一年的资本存量,再将所有资产投资同一年的资本存量相加,就可以求出该年的资本存量。用公式表示为:

$$K_t = \sum_{\tau=0}^{T} AAE_\tau \cdot I_{t-\tau} \quad (3-29)$$

其中,K_t是数据资本在t时期的生产性资本存量,AAE_τ是资产投资各年的平均年龄-效率函数,T是数据资本的服务年限,$I_{t-\tau}$是按照基期价格计算的数据资产投资,其全国层面的数据资产投资数据也是由上市公司数据外推获得,外推方法与上文一致。运用式(3-29),直线、双曲线结合路径的测算结果如表3-4所示。

表3-4 几何、双曲线和直线路径下全国数据资本存量(单位:亿元,2010年不变价)

年份 \ 路径	几何	双曲线	直线
2010	8894.28	13247.68	11728.77
2011	10016.74	15431.61	13602.53
2012	12179.94	18128.83	15958.89
2013	13476.12	20447.08	17888.57
2014	15972.58	23489.33	20523.23
2015	20478.00	28740.08	25321.44
2016	25496.50	35409.87	31398.72
2017	33191.57	45449.12	40658.24
2018	35726.85	54391.21	48500.35
2019	45423.79	64441.85	57232.96
2020	56365.34	76573.59	67826.95

从表3-4和图3-3可以看出，直线、双曲线结合路径下的全国数据资本存量在数值上与几何路径存在一定差异，但差异数值不是很大，并且变化趋势高度一致，可以判断本文中得出的全国数据资本存量结果是比较稳健的。需要注意的是，几何路径下的测算结果始终低于其他两种路径，这主要是由于中国很多公司从2010年才开始进行数据业务，到2020年是11年时间，这期间中国数据要素处于高速发展阶段，数据资产投资高速增长。并且从图3-1可以看到，在19年服务期限内，前十年几何路径平均相对效率要低于直线、双曲线结合两种路径，而后9年几何路径平均相对效率会高于其他两种路径。这说明今后随着中国数据资产投资增长速度下降、投资量趋于稳定，三种路径的测算结果差异会逐渐减小。

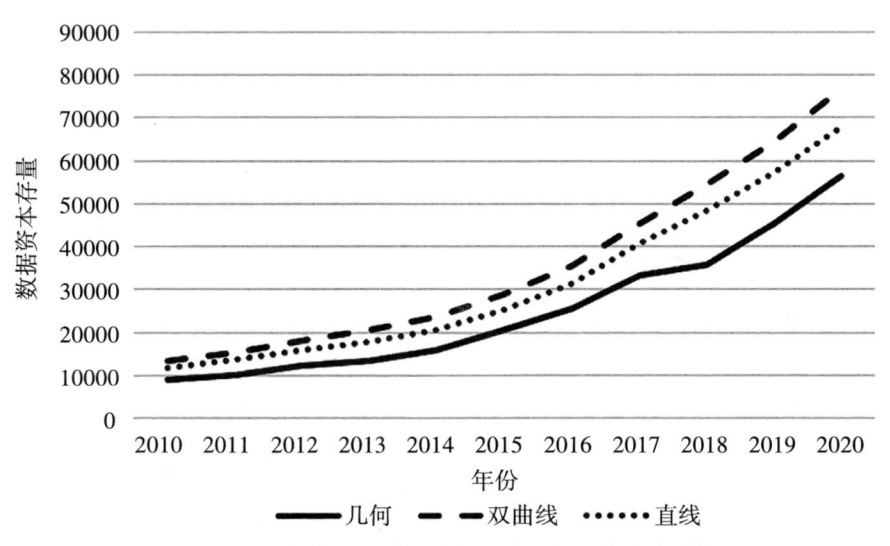

图3-3 几何、双曲线和直线路径下全国数据资本存量变化

2.资本存量路径

资本存量路径指的是运用年龄-价格函数和退出函数求出资本存量总额或净额，本文将通过一系列假定测算出数据资本存量净额，具体过程如下。

假设经济处于完全竞争状态下，则资本目前的价值就等于未来所有时期租赁获得的收入经过贴现后加总之和，可以表示为：

$$P(t) = \sum_{\tau=0}^{\infty} d_\tau \prod_{n=1}^{\tau+1} \frac{1}{1+r(t+n)} P_k(t+\tau+1) \quad t=(0,1,2,\cdots\cdots) \#(3-30)$$

其中，$P(t)$ 表示的是资本在 t 时期的价值，$P_k(t)$ 表示资本在 t 时期的租赁获得的收入，d_τ 表示相对效率，$\prod_{n=1}^{\tau+1} \frac{1}{1+r(t+n)}$ 表示各时期贴现率之积，也就是 $P_k(t+\tau+1)$ 的贴现因子，$r(t)$ 为 t 时期的资本收益率，将式(3-30)做一阶差分，可以得到：

$$P(t) - (1 - r(t))P(t-1) = -P_k(t) - \sum_{\tau=1}^{\infty}(d_\tau - d_{\tau-1})\prod_{n=1}^{\tau+1}\frac{1}{1+r(t+n)}P_k(t+\tau) \#(3-31)$$

将式(3-5)带入式(3-31)，整理可以得到：

$$P(t) - (1 - r(t))P(t-1) = -P_k(t) + P_D(t) \#(3-32)$$

其中 $P_D(t)$ 是 t 时期的折旧，表示为：

$$P_D(t) = \sum_{\tau=1}^{\infty} m_\tau \prod_{n=1}^{\tau+1}\frac{1}{1+r(t+n)}P_k(t+\tau) \#(3-33)$$

将式(3-33)进一步整理，可以得到：

$$P_D(t) = \sum_{\tau=1}^{\infty} \varphi_\tau \big(P(t+\tau) - P(t+\tau-1)\big) \#(3-34)$$

也可以表示为：

$$P_D(t) = \varphi_t P(t) \#(3-35)$$

需要注意的是，φ_τ 表示的是折旧率，与资本流量路径中的重置率（即式(3-11)中的 δ_τ）在数值大小与经济意义方面均不相同，只有在几何年龄-效率函数的情况下这两者相同并且都是常数，证明如下：

当采用几何年龄-效率函数时，将 $d_\tau = (1-\delta)^\tau$ 代入式(3-5)，可以得到：

$$m_\tau = \delta(1-\delta)^{\tau-1} \#(3-36)$$

将式(3-36)代入式(3-33)中，可以得到：

$$P_D(t) = \delta P(t) \#(3-37)$$

然后将式(3-36)代入式(3-10)，再结合式(3-1)，可以得到：

$$R_t = \delta K_{t-1} \#(3-38)$$

结合式(3-35)、式(3-37)以及式(3-38),最终可以得出

$$\delta = \varphi \quad (3-39)$$

本文主要借鉴OECD(2009)的资本存量净额计算方法,结合数据资本的特点,计算出中国的数据资本存量净额。要计算资本存量净额必须要先确定未来每一期的资本服务价格,在完全竞争状态下等于资本租赁收入。OECD(2009)指出资本服务价格主要受到两个因素的影响,第一个影响因素是资产生产力随着时间的流逝而下降,第二个影响因素是资产的价格变化速度。第一个影响因素能够被年龄-价格函数反应,本文假设数据资产服从几何年龄-价格函数,从式(3-39)可以看到,在几何年龄-价格函数的情况下资本存量路径中折旧率可以沿用上文算出来的重置率22%。对于第二个影响因素,本文假设新资产价格每一年下跌20%。①同时,本文假设贴现率为5%,整个社会没有通货膨胀,在完全竞争条件下数据资本收入与数据资本租赁收入相等,②并采用跟几何路径中相同的价格指数与外推方法,计算出2010—2020年间各年的资本存量净额,如表3-5所示。

表3-5 几何、资本存量路径数据资本存量(单位:亿元,2010年不变价)

路径 年份	几何	数据资本存量净额
2010	8894.28	11206.94
2011	10016.74	12222.73
2012	12179.94	14909.21
2013	13476.12	14402.62
2014	15972.58	17884.89
2015	20478.00	27306.51
2016	25496.50	34049.18

---

①此处的价格变化是由数据资产本身质量变化以及在市场上的需求变化、供给变化等因素导致的,与整个社会的通货膨胀无关。OECD(2009)在举例时假设资产价格每年上升2%,但由于数据要素时效性较强,与物质资本有较大差别,本文假设新资产每一年价格下跌20%。
②数据资本收入采用上市公司中数据业务的收入代替。

续表3-5

年份\路径	几何	数据资本存量净额
2017	33191.57	49823.97
2018	35726.85	48898.59
2019	45423.79	56547.68
2020	56365.34	67533.68

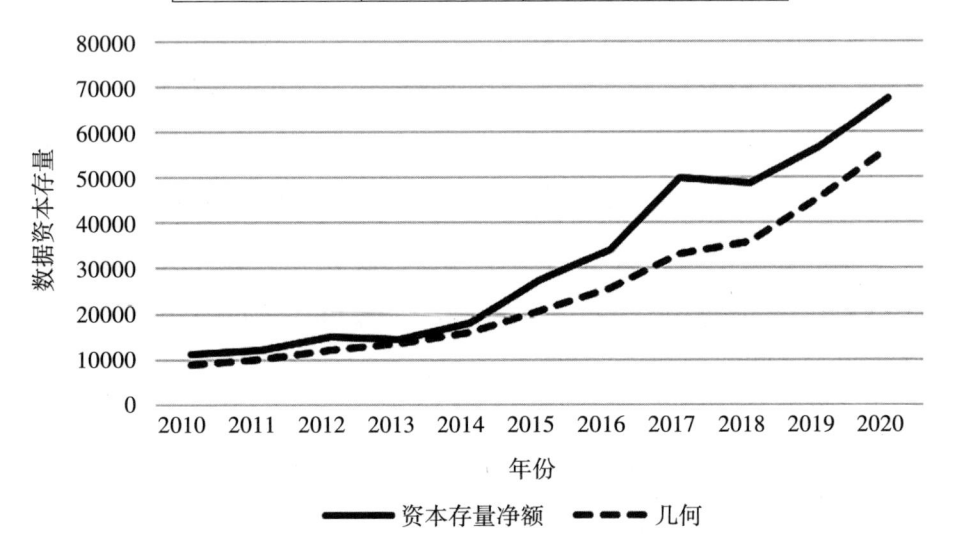

图 3-4 几何、资本存量路径数据资本存量变化趋势

从表 3-5 与图 3-4 中可以看到,几何路径与资本存量路径计算出的结果从数值上来看差异不大,并且变化趋势基本相同。

结合以上四种路径的测算结果,可以认为本文测算结果的准确性与稳健性较强,并且可以得出中国 2020 年的数据资本存量为 56365.34~6573.59 万亿元(以 2010 年为价格基期)。

(五)不同研究结果的比较

为验证本文测算结果的合理性,我们将本文测算出的全国数据资本存量分别与 StatisticsCanada(2019)、徐翔和赵墨非(2020)、郑世林和杨梦俊(2020)、杨铁波(2020)的测算结果进行比较,从而判断本文结果的合理性。测算结果如表

5所示:[①]

表3-6　各类资本存量研究对比

数据来源	资本存量类型	测算范围	比较年份	价格指数基期	数值(亿元)
Statistics Canada(2019)	数据资本存量	加拿大	2018年	2018年	9550.83
刘涛雄等(2023)	数据资本存量	全国	2020年	2010年	249777.89
徐翔和赵墨非(2020)	数据资本存量	全国	2019年	2019年	90000
郑世林和杨梦俊(2020)	计算机化信息资本存量	全国	2016年	2000年	48528.80
杨轶波(2020)	物质资本存量	全国	2018年	1990年	780336.21
本文	数据资本存量	全国	2020年	2010年	56365.34-76573.59

首先与Statistics Canada(2019)进行比较。为计算方便,我们将本文的测算结果价格指数基期调整为2018年。加拿大2018年数据资本存量为9550.83亿元,GDP为113722.96亿元[②],数据资本产出比为8.40%。而中国同年数据资本存量为41759.05~63574.73亿元,GDP为929181亿元,数据资本产出比为4.49%~6.84%,约为加拿大的1/2到2/3,可见中国数据要素发展水平相比于发达国家还有一定的差距。但是中国人均GDP在2018年不足加拿大的1/4,说明综合中国的发展阶段来看,中国数据资本应用还是比较广泛的。从近些年变化趋势来看,加拿大2010年数据资本产出比为7.08%,从2010年到2018年涨幅为18.64%,中国2010年数据资本产出比为2.22%~2.93%。同时期年涨幅约为100%,可见中国数据资本发展势头迅猛。然而中国数据要素的发展基础与发达国家还是存在一定距离,2020年中国数据资本产出比为6.73%~9.14%,大约相当于加拿大

---

①比较年份选择依据是各研究中最新年份的资本存量。由于价格指数可得性问题,无法将各研究都调至同一年份的价格,因此在列表时呈现出各研究中给出的数值,后文中将本文与各研究分别进行比较时根据实际情况将数值调至同一基期价格。
②Statistics Canada(2019)给出的是一个范围值,为便于比较本文选取该范围的中点,换算成人民币时(包括下文)选用当年的平均汇率,所有GDP数据均来源于中国国家统计局、加拿大国家统计局、世界银行。

2010年(7.08%)到2018年(8.40)的水平。需要注意的是,Statistics Canada(2019)中数据资本存量的测算范围要略大于本文,因为该研究的数据资产投资还包括了一些与数据关系较弱职业的劳动力报酬,比如经济学家、经济政策研究人员、社会政策研究人员、顾问、项目官员等,这些职业的报酬不在本文的数据业务成本中。

刘涛雄等(2023)将数据价值链分为数据采集、数据清洗与存储、数据加工三部分,并考虑到算法带来的增加值,在此基础上使用数据相关劳动力成本与固定资产折旧测算出了我国2020年的数据资本存量为249777.89亿元,远高于本文的测算结果。主要原因在于:第一,该研究对于数据资产投资的范围定义较宽。第二,该研究将数据要素的正外部性也考虑在内,在成本法的基础上加上了算法增加值。因此,该研究测算结果与本文比相对较高是合理的。

徐翔和赵墨非(2020)通过加拿大统计局的方法以及自己构建的包含数据资本经济增长函数模型进行模拟的方法,分别对中国数据资本存量进行测算。两种方法均显示2019年中国数据资本存量约为9万亿元,高于本文的54245.82~68348.52亿元(2019年价格)。主要原因在于:第一,用加拿大统计局的方法时,没有考虑折旧问题(文中没有提到)并且上文中提到该方法测算范围大于本文;第二,用模型模拟的方法时,数据资本存量同时考虑了数据资本和ICT资本两部分,并且其中数据资本是用数据产出计算得出的,数据产出一般要高于数据生产成本。综合以上原因,本文结果低于该研究是比较合理的。

郑世林等(2020)测算出了中国2016年的无形资本存量,其中包含计算机化信息资本存量,该研究价格指数比较易得,本文将其结果折算为以2010为基期的数值。计算机化信息资本是指软件和数据库中蕴含的知识资本,包括软件和数据库的开发和服务,以及相关的信息咨询和处理等,因此计算机化信息资本存量应该很大程度上包含了数据资本存量。该研究测算出中国2016年计算机化信息资本存量为60843.05亿元①,而本研究测算的2016年数据资本存量为25496.50~35409.87亿元,为前者的41.91%~58.20%,从一个侧面说明本研究结果较为合理。

在与杨铁波(2020)进行比较时,该研究的价格指数较难得出,我们将本文的测算结果价格指数基期调整为1990年。调整后中国2018年数据资本存量为22643.78~34473.30亿元,为物质资本存量(780336.21亿元)的2.90%~4.42%。可见目前数据资本存量与物质资本存量相比规模还非常小,未来随着大数据、云计算、元宇宙等产业的快速发展,这一比例肯定会逐渐增大。

四、本章小结

首先,本章对测算中国数据资本的数据来源与变量选取进行了介绍。在数据来源方面,本章运用万德数据库、国泰安数据库中沪深市场所有上市公司的年报数据以及《中国统计年鉴》的原始统计数据,并采取证监会的分类标准将上市公司按照国家统计局划分的行业类别分至各个行业,经过不变价折算以及数据补缺,估算出中国各行业以及总体层面2010—2020年各年的数据资本存量。在变量选取方面,本章运用数据业务成本减去相应的固定资产折旧加5%的资本服务构造出数据资产投资,用营业收入－营业成本＋工资总额＋福利费总额＋固定资本折旧计算企业增加值,并通过理论阐述和其他研究佐证说明变量选取的合理性。

其次,本章详细阐述了永续盘存法的推导过程以及各个参数的确定方法。永续盘存法认为资本存量是所有过去不变价格表示的投资的加权之和,在使用过程中需要确认递减模式与退出模式,本章分别介绍了单驾马车式、线性递减模式、双曲线递减模式、几何递减模式,以及同时退出模式、线性退出模式、延迟线性退出模式、钟形退出模式各类递减模式与退出模式的优劣,并指出了符合数据

---

① 该结果因数据可得性问题未计入数据库资本。

资本特点的递减模式与退出模式的。在此基础上,本章继续介绍了价格指出、基期资本存量、重置(折旧)率、资产投资四个永续盘存法中最为重要的参数的各种确定方法,并从中选取最符合数据资本特点的方法。

再次,本章运用以上确认的符合数据资本特点的各个参数,先通过最传统的几何年龄-效率函数的递减模式,计算出中国上市公司各个行业的数据资本存量,再通过等资本产出比法将上市公司各个行业的数据资本存量外推至全国层面,得到了中国各行业以及总的数据资本存量,并对数据资本存量的数值和变化趋势进行了深入分析。随后,本章又通过直线、双曲线、数据资本存量三种不同的路径对中国的数据资本存量进行测算并与几何路径的结果进行比较。根据各种路径的测算结果可以得出以下结论:第一,在2010—2020年,数据资本存量主要集中于信息传输、计算机服务和软件业与制造业两个行业中;第二,在四种路径下数据资本存量数值存在一定差异,但始终保持较快上升趋势且变化趋势基本相同,未来随着数据资产投资的稳定这一差异会逐渐变小,说明本章得出的结论稳健性与准确性较强;第三,在国家出台支持数据要素发展的重大政策之后,中国数据资本存量会出现明显的上涨。

最后,本章将测算结果与其他研究成果进行对比分析。通过与发达国家数据资本存量、中国数据资本存量、中国计算机化信息资本存量、中国物质资本存量的对比,发现本文的计算结果是比较合理的,同时还发现与发达国家相比,中国数据资本存量基础比较薄弱,但上升速度较快。

第四章　数据资本对经济增长贡献测算

本章对测算数据资本对经济增长贡献的其他数据与变量进行了介绍,并根据现有的新古典经济增长模型,构造出包含数据资本的新模型,从而计算出数据资本对于经济增长的贡献,然后对贡献的变化趋势进行分析。在测算出宏观层面数据资本对于经济增长贡献的基础上,本章运用计量方法在微观层面确定了影响公司数字化水平的因素,并测算出了公司使用数据要素对于盈利能力的促进作用。

一、数据来源及变量介绍

(一)数据来源

本文将用上一章估算出的全国数据资本存量,测算其对全国经济增长的影响。本章的数据来源主要是《中国统计年鉴》与《中国人口和就业统计年鉴》。这两种统计年鉴都是由国家统计局及其附属机构收集数据并发布的,可以比较真实地反映中国经济社会总体的变化状况,特别是投资、总就业的情况。这两种统计年鉴具有专业、权威等特征,因此被广泛运用于中国宏观经济问题的研究中。

(二)变量选取与说明

在计算数据资本对经济增长的贡献过程中,需要用到的变量主要有GDP、物质资本存量、人力资本以及数据资本,所用到的变量以及计算方式介绍如下:

1.GDP

GDP全名为国内生产总值,指的是一个国家或地区在某一个时间段内(通常为一年)进行的所有生产活动的最终结果。GDP主要有三种表现形态,分别为收入形态、产品形态以及价值形态。从收入形态的角度看,GDP是所有经济主体在这段时期内所获得的所有收入之和,主要包括个人劳动者所获得的劳动者报酬以及企业所获得的营业利润、资产折旧、生产税净额等。从产品形态的角度看,GDP是所有经济主体在这段时期内使用的产品与服务加上产品与服务净出口的价值之和。从价值形态的角度看,GDP是所有经济主体在这段时期内生产出的所有产品与服务的价值与生产这些产品与服务投入品的价值之差。因为这三种表现形态演化出了GDP的三种不同的计算方法,分别是收入法、支出法以及增值法。[1]因为国家统计局对于分行业GDP只给出增值法的计算结果,上一章外推全国层面数据资本存量时计算GDP就采用增值法,本章为了保持计算方法的一致性,也采用增值法计算出的GDP,增值法的计算公式为"GDP=总产出价值-中间投入价值"。《中国统计年鉴》中给出了每年增值法计算出的GDP值。

2. 物质资本存量

计算物质资本存量的方法与数据资本存量相同,都需要先确定各年的流量再计算其存量,此处的流量指的就是每一年新增的固定资产投资。本文使用《中国统计年鉴》中的全社会固定资产投资指标作为每一年新增的固定资产投资,全社会固定资产投资指的是一段时期内整个社会建造与购置固定资产所花费的以货币形式表现的所有费用之和,全社会固定资产投资主要反映固定资产投资的规模以及增长速度等方面,记录的经济主体类型包括国有、集体、私营与个体、外商等各种类型的企业与机构。[2]

本文在计算物质资本存量时依然使用最为常用的永续盘存法,即式(3-11)。使用永续盘存法测算物质资本存量时同样需要确定投资流量、价格指数、重置(折旧)率以及基期资本存量四个最为重要的参数。投资流量上文中已经介绍过。价格指数选取方面,自从1992年《中国统计年鉴》开始公布固定资产投资

---

[1]定义来源国家统计局。网址:http://www.stats.gov.cn/tjsj/zbjs/201912/t20191202_1713058.html。
[2]定义来源国家统计局。网址:http://www.stats.gov.cn/tjsj/zbjs/201912/t20191202_1713051.html。

价格指数后,基本上所有测算物质资本存量的研究中都采用该价格指数,本文同样使用固定资产投资价格指数将每一期的投资额折算至基期。重置(折旧)率选取方面,如上文所述很多研究都给出了自己的计算方法和不同计算结果,由于新古典经济增长模型的特点,各生产要素对经济增长的贡献之间互不干扰,物质资本对于经济增长的贡献多少并不会影响本文主要关注的数据资本对经济增长的贡献,因此本文在选择重置(折旧)率时借鉴张军等(2004)计算出的9.6%,该结果在计算物质资本存量的所有研究中被广泛使用。基期资本存量确定方法选取方面,依旧使用上文中数据资本基期资本存量确定方法式(3-27)进行测算。利用全社会固定资产投资数据并结合以上参数,就可以计算出以2010年为价格基期的2010—2020年间各年物质资本存量。

3. 人力资本

人力资本的计算参考胡杨林(2022)的方法,用劳动年龄人口平均受教育年限与就业人数的乘积表示。劳动年龄人口平均受教育年限只能在2010年和2020年的人口普查数据中得到,因此本文假设这10年间增长率相同,从而得到2010—2020各年的劳动年龄人口平均受教育年限。就业人数指的是正在工作的人口数量,本文使用《中国人口和就业统计年鉴》中的就业人口代表,就业人口指在16周岁以上,为了取得劳动收入或经营利润在调查周内从事了1小时或1小时以上劳动的人口,或在调查周内由于外出学习、请假等原因没有从事劳动活动但仍然保留工作单位的人口,或在调查周内由于单位临时停工导致处于未工作状态,但持续时间不满3个月的人口。[①]

二、数据资本对经济增长贡献测算理论框架

(一)基本假定与模型选取

本文在测算出的中国数据资本存量基础上,尝试估算数据资本对于经济增

[①] 定义来源国家统计局。网址:http://www.stats.gov.cn/tjsj/zbjs/201912/t20191202_1713057.html.

长的贡献。在传统的经济增长核算框架中,数据资本经常被认为是中间投入,在生产过程中会被消耗掉,所以不会单独计算数据资本对于经济增长的贡献。但是,2020年初中国政府正式将数据要素列为第五大生产要素后[①],数据不再只被认为是中间投入,而是与劳动力、物质资本一样直接对经济增长做出贡献。现在已经进入一个万物都可以数字化的时代,数字化之后的万物所形成的虚拟空间以及产生的海量数据给人们提供了改造世界的能力。数据资本可以促进资金流、人才流、技术流的流通,优化社会资源配置,并且数据资本的积累推动了平台经济、分享经济的发展,使得第一、二、三产业融合度更高,促进现代产业体系的构建与生产力的变革创新(梅宏,2018)。所以,理论上来说数据要素也应被视作促进经济增长的重要生产要素之一。

在目前的经济学领域研究之中,数据资本对经济增长的贡献程度是一个比较新的关注点,目前相关的实证研究比较少。一部分学者试图将数据纳入经济增长模型(徐翔和赵墨非,2020;Farboodi和Veldkamp,2021),但这些研究中构建的经济增长模型,一是需要大量参数假设,导致结果准确性降低,并且研究目的是拟合出数据资本存量,很难测算出数据资本对经济增长的贡献;二是这些经济增长模型主要以理论为主,没有过多地考虑可行性方面,因此模型中需要的一些指标现在很难获得数据;三是这些模型还没有被广泛使用,它们的准确性与所用理论的严谨性还没有被证实。本文将参考郑世林和杨梦俊(2020)的方法,他们将无形资本存量纳入新古典经济增长模型中,计算出了无形资本对于经济增长的促进作用。新古典经济增长模型被广泛运用于各类生产要素对于经济增长贡献的研究之中,其理论基础的严谨性与模型的合理性已经被广大学者所证实,该模型对于数据的要求比较低,适合目前数据资本相关数据不足的情况。并且,数据资本作为一种特殊的无形资本,借鉴郑世林和杨梦俊(2020)的方法是非常合理的。因此,本文将参考这一做法,将数据资本纳入新古典经济增长模型计算其

---

① 《关于构建更加完善的要素市场化配置体制机制的意见》,中共中央、国务院发布于2020年4月。

对经济增长的贡献。

(二)核算框架

经济增长核算框架表示如下：

$$Y_t = A_t \cdot F(X_{1t}, X_{2t}, \cdots\cdots, X_{nt}) \#(4-1)$$

其中,Y代表总产出,X代表影响总产出的生产要素,t代表时期。A代表全要素生产率。在索洛经济增长理论中,全要素生产率(TFP)指的是经济增长中无法被物质资本、劳动力等计入生产函数的要素投入增长解释的部分,也被称为索洛余值。[1]全要素生产率也被称为技术进步率,是新古典经济理论中用于表现纯技术水平的提高对于产出水平增长贡献的一个指标,是经济能够实现长期增长的一个重要因素,能够为经济长期增长提供持续的动力。全要素生产率主要体现的是知识水平、资源配置效率提升、组织管理创新、技术进步、规模效应等一系列影响因素引起的总产出的变化。需要注意的是,全要素生产率与更换更高级的生产设备、经验更为丰富的生产员工、肥沃程度更高的土地所带来的产出提升不同,是不能够被具体化的技术进步,也就是当其他所有生产要素(如物质资本、劳动等)投入都不发生变化时产量仍然能够提升的部分。总的来说,全要素生产率对于经济增长的贡献是剔除现有生产要素以外的纯技术进步导致的经济增长。本文所研究的数据资本对经济增长的贡献在传统经济增长核算时应该包含在全要素生产率内,所以本文算出的全要素生产率可能会小于传统经济增长核算得出的全要素生产率。本文将数据资本引入经济增长核算框架,并且使用希克斯中性的生产函数,表示为：

$$Y_t = A_t F(L, K, D) \#(4-2)$$

其中,Y,L,K,D分别表示新GDP、人力资本、物质资本以及数据资本。新GDP指的是之前的GDP与数据资产投资之和,为了避免重复计算,需要减去数据资产投资中的固定资产部分,即资本服务费用,并且物质资本存量K也需要考

---

[1] 定义来源于《技术经济学》,林晓言,2014年出版。

虑重复计算的问题,应该减去数据资本中物质资本部分。在完成上述处理后,对式(4-2)等号两边进行全微分,可以得到:

$$\Delta Y_t = F \cdot \Delta A_t + \frac{\partial Y_t}{\partial L_t} \cdot \Delta L_t + \frac{\partial Y_t}{\partial K_t} \cdot \Delta K_t + \frac{\partial Y_t}{\partial D_t} \cdot \Delta D_t \#(4-3)$$

其中,$\frac{\partial Y_t}{\partial L_t}$ 就是人力资本的边际产出,等于 MPL_t,对另外三种生产要素也做同样处理并在式(4-3)等号两边同时除以 Y_t,可以得到:

$$\frac{\Delta Y_t}{Y_t} = \frac{\Delta A_t}{A_t} + \frac{L_t \cdot MPL_t}{Y_t} \cdot \frac{\Delta L_t}{L_t} + \frac{K_t \cdot MPK_t}{Y_t} \cdot \frac{\Delta K_t}{K_t} + \frac{D_t \cdot MPD_t}{Y_t} \cdot \frac{\Delta D_t}{D_t} \#(4-4)$$

式(4-4)可以看作是将各个要素以及全要素生产率对产出增长率的贡献进行分解。可以看出,产出增长率由各个生产要素投入的价值量与边际产出的乘积占总产出的比例作为要素投入增长率的权重加权得到。当经济社会处于完全竞争状态下,各个要素的边际产量等于该要素的报酬,因此式(4-4)中的权重事实上是各要素在总产出中的收入份额。

目前生产要素收入份额计算方法主要有两种,分别是收入法GDP法与资金流量表法。两种方法中收入法GDP法使用更为广泛,白重恩和张琼(2015)使用该方法计算了物质资本和人力资本的收入份额(不考虑生产税的影响),其中物质资本的收入份额是:(固定资产折旧+营业盈余)/(固定资产折旧+营业盈余+劳动者报酬),人力资本的收入份额是:劳动者报酬/(固定资产折旧+营业盈余+劳动者报酬)。然而,《中国统计年鉴》从2018年开始不再公布收入法GDP的构成项目,对很多使用该方法计算生产要素收入份额的学者造成了很大困扰,也有一些不同的解决方法。贺立和吕光明(2022)直接选择2017年作为研究的截止日期,汤铎铎等(2022)简单假设2017年后收入份额与2017年相等。但2017年后数据资本发展较快,不能简单假设2017年后各要素收入份额不变且研究2017—2020年数据资本对中国经济增长贡献有着重要意义,因此以上解决方法均不适用。本文将采用资金流量表法计算收入份额,任韬和宋子琨(2022)使用"劳动者报酬/扣除生产税净额的GDP"计算劳动收入份额,物质资本收入份额为"1-劳动收入份额"。本文将数据资本纳入到该式中,用"数据资本报酬/扣除生产税净额的 GDP"计算数据资本收入份额,"劳动者报酬/扣除生产税净额的 GDP"计算人力资本收入份额,"1-劳动收入份额-数据资本收入份额"计算物质资本收入份额。其中,劳动者报酬、生产税净额在资金流量表(非金融交易/实物交易)中可以得到,数据资本报酬可以用企业年报中的数据业务收入推算得出。①

则式(4-4)可以表示为:

$$\frac{\Delta Y_t}{Y_t} = \frac{\Delta A_t}{A_t} + W_{Lt} \cdot \frac{\Delta L_t}{L_t} + W_{Kt} \cdot \frac{\Delta K_t}{K_t} + W_{Dt} \cdot \frac{\Delta D_t}{D_t} \#(4-5)$$

全要素生产率可以表示为:

$$\frac{\Delta A_t}{A_t} = \frac{\Delta Y_t}{Y_t} - W_{Lt} \cdot \frac{\Delta L_t}{L_t} - W_{Kt} \cdot \frac{\Delta K_t}{K_t} - W_{Dt} \cdot \frac{\Delta D_t}{D_t} \#(4-6)$$

对式(4-6)两边同时除以 $\Delta Y_t/Y_t$,可以得到:

$$\frac{\Delta A_t / A_t}{\Delta Y_t / Y_t} = 1 - W_{Lt} \cdot \frac{\Delta L_t / L_t}{\Delta Y_t / Y_t} - W_{Kt} \cdot \frac{\Delta K_t / K_t}{\Delta Y_t / Y_t} - W_{Dt} \cdot \frac{\Delta D_t / D_t}{\Delta Y_t / Y_t} \#(4-7)$$

根据式(4-7)可以求出全要素生产率增长以及各个生产要素增长对经济增长的贡献率。

三、数据资本对经济增长贡献度

(一)几何路径下测算结果

1.总体分析

由于数据资本具有融合性、易复制、无运输成本等特征,其发挥作用并不局限于某一地区或某一行业,因此对于数据资本来说,像物质资本相关研究一样分地区或分行业研究对经济的贡献是不合理的。本文将全国作为一个整体,研究

---

①用前文中介绍的数据资本存量外推方法推算全国数值。

2010—2020年间每年数据资本对经济增长的贡献,结果如表4-1所示。

结合表4-1和图4-1可以看到,数据资本对于经济增长的贡献在2010—2020年总体处于上升趋势。去除2020年这一特殊年份,2010—2019年中国数据资本贡献率的平均增长率为20.83%。剔除2020年的原因在于该年中国经济受到疫情带来的巨大外部冲击,实际增长仅为2.3%,远低于2010—2019年的平均增长率7.4%。同时,疫情导致线上活动增加,数据资本也会随之增长,这两个作用相结合导致2020年数据资本对经济增长的贡献激增至22.77%。如果计算平均增长率时加入2020年,会过高估计研究时段内数据资本对于经济增长的贡献。人力资本的贡献基本保持在15%~20%之间,与真实人力资本对经济增长贡献相比偏低,这主要是因为本文中的方法只能反映出学校教育阶段人力资本的积累,而无法反映出企业组织培训以及"干中学"中获得的大量人力资本积累。物质资本的贡献在2016年之前基本保持在40%,而之后出现了下降,这一变化趋势也符合中国"'十三五'期间(2016—2020)高耗能产业经历了脱胎换骨的变化"这一基本判断。[1]

从具体年份来看,在2010—2020年各年份中,2015年、2017年、2019年与2020年这四年数据资本对经济增长贡献发生较大幅度的提升,分别从2.95%到6.94%、7.94%到11.68%、3.24%到11.47%、11.47%到22.77%,这与数据资本存量发生大幅度提升的年份完全吻合。从式(4-5)来看,贡献率与资本存量的变化率呈现正相关关系,因此这一现象也是非常合理的。这些年份中数据资本对经济增长贡献发生较大幅度提升的理由同样也是数据资本存量大幅度提升的理由,上文中已经给出详细说明,此处不再赘述。但需要注意的是,2020年数据资本对经济增长贡献率上升幅度非常大,一个很重要的原因是2020年经济增长率过低,从式(4-7)可以看到,经济增长率过低会导致数据资本对经济增长贡献部分分母过低,从而使得这部分数值畸高。还有一部分原因是国务院在2020年发

---

[1] 中国社会科学院工业经济研究所能源经济室主任朱彤在2021年8月26日举办的中新社国是论坛上的演讲内容。网址:https://m.gmw.cn/baijia/2021-08/27/1302515280.html

布的《关于构建更加完善的要素市场化配置体制机制的意见》中正式将数据列入五大生产要素中。可以看到中国政府的政策支持对数据要素推动经济增长具有非常重要的促进作用。

与郑世林和杨梦俊(2020)的研究相比,本文很大程度上是将数据资本从无形资本中剥离出来单独计算其对经济增长的贡献,无形资本的其他贡献应体现在本文全要素生产率部分,而本文人力资本贡献应包含于该研究全要素生产率部分。因此本文的数据资本、人力资本与全要素生产率贡献之和应该等于该研究中无形资本与全要素生产率贡献之和。该研究与本文研究时期在2011—2016年重合,这段时期内本文的数据资本、人力资本与全要素生产率贡献之和以及该研究的无形资本与全要素生产率贡献之和均保持在60%左右,并且该研究使用了与本文完全不同的计量方法估算要素收入份额,侧面说明本文结果较为可信。

表4-1 几何路径下全国数据资本存量及经济增长贡献率

年份	全国数据资本存量(亿元)	人力资本贡献	物质资本贡献	数据资本贡献	全要素生产率贡献
2010	8894.28				
2011	10016.7	14.83	39.11	2.09	43.96
2012	12179.9	14.32	38.95	3.43	43.30
2013	13476.1	17.69	43.54	1.90	36.86
2014	15972.6	15.03	37.05	2.95	44.97
2015	20478	16.97	41.47	6.94	34.63
2016	25496.5	18.30	41.36	7.94	32.41
2017	33191.6	15.67	29.00	11.68	43.65
2018	35726.9	15.07	21.79	3.27	59.87
2019	45423.8	15.32	19.87	11.47	53.34
2020	56365.3	27.08	31.69	22.77	18.46

要素贡献率(%)

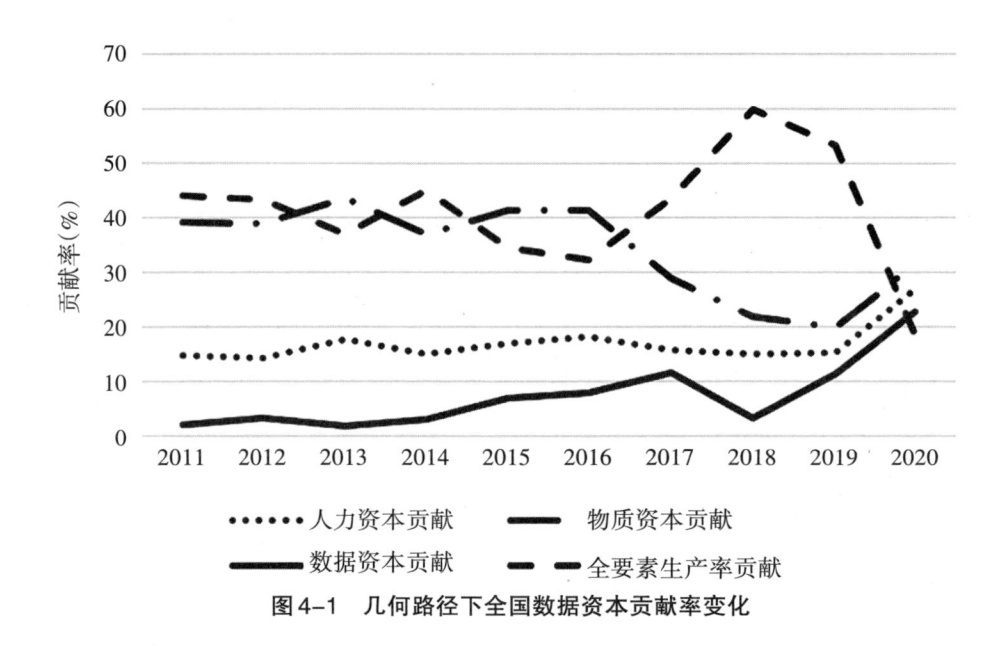

图4-1 几何路径下全国数据资本贡献率变化

2.分时期分析

本文按照数据要素发展的标志性大事件将2010—2020年划分为两个阶段：第一阶段是2010年到"大数据元年"，第二个阶段是从"大数据元年"到2020年。将这两个阶段分别作为一个整体，测算各时期内数据资本、人力资本、物质资本以及全要素生产率对GDP增长率的贡献。从表4-2可以看到，这两个阶段数据资本对GDP增长率的贡献呈现明显上升趋势，从第一阶段的4.32%升至第二阶段的15.29%。出现这一变化主要有两个原因，一方面，数据资本存量增长，第二阶段数据资本存量明显高于第一阶段。另一方面，Teece早在1986年就提出了"互补资源（complementary assets）"理论，该理论认为某项新技术要想发挥效果，必有存在与其相匹配的其他技术、基础设施和资源。而中国在2015年首次从国家层面对数据要素发展进行顶层设计与统筹规划，从该年开始大力修建大数据中心等数字基础设施，并首次批准高校开设数据科学与大数据技术专业，为数据要素发挥作用积累相应的人力资本，各方面"互补资源"的增长让中国对数据的使用能力增强，数据资本的边际报酬提升。以上两个因素让中国在2015年后数据资本对经济增长的贡献大幅度提升。

表4-2 全国数据资本存量及经济增长贡献率(单位:%)

增长率来源 \ 时期	2010—2015	2015—2020	2010—2020
物质资本	44.95	29.91	39.01
人力资本	12.56	14.65	11.79
数据资本	4.32	15.29	12.71
全要素生产率	38.17	40.15	36.49

(二)双曲线、直线路径下测算结果

为验证表4-1中全国总体数据资本对经济增长贡献结果的稳健性,需要对不同路径下测算出的全国数据资本对经济增长贡献的结果进行对比。本部分将分别测算直线、双曲线两种路径下全国数据资本对经济增长的贡献,并与前文中几何路径下的测算结果进行比较,判断前文中所得的结果是否稳健。之所以不选用资本存量路径下的结果测算数据资本对经济增长的贡献是因为该路径目的是测度收入与财富,而不是生产与效率,因此将该路径下的数据资本存量结果纳入生产函数是不合理的。

从表4-3与图4-2中可以看到,在双曲线、直线路径下数据资本对经济增长的贡献数值大小和变化趋势与几何路径下的结果相比基本相同。唯一差别比较大的年份就是2018年,几何路径下的结果明显小于其他两种路径下的结果,出现这种现象的原因在上文中有所解释,主要是因为直线与双曲线路径在测算期限内每年重置相比于几何路径较少,因此测算时期内波动相比于几何路径更平稳。除此年之外,各路径下其他年份数值与变化趋势没有较大差异,说明本文数据资本对经济增长贡献的测算结果比较稳健。

表4-3 双曲线、直线路径下全国数据资本及全要素贡献率

年份	几何路径 数据资本贡献	几何路径 全要素生产率贡献	双曲线路径 数据资本贡献	双曲线路径 全要素生产率贡献	直线路径 数据资本贡献	直线路径 全要素生产率贡献
2011	2.09	43.96	2.64	43.41	2.57	43.49
2012	3.43	43.30	2.88	43.85	2.85	43.88
2013	1.90	36.86	2.24	36.52	2.13	36.63
2014	2.95	44.97	2.45	45.47	2.43	45.49
2015	6.94	34.63	5.76	35.81	5.97	35.59
2016	7.94	32.41	7.60	32.75	7.81	32.54
2017	11.68	43.65	11.13	44.20	11.47	43.85
2018	3.27	59.87	7.56	55.57	7.44	55.70
2019	11.47	53.34	8.38	56.43	8.20	56.61
2020	22.77	18.46	18.59	22.64	18.32	22.91

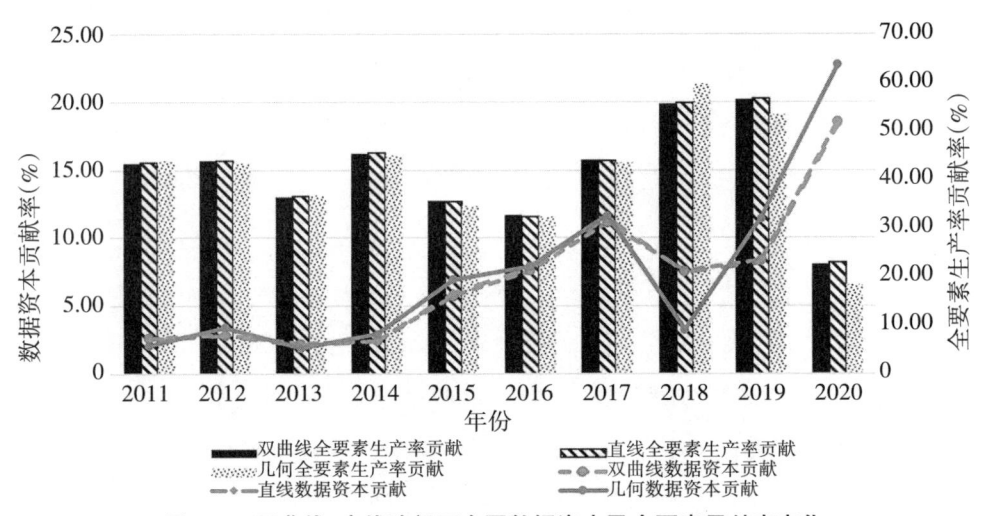

图4-2 双曲线、直线路径下全国数据资本及全要素贡献率变化

四、微观层面数据要素对企业发展的影响

本章在宏观层面测算出数据资本对于经济增长的贡献后,进一步在微观层面研究使用数据要素对企业发展产生的影响。考虑到各个行业的企业在很多方面都存在着无法被捕捉到的差异,这些差异会使得实证结果出现比较大的误差,

因此本文选择聚焦一个单独行业进行研究。在数字经济发展的过程中,云计算行业具有非常重要的地位,本文将选择云计算研究数据要素对企业发展的影响。美国国家标准技术研究院(NIST)将云计算定义为一种能够按照需求快捷访问网络、应用程序以及服务等计算资源的模式。云计算主要解决的是海量数据的计算和处理问题,可以看到云计算行业与数据要素之间有密切联系(王宏伟和董康,2022),说明本文选择云计算行业进行研究是非常合理的。

(一)数据来源与变量说明

为测算数据要素对企业发展的影响,本章选用云计算行业的企业进行分析。截至2022年,云计算概念上市公司共有197家,本章将这些公司2020年的截面数据作为样本进行分析。选用云计算行业的理由已在上文中说明,选用截面数据主要是由于公司内部主营业务会时常改变,同时云计算概念股的名单也会发生增减,如果选用面板数据会导致数据平衡性较差,从而使得结果产生偏差。本部分用到的数据都来自各个公司的年报,从万得数据库以及国泰安数据库中收集得到。其中个别公司会出现数据缺失的现象,本部分将根据变化趋势补齐。因为缺失数据占总体的比重很小,对最后的计算结果影响可以忽略不计。

1. 被解释变量

企业的盈利能力决定了这个企业能否成功发展,本部分选用企业盈利能力代表企业的发展水平。大部分文献都采用总资产净利率衡量企业盈利能力,本文同样采用这一指标。总资产净利率指的是企业净利润与总资产之比,能够在考虑企业规模的情况下客观反映其盈利能力,因此用这一指标作为被解释变量是合理的。

2. 解释变量

本部分核心解释变量是企业在运营过程中是否运用数据要素这一哑变量,通过企业主营业务中是否包含数据类型业务得出。主营业务是一个企业维持正常运行所从事的主要经营活动,能够反映企业所从事的主要活动类型。在企业运行和发展的过程中,主营业务会随着外部环境以及内部技术的变化而发生改变(徐欣和唐清泉,2012)。数据要素的快速发展能够促使企业运用数据要素,自

2015年之后,很多云计算行业企业的主营业务中开始出现数据类型业务,与上文中所说的"大数据元年"时间相符,说明使用主营业务中是否包含数据类型业务反映企业使用数据要素情况是合理的。

3.控制变量

为防止其他因素导致结果出现偏差,本部分将财务杠杆、经营能力、政府补贴、研发投入强度以及人力资本等影响企业盈利能力的重要因素作为控制变量,表4-4展示了本部分用到的所有变量。

表4-4 数据要素对企业发展影响变量说明

变量属性	代表含义	变量名称	单位	说明
被解释变量	盈利能力	总资产净利率	%	净利润/(期初资产总额 + 期末资产总额)/2
解释变量	是否运用数据要素	处理效应		1代表是 0代表否
控制变量	财务杠杆	资产负债率	%	总负债/总资产
	经营能力	存货周转率	%	销售成本/(期初存货余额 + 期末存货余额)/2
	政府补贴	营业外收入	万元	企业获得的所有政府补贴,取对数
	研发投入强度	研发投入比	%	研发投入/营业收入
	人力资本	技术人员比	%	技术人员数/员工总数

(二)模型构建与实证分析

1.模型构建

本部分在数据要素促进企业发展的理论基础上,实证测算数据要素提升企业盈利能力的程度。为此,构建以下计量模型:

$$PRTA_i = \alpha + \beta_1 T_i + \beta_2 DAR_i + \beta_3 invturn_i + \beta_4 noninc_i + \beta_5 rdratio_i + \beta_6 tpratio_i + u_i \quad (4-8)$$

模型(4-8)中,PRTA是总资产净利率,T为是否运用数据要素,DAR、noninc、invturn、tpratio、rdratio分别是资产负债率、营业外收入、存货周转率、技术人员比以及研发投入比,u代表误差项,下脚标i代表企业个体。

2.基准回归

本部分首先使用最小二乘法以及递进回归的方式对模型(4-8)进行估计,

得出一系列基准结果。然而,在使用数据要素和不使用数据要素的两组企业之间控制变量相差较为明显时,会使得最小二乘法的估计结果对函数形式变化非常敏感,从而产生偏差(赵西亮,2017)。所以本文将在最小二乘法基础上采用倾向得分匹配的方法,将协变量相对平衡的样本筛选出来进行分析,得出更加准确的结论。

本部分先使用logit模型对倾向得分进行计算,在倾向得分模型中纳入各协变量,之后通过平衡指数特征检验观察模型匹配充分程度。从表4-5显示的得分分组下限与每组处理组和控制组数量结果来看,本部分使用的倾向得分模型匹配比较充分,通过了检验。

表4-5 倾向指数分布

每组下界	T 0	T 1	总数
0	22	6	28
0.2	107	46	153
0.4	11	5	16

从表4-5能够看到,倾向指数被分为3组且每组都包含不同数量的控制组和处理组,但大部分样本都集中在0.2到0.4这一组。图4-3更加直观地反映了倾向得分在控制组和处理组中分布比较接近,表明使用倾向得分匹配法是非常合理的。

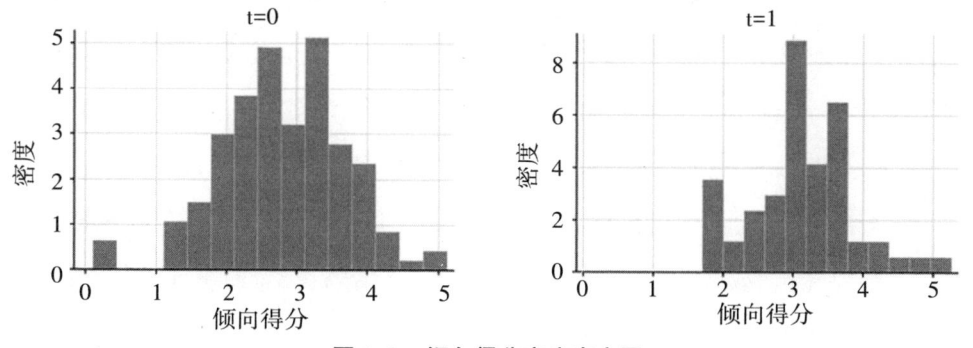

图4-3 倾向得分密度直方图

本部分使用的匹配方法是一对一匹配。因为控制组的样本数量与处理组相比较多,应该使用无放回匹配方法,并允许得分相同个体可以并列。表4-6展示了最小二乘法与倾向得分匹配法的回归结果。

表4-6 OLS与PSM回归结果

方法	OLS			PSM	
	(1)	(2)	(3)	(4)	(5)
	总资产净利率			总资产净利率	
处理效应	4.800***	3.384**	3.135**	4.111*	4.510**
	(1.649)	(1.499)	(1.498)	(2.269)	(2.204)
资产负债率		−0.203***	−0.227***		−0.256**
		(0.045)	(0.050)		(0.105)
存货周转率		−0.001***	−0.001***		0.002
		(0.000)	(0.000)		(0.003)
营业外收入			0.315		0.332
			(0.313)		(0.426)
研发投入比			−0.136**		−0.043
			(0.059)		(0.206)
技术人员比			0.021		0.015
			(0.029)		(0.045)
常数项	−1.151	8.086***	8.033***		6.902*
	(1.231)	(1.887)	(2.582)		(3.956)
N	197	197	197	197	114

注:括号内为标准差,不同*代表不同显著水平,*$p< 0.1$,**$p< 0.05$,***$p< 0.01$

表4-6中模型(1)-(3)显示了使用最小二乘法进行递进式回归的系列结果,能够看出在没有控制变量时,使用数据要素能够让企业总资产净利率提升4.8%,该结果在1%的统计水平上显著。当控制变量逐步递增时,核心解释变量的系数会出现下降,但幅度较小。在所有控制变量都被加入后,结果显示使用数据要素能够让企业总资产净利率提升3.135%,该结果在5%的统计水平上显著。同时我们可以看到,大部分控制变量也在5%的统计水平上显著,当资产净利率提升时,总资产净利率会下降,表明负债越少时净利率越高。研发投入的提升也

会导致企业净利率下降，说明很多企业转化科技成果的能力依然不强，研发投入很难有效转化为企业的生产力。模型(4)与模型(5)表明了倾向得分匹配的估计结果，模型(4)是直接计算两组匹配样本因变量的差异，也可以说是没有进行偏差调整的平均因果效应。模型(5)进一步纳入各个协变量，矫正了在匹配后可能会出现的因协变量差异而产生的偏差，从而得到调整偏差后的平均因果效应（Abadie 和 Imbens，2011）。从模型(5)的结果来看，使用数据要素能够让企业总资产净利率提升4.51%，相比于最小二乘法的结果略高，但显著性没有发生变化，可以认为该结果是比较可靠的，使用数据要素能够提升企业的盈利能力。

在使用倾向得分匹配法进行回归分析后，再一次对模型的平衡性进行检验，结果如表4-7所示。能够看出在匹配后标准化偏差降低了很多并且都低于10%，说明各协变量不平衡性明显下降。在图4-4中可以更清晰的看到在匹配后标准化偏差的降低，但仍然不为0，表明协变量仍然有一定程度的差异，所以表4-6中模型(5)的估计结果是更为合理的。

表4-7　协变量平衡性检验

协变量	匹配前 匹配后	均值 处理组	均值 控制组	标准化偏差	方差比
资产负债率	前	38.31	44.22	−26.2	0.75
	后	38.31	36.29	9.0	0.87
存货周转率	前	48.73	253.04	−12.3	0.01*
	后	48.73	20.01	1.7	5.83*
政府补贴	前	4.72	5.29	−25.3	1.01
	后	4.72	4.68	1.6	1.18
研发投入比	前	10.44	11.84	−11.0	0.22*
	后	10.44	11.04	−4.7	0.98
技术人员比	前	54.91	50.67	18.5	0.77
	后	54.91	54.23	2.9	0.83

注：不同*代表不同显著水平，*p< 0.1，**p< 0.05，***p< 0.01

```
技术人员比
研发投入比
存货周转率
政府补贴
资产负债率
     -30   -20   -10    0    10    20
        ● 匹配前  × 匹配后
            标准化偏差
```

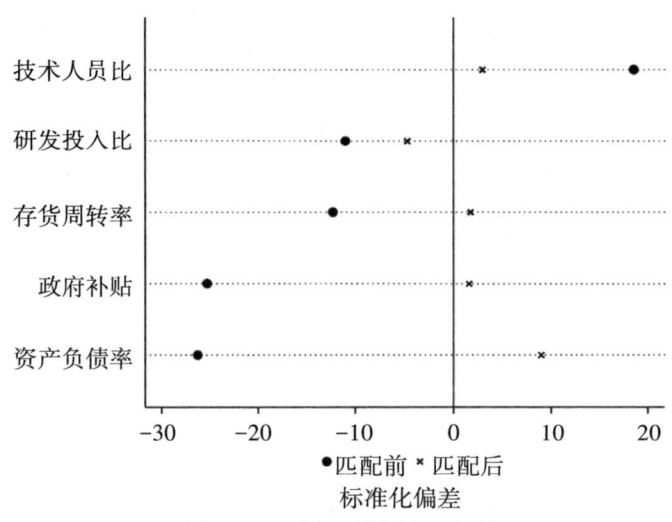

图 4-4 匹配前后标准化偏差

3. 稳健性检验

为保证前文中估计出的企业使用数据要素对盈利能力提升程度的正确性，需要对这一结论进行一系列的稳健性检验，本部分的稳健性检验主要从计量方法以及样本选择两方面进行。

首先，本部分在匹配时采用的是应用比较广泛的1-近邻匹配，即与倾向得分最为接近的样本相匹配。稳健性检验时分别使用卡尺匹配和核匹配代替1-近邻匹配，卡尺匹配的主要思想是控制样本之间的绝对距离，通常绝对距离大于等于1/4倍倾向得分的样本标准差。核匹配的主要思想是把每个处理组个体都与控制组所有个体匹配，在匹配时赋予每个控制组个体有差异的权重，得分越接近权重越大。在核函数与带宽选择方面，本部分使用stata默认最佳选择。其次，本部分将用人工智能行业的企业代替云计算行业进行分析，样本选择方法与时期均与上文相同，分析模型采用表4-6中的模型(5)。人工智能指的是使用数据分析、机器学习等手段让机器对人类的意识和思维方式进行模拟，从而具有类似人类的分析能力(德勤中国，2019)，所以数据要素在该行业也起到重要作用，可以选择人工智能行业进行稳健性检验。

从表4-8中能够看到，卡尺匹配、核匹配以及人工智能行业的估计结果都与

表4-6中模型(5)的结果相近①,并且人工智能行业各控制变量系数的符号与显著性也基本相同,进一步证明本部分得到的使用数据要素对企业盈利能力的提升作用是稳健的。

表4-8 稳健性检验

	卡尺匹配	核匹配	人工智能行业
	总资产净利率		
处理效应	3.273*	4.703***	4.035*
	(1.683)	(1.651)	(2.139)
资产负债率			-0.158**
			(0.074)
存货周转率			0.008**
			(0.004)
营业外收入			0.135
			(0.497)
研发投入比			0.072
			(0.188)
技术人员比			0.008
			(0.043)
N	197	197	58

注:括号内为标准差,不同*代表不同显著水平,*$p<0.1$,**$p<0.05$,***$p<0.01$

4. 安慰剂检验

本部分测算出的使用数据要素对企业盈利能力的提升作用有可能会来源于一些随机因素。所以本部分参考刘瑞明等(2020)的做法设计安慰剂检验以排除这一可能。本部分采用表4-6中的模型(5),随机生成数量不变的处理组并进行1000次回归,并描绘出全部核心解释变量系数t值的核密度图,与表4-6中模型(5)的核心解释变量系数t值进行对比,结果如图4-5所示。能够看到,仅有非常少的t值比表4-6模型(5)的核心解释变量系数t值大,表明本部分得到的结论是可靠的。

---

① 卡尺匹配和核匹配的性质决定无法纳入协变量并调整匹配后可能存在的协变量差异。

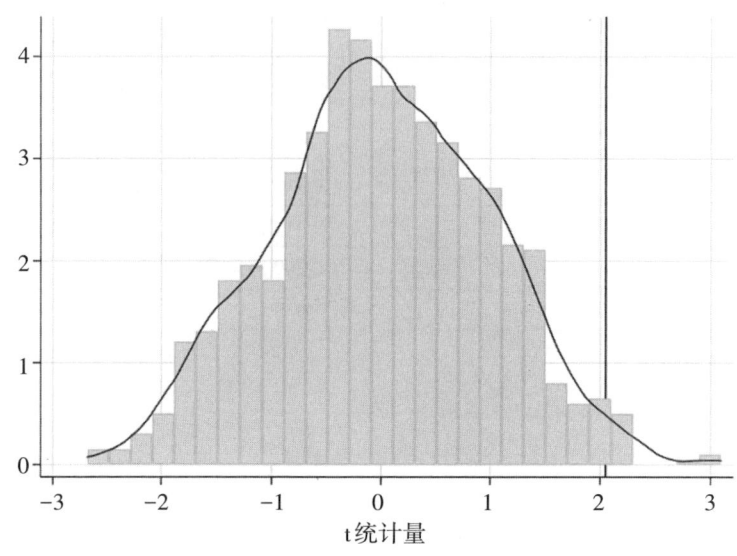

图4-5 模拟处理效应t值核密度图

同时,为验证使用数据要素的企业是否存在无法观测到的其他因素对盈利能力产生影响,本部分参考范子英和赵仁杰(2019)的做法构造安慰剂检验,用资产负债率、存货周转率、研发投入比分别替换表4-6模型(5)中的被解释变量,结果如表4-9所示。能够看到,使用数据要素的企业在其他重要方面并没有明显差异,表明不存在其他无法观测到的因素影响企业盈利能力,进一步增加了本部分结果的可信程度。

表4-9 替换被解释变量安慰剂检验

被解释变量	资产负债率	存货周转率	研发投入比
处理效应	1.817	30.783	−0.523
	(3.687)	(26.675)	(1.254)
控制变量	控制	控制	控制
N	114	114	114

注:括号内为标准差,不同*代表不同显著水平,*$p<0.1$,**$p<0.05$,***$p<0.01$

5.结论与不足

本部分运用云计算行业197家上市公司数据,选用最小二乘法与倾向得分匹配法进行实证分析,并进行了一系列稳健性检验与安慰剂检验,发现使用数据要素的企业盈利能力会得到显著提升,证实了数据要素对企业发展的促进作用,并且该数值与Müller等(2018)得出的运用数据分析的企业生产效率要高出其他企业4.1%这一结论非常相近,说明该结果是比较合理的。

但本部分的实证分析同样存在不足。Agrawal等(2018)指出当企业使用数据要素时,不仅影响到自身的发展,还能够让整个行业的创新能力提升,加快其他企业发展。所以,本部分的测算结果很可能低估了使用数据要素的效果。同时,数据要素会通过多种渠道促进企业发展,由于数据限制本部分无法测算出各渠道单独的影响。之后随着企业年报数据与研究方法的完善,希望可以解决这些不足。

五、本章小结

首先,本章对测算中国数据资本对于经济增长贡献的数据来源与变量选取进行了介绍。在数据来源方面,主要使用了《中国统计年鉴》与《中国人口和就业统计年鉴》中的原始统计数据。在变量选取方面,本章用到的变量主要有GDP、物质资本存量、人力资本。在计算GDP时,为保持与数据资本存量外推全国时GDP计算方法的一致性,本章选取增值法计算出的GDP;在计算物质资本存量时,本章选用全社会固定资产投资作为流量,并采用合适的价格指数、基期存量以及重置率来得到物质资本存量。在计算人力资本时,本章选用人口普查数据中的劳动年龄人口平均受教育年限以及《中国人口和就业统计年鉴》中的就业人口指标。

其次,本章对中国数据资本对于经济增长贡献的基本假定与核算框架做了详细说明。在基本假定方面,本章介绍了将数据资本纳入生产函数的理论基础以及前提条件,并在之前学者的相关研究的基础上,结合理论基础以及数据可得性,选取适合进行本研究的经济增长模型。在核算框架方面,本章详细介绍了使用的新古典经济增长模型,以及如何利用该模型测算各类生产要素对经济增长的贡献。

  再次,本章对基于以上数据和模型测算出的结果进行分析。在几何路径下,数据资本对于经济增长的贡献基本一直处于增长状态,并且与数据资本存量一样,数据资本对经济增长的贡献在国家出台支持数据要素发展的重大政策之后,会出现明显的上涨。随后本章又在双曲线、直线路径下测算了数据资本对于经济增长贡献,发现数值与变化趋势与几何路径基本相同。

  最后,本章在微观企业层面运用计量方法研究了数据要素对于企业发展水平的影响。本章运用OLS与PSM的方法,测算了使用数据要素对于企业盈利能力的提升作用,结果显示使用数据要素的企业相比于其他企业总资产净利率高出4.51%,并进行了一系列的稳健性检验与安慰剂检验以证明结果的准确性与稳健性,同时与其他相关研究的结论进行比较说明了结果的合理性。

第五章 数据要素促进经济增长机制分析

上文中测算出了数据资本存量并将其纳入生产函数得到数据资本对经济增长的贡献。本章将在实证研究结果的基础上，从理论层面分析数据要素促进经济增长的机制。目前有很多学者都对数据要素促进经济增长的机制进行了研究。数据要素的核心作用就是利用其承载的信息提升其他要素之间的协同性，并且数据要素由于其非竞用性、非排他性以及可复制等特性，使得它的作用可以在全社会得到放大，从而提升全要素生产率、促进经济高质量发展（蔡跃洲和马文君，2021）。由此可见，数据要素首先在单个企业或组织中发挥作用，随后提升整个产业的生产效率，最后推动全国经济增长。因此数据要素对经济增长的促进作用主要体现在宏观（全国）、中观（产业）与微观（企业、组织）三个层面。白永秀等（2022）认为数据资本与数据要素两个概念表达含义基本相同，决定使用哪一概念主要取决于使用场景。在计算存量以及对经济增长作出贡献时应采用"数据资本"概念，而在梳理总结促进经济增长的机制、作用发挥存在的问题时应采用"数据要素"概念，因此在第五章与第六章中本文主要使用数据要素这一概念。

一、宏观（全国）层面

（一）提升资源配置效率

数据要素减少了信息摩擦，促进资源有效配置。经济学界很早就开始对不完全信息进行研究，不完全信息导致的搜索成本、交易成本等问题是阻碍社会资源有效配置、降低社会生产运行效率的重要因素(Stiglitz,2002)。在以前数据收集与分析成本较高、分析技术不足的时候,公司或组织通常不会收集生产过程中或服务顾客时产生的数据,对于资源如何配置等问题通常依靠经验判断,从而导致社会中资源配置效率低下,数据要素可以很大程度上解决这一问题。

1.数据要素对资金配置的影响

数据要素可以优化社会资金配置。主要从以下几个方面进行:第一,数据要素可以帮助分析与预测。利用大数据分析技术,对资金流动、收支等数据进行深入分析。通过建立预测模型,可以对未来的资金需求和流动进行预测,从而提前做好预案,并合理安排资金的使用和调配。第二,数据要素能够协助风险管理。大数据技术可以对市场、经济、行业等多个方面的数据进行分析,可以实时监测和识别风险,包括市场风险、信用风险等。通过大数据风险模型,可以对风险进行量化评估,并实施相应的风险控制措施,保护资金的安全性和稳定性。第三,数据要素可以帮助进行投资决策。投资者先收集涉及投资项目、公司财务、市场趋势等与投资相关的数据,并对收集到的数据进行深入分析,挖掘投资机会和风险点,评估投资项目的潜在回报和风险,最后根据数据分析结果为投资者提供投资建议,包括投资策略、资产配置等。第四,数据要素能够控制并优化成本。企业或机构通过数据分析和挖掘,可以发现其成本构成、浪费情况和优化空间等,从而提供成本控制和优化的方案和建议。第五,数据要素有助于金融产品和服务的创新。企业或机构可以对客户需求、市场趋势等数据进行大规模的收集,对收集到的数据进行深入分析,挖掘客户需求和市场趋势,并基于数据分析结果开发创新性的金融产品和服务,满足不同客户需求,提高市场竞争力。第六,数据要素能够对资金进行实时监控和评估。通过对数据的分析和监控,可以对金融机构的风险状况、业务运营状况和绩效等进行全面评估,随时了解资金的去向和使用效率。

数据要素对资金配置的提升作用在保险业与信贷业体现最为明显。保险业一直存在道德风险的问题,即人们购买了保险后会刻意改变自身行为,比如从事危险性更高的活动,这种风险在以前是无法被观测的,从而让保险公司蒙受较大损失。而大数据技术的发展使得保险公司可以对投保人之前的消费、投资等行为进行检测,并根据现有数据研发算法,预估投保人道德风险的水平,进而将道德风险量化体现在保险费中,提升保险业资金效率。信贷业则一直存在着逆向选择的问题,Stiglitz和Weiss(1981)指出当贷款人无法拥有借款人在偿还贷款的能力与意愿等方面的完整信息时,他们会限制自己的贷款数量,从而使得很多借款人无法以合适的、对双方都有利的利率获得贷款,从而被排除在金融市场之外。即贷款人由于信息不完全,只能按照总体期望规定利率与限额,导致优质借款人无法获得贷款。经济社会中的各类投资一般风险与收益成正比,如果存在信息摩擦,贷款人只能根据借款人愿意支付的利率期望来制定利率水平,这样会驱逐从事低风险低收益活动的借款人而只保留从事高风险活动的借款人,导致较为稳健的借款人无法获得贷款。数据要素可以很好地解决这一问题,数据是提升金融中介效率的重要投入物品,而金融中介的一个非常重要的功能就是将社会中闲置的储蓄引导至生产效率较高的投资机会与产生效用最多的消费机会。拥有闲置投资资金的贷款人可以根据有意向借款人的以往借贷记录、投资收益、从事产业整体前景等一系列数据,衡量借款人的信誉水平,并且假如借款人延期还贷,可以根据数据监测其行为,判断其是否有意拖延还贷以及日后还清贷款的可能性。大数据技术的发展使得贷款人可以得到每个借款人更加精准的信息以减少信息摩擦,从而可以针对不同借款人的特点实施差别利率和限额,扩大信贷业规模与资金配置效率。自从19世纪以来信贷局就一直在进行数据代理运行业务,贷款人在能够在互相获利的基础上共享借款人的一切能够获取的信息,也就是说提供借款服务的银行等机构有权力获取潜在客户的任何能够被收集到的信息,现在数据储存、传输等技术的进步进一步加强了保险公司、资金供应方之间的信息共享,使得数据要素解决道德风险与逆向选择问题的能力得到了更大幅度的提升(Yan和Haksar,2019)。对于其他行业的公司来说,数据要素可以比较精准地预测投资项目在未来的潜在收益,当潜在收益较高时扩大投资,反之则减少投资,从而提升资金配置效率。

2.数据要素对劳动力配置的影响

数据要素还可以优化劳动力配置。主要体现在以下几个方面:第一,帮助优化内部员工结构。企业或机构能够收集和分析员工历史数据,包括绩效、能力、培训需求等方面的数据,以了解员工的表现和发展趋势,并且对当前员工的状况进行分析,包括员工数量、职位分布、技能需求等方面的数据,以了解当前的人力资源状况和需求。基于以上数据,利用统计模型或机器学习模型对未来的企业或机构内部劳动力需求进行预测,以提前做好规划和调整。第二,辅助实现精准招聘,减少失业。就业大数据平台可以对每个失业人员进行精准分析,按照其简历中的特点为其匹配相对应的工作,甚至可以利用大数据技术对候选人社交媒体活动、个人博客等信息进行深入挖掘,找到与职位要求相匹配的人才,提高招聘的精准度和效率。还能够通过数据分析优化招聘流程,包括简历筛选、面试流程、招聘渠道等方面的优化,以提高招聘效果和效率。同时信息技术的发展带来了新的就业机会,比如依赖于在线劳动力市场和按需求匹配工作的应用程序而形成的零工经济(莫怡青和李力行,2022)。以上两点都减少了劳动力要素的流动障碍,促进劳动力市场效率提升,减少了社会中的摩擦性失业。第三,准确把握劳动力市场动向。运用数据要素还可以对未来的劳动力市场进行预测,判断劳动力缺口将会出现在什么领域,闲置劳动力就可以提前学习进入这些领域所需要的技能,从而降低了社会中结构性失业的风险。第四,改善劳动力分布与效率。主要分为部门或岗位分析和人力成本分析两个方面,在部门或岗位分析方面,能够通过对各部门或岗位的人员数量、技能水平、工作量等方面的数据分析,识别出需要优化的部门或岗位,提出相应的优化方案,如减少招聘、转岗或外部合作等。在人力成本分析方面,可以通过对不同部门或岗位的人力成本进行分析和比较,找出人力成本过高的部门或岗位,提出相应的优化建议,如减少加班、提高工作效率等。第五,助力劳动力培训与发展。数据分析可以了解员工在技能、知识和能力方面的不足和需求,制定更加个性化的培训计划和职业发展规划。比如通过数据监测和分析,可以及时调整培训计划和内容,确保培训效果的最大化。同时,通过对培训效果的评估和分析,可以不断改进和优化培训计划和内容。第六,提升对劳动力精细化管理能力。通过大数据分析,企业可以实现劳动力的精益管理。比如通过对员工的工作时间、工作量、效率等数据进行实时监测和分析,企业可以及时发现和解决人力资源浪费和低效问题,提高整体运营效率。

3. 数据要素对物质资源配置的影响

在物质资源配置方面,中国很长一段时间都面临着比较严重的资源错配问题,这会导致一些行业供大于求、产能过剩而其他一些行业产能不足。数据要素可以从以下几个方面改善物质资源配置状况:第一,指导物质资源采购。通过对历史采购数据、库存数据、销售数据等进行分析,企业可以更加准确地了解不同物质资源的采购需求和库存情况,从而更加科学地制定物质资源采购计划,避免库存积压和缺货现象。第二,优化物质资源库存管理。通过实时监测物质资源库存情况,企业可以更加合理地安排进货时间和进货量,避免库存积压和缺货现象。同时,通过数据分析,企业可以了解不同物质资源的销售情况、使用情况和库存情况等,从而更加精准地调整库存管理策略。第三,安排物质资源使用计划。通过数据分析,企业可以了解不同物质资源的使用情况和效率,从而更加精准地调整物质资源使用策略,提高使用效率。例如,通过数据分析,企业可以了解哪些物质资源的消耗量较大,哪些物质资源的利用率较低等,从而更加科学地安排生产计划和使用计划。第四,帮助物质资源质量控制。通过数据分析,企业可以了解不同物质资源的质量情况和对生产过程的影响程度,从而更加精准地调整物质资源质量控制策略。例如,通过数据分析,企业可以了解哪些物质资源的质量稳定性较差,哪些物质资源在使用过程中容易出现质量问题等,从而更有针对性地采取措施进行质量控制。第五,对未来物质资源需求进行预测。企业可以了解不同物质资源的质量情况和对生产过程的影响程度,从而更加精准地调整物质资源质量控制策略。比如通过数据分析,企业可以了解哪些物质资源的质量稳定性较差,哪些物质资源在使用过程中容易出现质量问题等,从而更加有针对性地采取措施进行质量控制。

近些年中国在钢铁、碳化硅、焦煤等产业存在严重供需结构失衡,对中国经济转型产生严重阻碍。而数据要素可以让厂商对市场上的供需关系、价格变化有更即时与全面的认识,进而更有效率地配置自己的资源。拥有大量高质量的数据支持,政府对全国各行业运行情况也会有更清晰的了解,从而在进行宏观调控时更具有科学性与合理性。可以看到,在面对资源错配、中高端产品供给不平衡等问题时,政府通常会采用宏观调控手段,而宏观调控的有效性与正确性通常都取决于政府当前掌握的信息数量与质量,也就是数据的"数量"与"价值"。充分运用数据要素极大地提升了政府宏观调控的效率,让政府的各项决策更加具有前瞻性与科学性。在海量高质量数据支撑下,政府能够对各个经济部门进行更符合长远发展目标的统筹规划,制定更为合理的经济发展战略以解决供需不匹配、产出过剩、经济结构长期处于低端状态等严重阻碍经济高质量发展的一系列问题。总的来说,数据要素使得市场在短期与局部自发改善资源配置,政府则在整体层面进行宏观调控,防止市场失灵(李辉,2019)。何大安和任晓(2018)认为随着大数据、人工智能等技术的发展,当全部或绝大部分企业都能够使用数据智能化来制定自身的产量与价格时,社会中资源配置将完全由互联网资源配置机制决定,资源的配置效率与结构将大幅度提升。

(二)创造新的增长极

1. 数据要素创造出新兴产业

数据要素不仅提升了很多传统产业的管理、生产效率,还创造出了一些新兴产业,成为了中国新的增长极。首先是大数据产业本身,在以前数据相关技术不发达的时候人们对数据收集和利用能力较弱,数据无法发挥出很大的价值,并没有很多专门从事数据业务的企业或组织。数据相关技术的进步解决了很多之前制约信息化建设的问题,使得大规模处理数据、充分发挥数据价值成为可能,从而吸引了很多企业和组织专门进行数据相关业务,形成大数据产业。移动互网普及后,智能设备将用户的大量数据上传到云上,记录用户的浏览行为、点击行为、移动路径等,形成大量用户行为数据。这些数据不仅包括个人数据,还包括企业数据、政府数据等,具有极高的价值。数据处理技术的发展为海量数据的收集、存储、计算、分析提供了有效的解决方案。这些技术可以处理大规模、多样性、快速变化的数据集,从而更好地利用数据的价值。随着互联网经济的发展以及人们对互联网依存度越来越高,进一步推动着大数据产业的发展。人们对数据的需求越来越高,而大数据技术可以满足这一需求,为人们提供更准确、更及时、更有价值的信息和服务,并且大数据产业的应用场景也很广阔,可以应用于金融、医疗、教育、电商等多个领域。这些应用场景为大数据产业提供了广阔的市场空间和商业机会。总的来说,大数据产业的快速发展得益于技术进步、市场需求、政策支持等多方面的因素。未来,随着技术的不断创新和市场需求的不断增长,大数据产业将继续保持快速发展的趋势,成为"智慧城市""智能制造2025"等重大战略的基石。

除大数据产业外,数据要素催生了其他新兴产业,最具有代表性的就是人工智能、云计算产业。人工智能是引领新一轮科技革命和产业变革的战略性技术[1],将提升社会劳动生产率,并且在降低劳动成本、优化产品服务、创造新市场和就业等方面带来革命性改变。人工智能是一个比较宽泛的概念,主要指通过让机器对人类的思维与意识进行模拟,利用数据分析、机器学习等方法让机器拥有人的能力(德勤中国,2019)。每一种机器学习算法实质都是一个模式识别工具,目的就是对特定事件的可能结果进行预测,预测依据的信息就是已经发生的同类事件,为得到较好的预测结果就需要投入大量的样本数据(蔡跃洲等,2019)。人工智能产业能够快速发展主要得益于以下几点:首先,数字技术的发展为人工智能产业提供了强大的支撑。近年来,机器学习、深度学习、自然语言处理等人工智能技术的不断进步,为各行业应用人工智能提供了可能性和便利。

---

[1]《习近平主持中共中央政治局第九次集体学习并讲话》,2018年10月31日。

其次，大数据时代的到来为人工智能提供了丰富的数据资源。各行业的数据积累和共享，为人工智能算法提供了训练和优化的基础，进一步推动了人工智能技术的发展和应用。再次，随着各行业对人工智能认知的加深，人工智能技术的应用场景不断扩大。从金融、电商到智能制造等领域，人工智能技术的应用正在不断拓展，为产业发展提供了更广阔的市场和商业机会。从次，很多投资人看到了人工智能产业的潜力，越来越多的资本投入到人工智能领域，为人工智能产业的快速发展提供了资金支持。风险投资、私募股权等资本的流入，加速了人工智能技术的研发和应用，推动了产业的发展。最后，人工智能技术与各行业的融合正在不断加深，推动了产业的跨界融合。人工智能技术与制造业、金融业、医疗保健等行业的深度融合，正在催生出更多的新业态、新模式和新服务，进一步推动了人工智能产业的快速发展。近些年中国人工智能产业发展非常迅速，在2015—2020年市场规模年平均增长率达到44.5%。

云计算是一种底层技术，能够为多个行业数字化转型提供底层技术支持。它使得数据计算和分发向生产、仓储、物流等环节渗透，有利于制造业产业链的上下游信息协同，同时支持新零售等领域的升级和转型。此外，云计算还提供了底层技术平台，使软件能力、性能和可靠性始终保持最新，并始终在优化的资源集上运行。云计算的按需付费、可弹性扩展等特性，都使其使用和迁移成本更低。企业可以依据实际需求来购买和使用云计算资源，避免了不必要的硬件和软件投入，降低了运营成本。同时，云计算服务提供商的规模经济和专业化服务，也使得其能够以更低的成本提供更高效的服务。在云计算这种模式下可以很方便、快捷地从可配置计算资源共享池中获得需要的资源，这些资源能够快速供应，让资源管理工作量与服务商的干预降低到最低程度(美国国家标准技术研究院,2009)。总的来说，云计算产业主要产生于大型互联网企业处理大量数据的需求，重点关注计算与处理大数据的能力(秦荣生,2014)，可见数据要素对人工智能与云计算产业的形成起到决定性作用。

2. 数据要素提升科学研究效率

数据要素还促进了科学研究方法的发展，在很多不同的学科领域都改进了科学研究质量。在经济学方面，现代经济学主要以实证研究为主要研究范式，中国经济学研究也由定性为主转变为定量为主（洪永淼等，2021）。影响实证研究质量最重要的就是数据质量和研究方法。数据质量直接关系到研究结果的准确性和可信度。数据要素的发展通过提高数据收集、处理和分析的技术手段，保证数据的准确性和可靠性，从而为经济学研究提供更加可靠的数据支持。以往计量研究在选取控制变量时只能依据现有理论和经验加入一部分的控制变量，这种做法难免会出现遗漏变量的问题，而大数据技术的发展使得经济学家可以采集海量与被解释变量相关的变量，从而最大限度地避免遗漏变量问题的发生。在研究方法方面，大数据技术与机器学习方法使我们摆脱了传统模型与函数形式的束缚，能够更加准确地判断各变量之间真实的关系。数据要素的应用可以帮助研究者扩展研究领域，发现新的经济规律和现象。比如在大数据时代，通过对海量数据的挖掘和分析，可以发现许多之前无法观察到的经济现象和趋势，从而推动经济学研究的进步和发展。同时，数据要素的标准化和共享可以帮助增强经济学研究的可重复性和可移植性。通过制定统一的数据标准和规范，研究者可以更加方便地重复和使用他人的研究成果，同时也可以将自己的研究成果应用于其他类似的研究领域中，这有助于提高经济学研究的可信度和推广应用价值。除此之外，数据要素的引入可以帮助加强实证研究和规范研究的有效结合，实证研究通过收集和分析实际数据来解释经济现象和规律，而规范研究则更侧重于对经济现象的价值判断和政策制定。通过数据要素的运用，实证研究能够发掘更多隐藏的经济规律，可以和规范研究更好地结合在一起，为经济学研究提供更加全面和深入的研究成果。洪永淼和汪寿阳（2021）指出中国的经济学家如果能够充分利用大数据提供的反映中国经济的大量信息并探究经济学研究新范式，将构建理论基础深厚的中国经济理论体系。

在会计学方面，数据要素的出现对传统的会计体系产生了强烈的冲击，并对数字经济时代的会计提出了更高的要求。据BBC做的一项关于各种职业被AI取代概率的研究显示,会计被AI取代的概率高达97.6%,位居所有职业的前三位。不过此处的会计指的是从事账簿管理、报表编制、数据整理等高重复性、低技术含量工作的传统会计,而不是现在很多从事报表分析、市场预测、成本优化等高技术含量工作的会计。因此在大数据技术与AI技术高度发达的今天,会计学的定义与社会对会计的要求将产生巨大变化。第一,财务会计将逐渐向管理会计转化。传统财务会计从事的重复度高、不需要过多思考的工作能够由人工智能很快并且无差错地完成,因此传统财务会计必须加强学习,变为能够为企业经营策略出谋划策的管理会计。第二,会计的数据收集范围需要扩大。原来会计只需要收集企业的财务数据并制作报表,而现在数据收集的领域不只局限于财务数据,而是拓宽到能够反映企业的供应、生产、研发、销售等各个领域情况的数据,也就是会计需要对能够反映企业的各个方面的数据都进行收集与分析。第三,数据与信息的呈现方式需要改变。传统会计的财务报表主要呈现出各种数据指标,而现在随着数据量的增加以及非结构化数据的增多,会计需要学习数据可视化、信息可视化等技术,使得海量数据与非结构化数据能够按照符合人类理解方式的形式呈现出来,让人们能够快速准确地掌握这些数据的重要内涵。可以看到数据要素让会计的业务范围以及职能都发生了重大改变,对会计的技术水平与业务能力提出了更高的要求(徐经长,2019)。

在情报学方面,数据要素对情报学的研究方法与研究思路产生了深远的影响。数据要素给情报学带来的好处除了表现在以知识、数据等为核心的研究发展以及以用户使用为核心的应用发展以外,也体现在让各个领域的专家能够更好地合作。数据要素的出现使得从事情报业务的组织推翻了原有的线性模式,不再像以前一样由工作人员进行文献收集、处理,最终分发给各个用户,而是能够以用户为核心,让用户参与到整个情报的收集与处理过程中,情报组织不再刻意追求某种特定的模式,尽力做到能够根据用户的实时需求,与用户交互式提供情报,情报组织所依靠的空间也由原来的物理空间拓展为现在的物理与虚拟空间并存。在情报学的研究方法上，数据要素的出现让情报学实现了从部分研究转向整体研究，从人工研究转向计算机研究。数据挖掘、机器学习等大数据技术的成熟拓宽了情报学领域的研究方法，使情报学在情报收集、知识组织、情报分析等方面的研究都取得了进展。可以说数据要素让情报学紧密围绕情报需求，从单独范畴情报研究转变为全范围情报研究，加强了情报学的缜密性与智能性（张胡等，2021）。

在教育学方面，研究人员可以使用大数据技术系统地跟踪、监测学习进度，更好地理解学生的学习模式和面对的挑战，从而为评估教学方法、制定教育政策提供数据支持（刘进，2020）。基于学生的学习数据，研究人员还可以设计出针对个人学习需要的个性化学习路径，预测学生的学业进展，提前识别可能出现问题的学生，进行适时的干预，从而提供更适用的教育服务。

在医学方面临床领域中，通过分析患者的病历数据、影像数据、检验检查结果等，医生可以获得类似症状患者的疾病机理、病因以及治疗方案，对于更好地把握疾病的诊断和治疗十分重要。同时，大数据技术还可以提供居民的健康档案，包括全部诊疗信息、体检信息等，为医生提供更全面的参考，制定更有针对性的治疗方案（王昕玥等，2021）。医疗科研领域中，大数据技术可以对各种数据进行筛选、分析，为科研工作提供强有力的数据分析支持。比如在健康危险因素分析的科研中，利用大数据技术可以在系统全面地收集健康危险因素数据的基础上，进行比对关联分析，针对不同区域、家族进行评估和遴选，研究某些疾病发病的家族性、区域分布性等特性。大数据技术还可以为医学研究提供更深入的见解，比如在流行病学研究中，大数据技术可以帮助研究者分析大规模队列数据，发现环境因素与疾病之间的关联。在临床试验中，大数据技术可以优化试验设计、分析试验结果等，提高试验的准确性和效率。除此之外，数据要素还能够帮助居民健康监测以及公共卫生管理。在居民的健康监测方面，大数据技术可以提供居民的健康档案，包括全部诊疗信息、体检信息等，这些信息可以为患者提供更有针对性的治疗方案，还可以通过分析这些数据，对特定疾病或人群进行监测和预警,提早发现和预防潜在的健康风险。在公共卫生管理方面,大数据技术可以提供疫情监测、流行病预测、人口健康管理等支持。通过分析历史数据和实时监测数据,可以及时发现疫情和流行病的趋势和变化,为决策者提供科学依据。

除了对单一学科的影响外,数据要素也提升了各学科之间的交流与合作。首先,各学科间可以共享数据资源。在大多数学科领域,数据采集、存储和分析都需要大量的资源和时间。通过数据共享,不同学科领域的研究者可以相互借鉴和利用彼此的数据资源,避免重复劳动,提高研究效率。比如在生物学领域,基因组学数据共享可以帮助其他学科如医学、心理学等研究者更好地理解人类基因组结构和功能,从而更好地研究疾病的发生和发展机制。其次,各学科间共同研究问题的动力提升。跨学科交流与合作的一个重要方向是共同研究问题。通过共享数据和研究成果,不同学科的研究者可以针对共同关心的问题进行合作研究。这种合作可以促进不同学科之间的理解和融合,推动问题的深入研究和解决。在气候变化研究中,气象学、地理学、经济学等学科的研究者可以共同分析气候变化对全球社会经济系统的影响,从而提出更有针对性的应对策略。再次,有助于各学科联合培养复合型人才。数据要素的交流与合作为跨学科人才培养提供了良好的平台。通过组织跨学科的数据科学课程和实践活动,可以培养具有多学科背景的复合型人才。这些人才可以在数据科学、统计学、计算机科学等多个领域发挥重要作用,为跨学科交流与合作提供更多的人才支撑。从次,促进不同学科之间的学术交流。通过组织学术会议、研讨会等活动,可以搭建跨学科的学术交流平台,让不同学科的研究者相互了解和分享研究成果。这种学术交流可以促进学术思想的碰撞和融合,推动跨学科研究的创新和发展。比如在环境科学领域,通过组织跨学科的空气污染与气候变化研讨会,可以促进环境科学、气象学、地理学等不同学科之间的学术交流,从而推动空气污染和气候变化研究的创新和发展。最后,加强各类机构之间的合作。不同机构拥有不同的数据资源和研究团队,通过机构之间的合作可以整合资源、优势互补,开展更大规模的跨学科研究。这种机构合作可以为跨学科交流与合作提供更稳定和长期的合作机制。例如在公共卫生领域,医疗机构、科研机构和教育机构之间的合作,可以共同开展大规模的健康监测和研究项目,从而更好地预防和控制疾病的传播。可以看到,数据要素在促进跨学科交流与合作方面具有重要作用。

(三)提升国家治理能力

1. 数据要素提升政府执政能力

早在20世纪90年代,"电子政府(E-government)"一词首次在文献中出现,当时学者对于电子政府的研究主要集中在政府内部如何利用信息技术提升办公效率方面。现阶段随着数字技术的发展,数据要素在政府行政过程中将扮演更加重要的角色。大数据技术的发展肯定也会促使中国政府革新行政手段、提升行政能力,而中国的经济体制决定政府行政能力对社会经济运行会产生重要影响。数据要素对政府的行政能力提升主要体现在以下几个方面:第一,数据要素可以提供更准确、更及时的信息,帮助政府作出更明智、有效的决策。数据要素显著增加了政策的时效性与政府掌握的有效信息量。在过去政府制定政策时,主要参考当前能够观测到的以往相关政策的实施效果,会导致政策失去时效性,有时候甚至会造成与预期相反的政策效果。现在大数据技术的进步使得政府能够在政策实施过程中随时对政策效果进行观测与分析,进而对政策随时进行调整以保证其适应经济形势的复杂变化。同时,由大数据技术催生出的物联网、移动支付等技术让人们的很多日常活动都可以被记录转化为数据,大幅度提升了政府在制定政策时能获取的信息量,数据分析技术的提升也让政府能够从中提取更多的有效信息,从而在决策时对当前经济形势有更清晰的判断。比如面对危害严重的诈骗问题时,大数据技术可以解决诈骗资金流向复杂、涉及人员数据分散、变化频繁等问题,还可以通过对大量犯罪历史数据挖掘得到电信诈骗案发周期、高峰期、犯罪地图、未来趋势等信息,为完善相关部门管理体制、制定金融风险防范政策起到决定性作用(石育玮和张黎,2021)。第二,数据挖掘和预测模型可以让政府较为准确地预测未来的趋势和变化,更好地判断社会、经济、环境等各个领域的走向,从而提前制定政策措施。这有助于政府提高决策的科学性和前瞻性。比如通过分析城市交通流量数据,可以判断可能出现的交通拥堵情况,进而优化城市交通规划。基于对人口、经济、社会等数据的分析,可以预测未来的就业趋势和经济增长,制定更有效的就业政策和经济发展策略。或者通过分析犯罪数据,可以预测犯罪高发区域和时间,提前采取防范措施。第三,数据要素可以显著提高政府的工作效率。通过自动化和信息化,减少人为操作所造成的时间与资源浪费,加快政务工作的步伐,使政府工作效率得以提升。大数据技术能够大幅度优化行政审批流程、加强监督管理、提升服务质量,推动社会经济实现高质量发展。第四,数据要素能够提升政府在创新领域的指导作用。数据可以清晰显示创新资源的分布和需求,帮助政府合理配置创新资源。对科技企业的数量、规模、专利申请情况等数据进行分析,可以了解某一地区的科技创新实力和潜力,从而制定更科学、精准的科技企业扶持政策。通过对更宏观的科研相关数据进行挖掘,政府还可以了解企业和研究机构的创新需求和瓶颈制约,引导企业和研究机构进行科技创新,推动产业升级和经济发展。比如通过分析企业和研究机构的研发经费、人员数量、专利申请情况等数据,可以了解企业和研究机构的创新能力,为制定科技创新政策提供参考。第五,数据共享和分析可以帮助政府为企业和研究机构提供合作机会,促进双方的优势互补,推动科技创新的成果转化和应用。例如,通过分析企业和研究机构的研发项目、专利申请、论文发表等数据,了解企业和研究机构的合作需求和潜在合作伙伴,为推动产学研合作提供参考。第六,数据要素协助政府加强对知识产权的保护。政府可以更加全面深入地了解知识产权的申请和保护情况,从而制定更加科学合理的知识产权政策以保护创新成果的合法权益。比如分析知识产权局的专利申请量和驳回量等数据可以了解专利申请的难易程度和驳回率等情况,为制定更加科学合理的专利申请政策提供参考。通过分析知识产权相关的法律文书和行政处罚等数据,政府可以了解知识产权保护的需求和瓶颈,了解知识产权保护的短板和难点,为制定更加有针对性的知识产权政策提供借鉴。

2. 数据要素促进民众参与执政

近些年数字技术的进步拓展了政府与民众之间的联系方式,电子政府的重心也转向了为民众提供服务方面,比如"一站式政府"等项目,这一变化产生了数字政府(digitalgovernment)的概念,数字政府的核心是实现或协调以民众为中心的优质服务(Rudd等,2015)。汪玉凯(2020)将数字化政府的优势总结为社会、公众参与治理、政府与公众双向行使权力、行政过程公开透明、借助市场机制治理四个方面。其中最主要的改变就是在行政各环节让普通民众参与进来。第一,数据要素可以促使政府在政策制定时充分参考民众意见。数据公开和透明是现代政府的基本要求。通过公开政府工作数据和决策依据,可以提高公众对政府工作的了解和信任,增强公众参与的意愿和主动性。在此基础上,运用大数据等技术可以实时监测民意和舆论,充分听取普通民众的意见,获取更全面、更真实的社会反馈。民众咨询问询以及意见表达往往具体到各个行业和领域,有助于政府及时发现和解决社会问题,制定更为符合民意、贴近民心的政策,提高政府决策的针对性和有效性。第二,数据要素能够推动公共监督。大数据技术可以使民众成为推进国家治理现代化过程中不可或缺的重要力量。通过对政府执政信息的详细披露,揭示政府工作中的不规范、不公正现象,促进公共监督,提高政府工作的公正性和透明度。大数据技术还可以为民众提供实时互动的信息空间。人们可以借助这些平台向政府监督施政、反映问题并及时反馈政策实施效果,比如民众可以通过市长信箱、网上信访平台等媒介,对政府行政过程进行全方位监督,进一步增强公众对政府工作的参与度和监管力,防止权力滥用事件的发生。

3. 数据要素降低腐败产生的可能

数据要素的使用有助于政府防止腐败事件的发生。第一,数据要素的使用能够在一定程度上阻止官员产生腐败心理。官员进行腐败行为主要是因为自身意志不坚强、无法控制自己的贪念,并且存在侥幸心理,认为贪污后不会追查到自己。现在随着数据要素的发展以及反腐数据库的日益成熟,从源头上对官员靠大数据技术,很多传统产业提高了自身的生产、管理效率,提升了客户的满意度,促进了产业整体的高质量发展。传统产业在运用大数据技术后形成了新业态,比如智慧制造、智慧医疗、智慧农业等(李辉,2019)。以中国产出占比最高的制造业为例,传统制造业企业在生产中无法很好地监控生产过程、分析生产效率,可能导致生产持续保持在低效率水平。现在很多制造业企业采用工业大数据生产调度指挥系统等技术[1],将数据要素融入生产中,实时记录生产状况,从而优化生产流程、节约生产成本。运营过程中,数据要素可以开辟崭新的数字化产品服务路线,变革制造业市场的需求特性,为二者深度融合营造广阔的发展空间。互联网与制造业的融合可以推动制造业向智能化、个性化、定制化方向发展,同时也可以为制造业提供更广阔的市场空间和商业模式。现在制造业可以根据大量交易数据随时了解市场需求,进行更有针对性地生产,防止产品滞销。可见数据要素可以精准地作用于生产、销售等等各个环节,其与传统制造业的深度融合提升了该产业资源配置的效率,促进制造业实现高质量发展。中国电子技术标准化研究院(2021)[2]将制造业数字化转型定义为利用新的信息技术加速数据自由流动,从而使得制造业全要素、全产业链、全价值链链接,推动制造业企业的形态与生产方式发生革命性变化的过程,可见数据要素对制造业发展具有非常重要的作用。从具体公司来看,人工智能行业中的博睿数据帮助苏宁易购建立数据指标体系,解决了苏宁缺乏品控手段、无法及时定位问题等缺陷,并且对苏宁APP进行全方位监控,根据用户的偏好数据改进APP,使得苏宁在产品质量、销售效率与用户体验等方面都获得了极大的提升,实现了人工智能与电子商务行业的融合发展。

根据《2019年中国大数据发展报告》中的数据显示,金融、安防、能源等产业与大数据产业融合效果非常好,工业大数据的规模已经达到了600亿以上,传统

---

[1]《大数据优秀应用解决方案案例:工业、能源、交通卷》,国家工业信息安全发展研究中心发布于2018年。
[2]《制造业数字化转型路线图》,中国电子技术标准化研究院发布于2021年。

产业与大数据产业融合程度不断加深,持续进行智能化升级。中国信息通信研究院发布的《中国数字经济发展报告(2022年)》也指出大数据、人工智能等产业与传统实体经济正在实现深度融合,产业数字化对于数字经济拉动作用日益明显,传统产业数字化转型在数字经济规模中占据主要部分。在2021年,中国产业数字化的规模已经高达37.18万亿元,同比增长17.2%,是同期数字产业化规模(8.35万亿元)的4倍以上,占到整个数字经济规模的81.7%。中国2016—2021年产业数字化规模具体如图5-1所示。

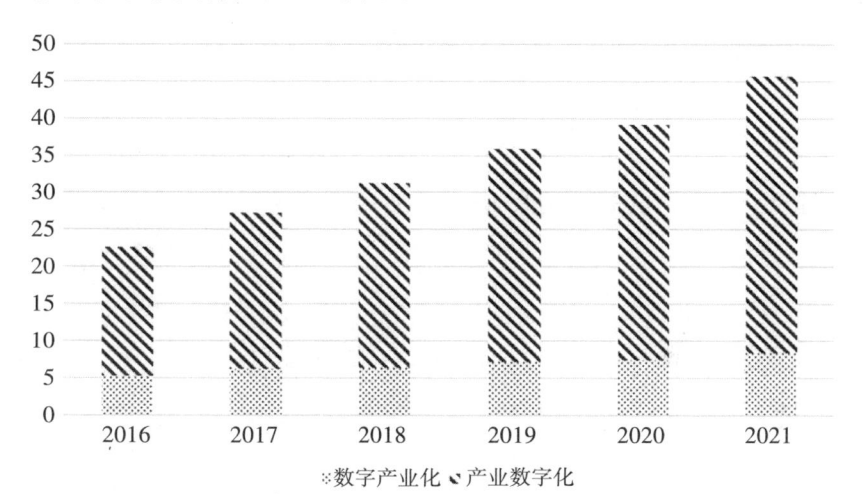

图 5-1 中国数字经济结构(万亿元)
数据来源:中国信息通信研究院

2.促进传统产业之间相互融合

数据要素的发展不仅能够促进新兴产业与传统产业的融合,还可以推动传统产业之间相互融合。首先,数据要素能够推动工业和服务业融合。在效率提升方面,数据分析能够帮助工业企业提升生产效率和优化过程。服务业可以通过使用这些数据来更好地预测需求、管理供应链,提高服务水平,从而实现工业和服务业的融合。在数据产品方面,工业企业可以将收集到的数据作为新的产品或服务提供给服务业,比如工业设备生成的运行数据可以用来提供设备维护和修理服务,或者通过物联网技术,零售商可以实时监控货物的存储和运输情况,实现生产与服务的无缝对接。在个性化服务方面,通过对数据的深度分析,工业企业可以实现产品的个性化和定制化,而服务业则可以更好地满足消费者的个性化需求。在技术方面,数据科学和人工智能技术可以在工业和服务业之间创造新的连接。比如使用机器学习算法预测设备的维修周期,降低维修成本和时间,提供更好的服务。工业和服务业的融合往往会带来更高的效率、更好的产品和服务,以及新的商业机会。

其次,数据要素能够促使农业和工业融合。大数据技术使得农业中使用远程操控设备成为可能,这可以极大地提高农业生产效率,比如用于自动施肥、自动灌溉的设备。并且,与工人相比,农业机器人可以长时间、大量地完成农业任务,很多发达省份已经使用农业无人机在面积较大的地区迅速地执行种子播撒、喷洒农药以及监测病虫害情况等任务,还使用自动化大型工业设备完成大面积除草、收割等任务。综合来看,数据要素在工业与农业的深度融合中扮演了重要角色,这不仅可以提高单个农场的生产能力,还可能改变整个农业生产的格局。

最后,数据要素能够推动农业和服务业融合。在效率提升方面,可以使用卫星图像、气候数据、土壤数据等,帮助农业实现精准种植,提高作物产量和质量。同时,这些数据也可以为服务业提供定制化服务的机会,向农民提供精准的种植建议。数据可以帮助构建更高效的农产品供应链,通过实时数据交换,农场和超市能够准确预测需求和供应,从而减少浪费。在农业金融方面,数据可以帮助金融服务提供商更好理解农业的风险和收益。保险公司可以基于天气数据和作物数据,为农民提供定制化的风险管理产品。在农村电商方面,电商平台可以依靠大数据技术连接农民和消费者,为消费者提供更好的食品来源信息,为农民提供直接销售产品的途径。大数据还可以帮助农民了解市场需求,优化产品。在乡村旅游方面,农业和服务业还可以在旅游和体验经济方面实现融合。数据可以帮助旅游企业了解游客的偏好,与农业企业合作,提供创新的农业体验服务。总的来说,数据要素能够实现农业和服务业之间的深度融合,提高农业的生产效率和经济价值,同时也为消费者提供更优质的产品和服务。

(二)推动产业高级化发展

数据要素还促进了产业结构向高级化方向发展。产业结构高级化指的是产业结构由低级形态转变向高级形态,主要是由生产技术的进步引起的。过去生产技术欠发达时产业活动主要是由人与自然直接发生关系,表现为劳动密集型产业,产业结构高级化就是产业从劳动密集型、资本密集型转向技术密集型的过程(林晓言等,2014)。数据要素推动产业结构高级化主要体现在对农业、工业生产效率的提升,让整个经济社会服务业占用的生产资料与劳动力增加。

1.数据要素对农业生产效率的影响

第一,提升政府农业治理水平。大数据技术的发展能够对农业在生产、经营等过程中产生的大量数据信息进行汇总与整理,让政府在制定农业相关目标与政策时对现状有充分的了解,极大程度地提升了农业政策的合理性与政府的农业管理水平,进而提高农业生产的效率。除了让政府充分了解农业情况、制定合理政策外,数据要素还能够直接提升农业的生产效率。

第二,让农业决策更加准确。在种植作物选取方面,大数据平台可以通过检测设备,利用大数据技术,实时收集并分析气象、土壤、作物生长情况等数据,帮助农民更加精准地选择适合的农作物。比如当通过数据分析发现某种作物在某类土壤上生长表现较好,结合国家记录土地信息的相关平台,迅速完成对土地情况的分析以及适种农作物的选取,提高农作物的质量和产量。在种植过程方面,大数据分析可以确定最佳的灌溉时间、灌溉量、施肥时间和施肥量等,以最大限度地提高农作物的生长效率。大数据平台能够根据土壤特点配比出适合该土壤的肥料,让土壤的养分更加平衡,改善耕地质量从而让土地更适宜农作物生长。大数据平台还能够在田地里建立起统一、高效的灌溉设备,实时对田地的土壤水分进行观测并根据观测结果智能化灌溉,农民只需要刷卡就可以进行最合理的灌溉活动,在节约水资源的基础上还提升了灌溉效果(叶卫东和李波,2022)。比如山东省寿光市在蔬菜种植时运用农业大数据分析,给不同种类的蔬菜提供符合其特点的营养物质、灌溉方式以及生长环境,从而实现了蔬菜产量的增加(张燕,2022)。在流程追踪方面,物联网、无线电射频技术(RFID)等让追踪农产品的生长、加工和销售等环节成为可能,实现农业生产的全流程管理。这有助于优化农业生产流程,提高生产效率。通过对农田进行监测,可以实时了解农田的生长情况,及时调整农田管理措施。无线电射频技术还可以对农产品进行追踪,了解农产品的加工和销售情况,及时调整生产流程。在市场需求预测方面,在对市场需求和价格走势等数据分析的基础上,农民能够及时调整种植和销售策略。当通过数据分析发现某种农产品的市场需求量较大时,农民可以增加该种农产品的种植面积和产量,同时优化销售策略,提高农产品的市场竞争力,有助于提高农产品的市场响应速度和适应能力。

第三,提升农业科技水平。人工智能、机器学习等技术,可以开发出智能化的农业设备和系统,提高农业生产的科技水平。通过人工智能技术开发的智能农业机器人可以在农田中自主巡逻、监测作物生长情况、进行病虫害防治等,提高农业生产效率和质量。同时,通过机器学习技术可以对大量的农业数据进行挖掘和分析,发现新的农业生长规律和优化措施等,推动农业科技创新和发展。各类数字技术还可以辅助农业科研人员进行作物育种、病虫害防治等方面的研究。当通过数据分析发现某种作物品种在不同区域和不同气候条件下的表现较好时,可以将其作为育种目标进行研究和培育,有助于提高农业科研的效率和成果的质量。

第四,促进农业信誉度升级。对数据的记录与分析可以实现农产品的溯源追踪,帮助消费者了解农产品的生产、加工和销售等环节。当消费者购买农产品时可以通过扫描二维码等方式了解农产品的生产日期、生产批次、农药使用情况等信息,增加消费者的信心和满意度,这有助于提高农产品的质量安全水平和社会信誉度。

第五,实现农业可持续发展和管理。当通过数据分析发现某个区域的土地质量下降时可以及时采取措施进行治理和管理,以保护土地资源维护生态平衡促进农业生产的可持续发展。

可以看到，数据要素在推动农业生产效率提升方面具有至关重要的作用。数据要素能够以多种方式参与到农业生产的各个环节中，在实现精准化、个性化、智能化等方面发挥着不可替代的作用，有助于帮助提高农业生产的效率和质量、推动农业科技创新和发展以及保护生态环境实现农业可持续发展。

2.数据要素对工业生产效率的影响

在工业方面，如上文所述，数据要素可以提升传统制造业的生产效率与产品质量，并且其与传统制造业的融合能够产生新的生产性服务业（李辉，2019）。具体来看，主要从以下几个方面提升工业生产效率：

第一，优化工业生产流程。在生产方法方面，对生产过程的数据进行实时监控和记录，可以帮助企业了解生产过程中的问题和瓶颈。通过对这些数据的分析，企业可以识别出哪些环节需要改进，哪些流程需要优化。如果发现某个生产环节的效率低下，企业可以改进工艺流程、优化设备配置，进而提高该环节的生产效率。在问题检测方面，生产过程中产生的数据还可以帮助企业及时发现和解决潜在问题，提高生产质量和效率。通过对生产线上的设备运行数据的分析，企业可以及时发现设备的故障或异常情况，及时进行维修和更换，避免因设备故障导致的生产中断和质量问题。在成本控制方面，通过对生产和管理环节的数据进行分析和管理，企业可以优化流程、减少浪费、降低成本。比如在钢铁行业中，能源消耗相关数据能够帮助企业采取节能措施降低能源消耗成本，通过实时监测炉温等数据来控制和优化炼钢过程，可以减少能源浪费并提高整体的能源利用效率。在商品流通方面，通过对供应链数据的分析和管理，可以加强企业对供应链的控制和管理能力，提高供应链的可靠性和响应速度，进而提高企业的整体竞争力。比如在汽车行业中，对供应链数据的分析和管理可以实现对零部件库存的精准控制，避免库存积压和浪费，提高企业的生产效率和产品的质量水平。

第二，判断市场走向。数据要素可以帮助企业更准确地了解市场需求和预测市场趋势，从而作出更精细化的决策。通过对销售数据的分析，企业可以了解哪些产品更受欢迎,哪些市场的潜力更大。这些信息会帮助企业优化生产计划和库存管理,减少库存积压和浪费,提高企业的整体运营效率。

第三,把握用户需求,改善产品设计。对销售和售后过程中的数据进行监控和记录,可以帮助企业了解产品的优点和不足,进而改进产品设计。通过对用户反馈数据和销售数据的分析,企业可以了解用户对产品的需求和期望,进而针对性地改进产品设计和功能,提高产品质量和竞争力。

第四,提升企业内部资源配置效率。数据要素能够让企业更准确地了解市场需求和资源状况,从而优化资源配置,提高资源利用效率。基于对市场需求的预测和原材料供应情况的分析,企业可以合理安排生产计划和采购计划,避免因资源短缺或过剩导致的生产效率下降或资源浪费。

第五,发展工业互联网,促进数字技术在工业企业中的使用。数据要素是工业互联网的核心资源,通过对数据的采集、整合和分析,可以实现设备间的互联互通和数据共享。这可以帮助企业实现生产过程的自动化和智能化,提高生产效率和降低成本。通过工业互联网平台,企业可以实现远程监控和控制生产设备,实时获取设备的运行数据和故障预警信息,提高设备的运行效率和可靠性。

第六,提升工业科技水平。对大量工业数据进行分析和挖掘,可以辅助科研人员进行新材料、新工艺等方面的研究。比如通过对生产线上的工艺参数和产品性能数据的分析,科研人员可以研究新的材料和工艺,提高产品的性能和质量水平。这些数据还可以帮助科研人员评估新技术的可行性和投资回报,为企业决策提供科学依据。

综上所述,数据要素在推动工业生产效率提升中发挥了关键作用,能够帮助优化生产和运输流程、推动工业科技创新、提高能源利用效率实现工业可持续发展。

可以看出数据要素解放了农业、工业中的劳动力与资本,使更多的资源能够涌入技术密集度更高的服务业,同时数据要素还催生了新型的服务业,助力产业结构向高级化迈进。目前很多研究都使用第三产业与第二产业的比重来表示中国产业结构高级化的程度(干春晖等,2011;李跃等,2022),从图5-2可以看出,在中国数据资本存量及其对经济增长贡献大幅度上涨的同时,中国产业结构也在持续向高级化的方向迈进。

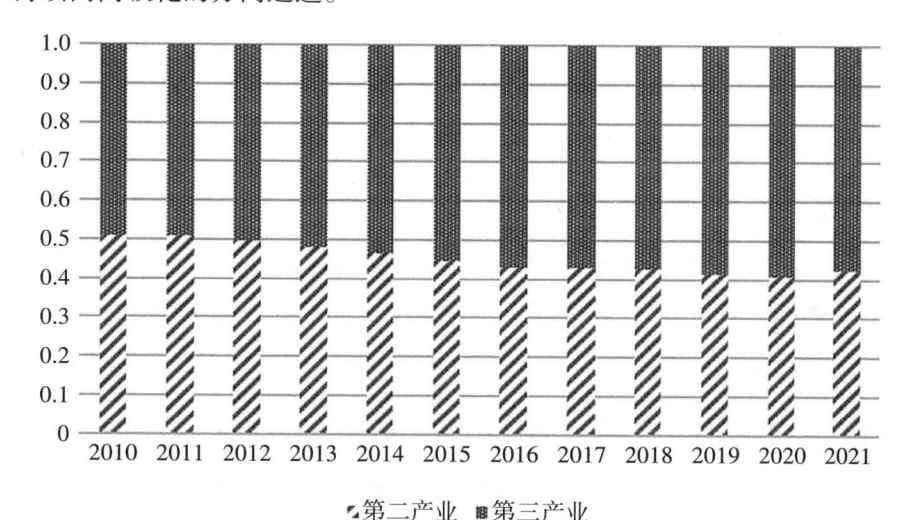

■ 第二产业　■ 第三产业

图 5-2　中国产业结构高级化趋势图

数据来源:国家统计局

（三）加速产业内部创新

数据要素能够加速产业内部的创新,推动产业升级。在数字经济时代,中国的首要目标已经不再是经济增长,而是实现高质量发展,在这种情况下只依靠投资刺激经济的做法难以持续。而创新作为高质量发展的首要推动力,可以持续为经济增长提供新的动能,是经济高质量发展的必由之路(任保平,2018)。数据要素的高速发展为创新活动提供了新的动能,数据能够让物质资本、人力资本、技术等生产要素高效结合,并让各类生产要素与云计算、人工智能等数字经济时代的新兴产业深入交融,对整个经济社会的生产经营模式产生了重大的影响,让整个经济社会从流程、管理、制度等方面都实现了创新(李辉,2019)。数据要素对于产业创新的促进作用主要体现在技术关联与产品关联两个层面,技术关联指的是大数据技术带动人工智能、信息技术等产业的发展,产品关联指的是大数据技术带动私人广告投放、信用评估、内容推荐等新产品的发展(王谦和付晓东,

2021)。具体而言,数据要素主要从以下几个方面推动产业创新。

1.数据要素提升产业内知识产出效率

产业中的各个组织会将数据中蕴含的信息转化成研发新技术和新产品所需要的特定知识,从而促进新技术和新产品的研发效率,技术和产品的创新可以带动整个产业升级。数据转化为特定的知识主要依靠机器学习技术,每一种机器学习算法实质都是一个模式识别工具,目的就是对特定事件进行预测,预测依据的信息就是已经发生的同类事件,为得到较好的预测结果就需要投入大量的样本数据(蔡跃洲和陈楠,2019)。总的来说,机器学习就是通过海量的数据输入,模拟人类进行学习和分析,因此数据的数量对于机器学习等创新活动的效率有着非常重要的影响。美国卡内基梅隆大学在1980年召开了第一届机器学习国际研讨会,标志着机器学习技术的开始,但是在数据采集技术水平较低时,由于输入数据量较小,不足以支撑高精度的机器学习,大数据技术的进步使得机器学习有足够的"原物质资源",大幅度提升机器学习的效率和创新潜力。Varian (2018)运用斯坦福狗的数据证实了随着训练图像的增加,机器学习的精度会一直提高,而数据要素的非耗竭性可以保证其在创新活动中发挥重要作用。

在企业的研发过程中,使用机器学习对研发数据进行分析,可以了解技术研发的进展情况、遇到的问题和瓶颈,提出针对性的解决方案和创新思路。同时,产业中的各企业可以将销售数据进行汇总,通过机器学习对顾客在产品各方面的喜好进行分析与预测,帮助企业了解消费者需求和市场趋势,针对市场需求进行产品创新和服务创新。例如,通过分析消费者的购买行为和偏好,可以开发出更符合消费者需求的新产品和新服务,或通过分析市场趋势和竞争对手的动向,在产品定位和市场策略方面进行创新,提高企业的竞争力和盈利能力。

2.数据要素让创新失败经验更有价值

我们需要认识到企业的创新是一个不时失败的过程,过高的创新成本使得很多企业停止创新活动。但在失败的过程中产生的数据对于自身和其他企业的创新活动有着非常重要的价值。可以通过记录和量化失败的经验,帮助企业更好地了解失败的原因和影响。在具体操作上,可以通过收集关于失败项目的各种数据,包括项目周期、资源投入、预期成果、实际成果等,并对其进行详细的分析。这样可以帮助企业在人员、时间、技术、市场等方面识别出失败的关键因素,并进一步总结教训,反思问题所在。数据要素的非竞用性使得一个产业内的企业可以与其他企业分享研发、失败过程中的数据,促进企业之间的交流和分享。一方面,通过数据共享,可以打破信息壁垒,让更多企业了解失败的经验和教训,从而避免重蹈覆辙。另一方面,通过对失败案例的分析和解读,可以形成共享知识,在进行创新活动时可以使用。在创业领域中,通过对创业公司失败数据的分析和挖掘,可以发现创业过程中的共性问题,在为其他创业公司提供前车之鉴的同时,也可以通过数据共享和分析建立一个创业生态系统,让创业者之间相互交流和分享经验教训,共同成长。此外,数据要素还可以通过可视化技术等手段,将复杂的数据转化为易于理解的图表或报告,提高失败经验交流和分享的效率,极大地促进整个产业的创新效率。

3.数据要素促使新的产业内部与产业之间相互作用模式的形成

除了技术与产品的创新外,数据要素还推动了产业内部各企业和机构以及各产业之间相互作用模式的创新。在产业内部,传统企业在研发、生产、销售、售后等环节基本上与其他企业割裂,单个企业负责全部流程,这种垂直的经营模式分散了企业的精力,使企业无法在各个环节精益求精,并且与产业中其他企业保持一种竞争关系。数据要素可以为企业精准地提供产业中的供求信息甚至其他企业的交易信息,通过建立数据共享平台或数据交换市场,实现产业内各领域的数据共享和流通。比如在供应链管理中,数据共享平台或数据交换市场可以实时掌握供应商、生产商、物流企业等各方的生产情况和需求,实现供应链的协同和优化,形成供应链平台。这样可以让各个企业专注于自身有绝对优势或比较优势的环节,将其余环节委托给产业中的其他企业,从而实现产业中各企业一起相互合作、协同生产,很大程度上提升了产业内部各企业的生产运营效率,使产业保持长期竞争力。在产业之间,数据要素的共享可以促进不同产业之间的合作和交流,实现跨产业的协同发展。具体操作上,可以通过建立跨产业合作平台或联盟,实现不同产业之间的数据共享和交流。例如,在医疗健康领域中,建立医疗数据共享平台或联盟,医疗数据共享和分析可以促进医疗资源的优化配置和跨地区医疗合作,提高医疗服务的水平和效率,同时也可以将医疗数据与健康保险数据相结合,从而更加准确地评估风险、制定更加合理的保险产品和服务,提高保险业的效率和客户满意度,实现医疗业和保险业的协同发展。

三、微观(企业、组织)层面

(一)有利于企业作出决策

1.数据要素提升企业决策能力的路径

数据要素可以在企业运营过程中提供有效的信息,使企业作出更明智的决策。Provost和Fawcett(2013)对数据科学(datascience)与数据驱动决策(data-drivendecisionmaking)给出了定义,并指出基本上每个行业的公司都专注于利用数据获得竞争优势。他们将数据科学定义为支持并指导从数据中有原则地获取各种知识和信息的一套基本原则,是连接数据处理技术(包括"大数据技术"等)与数据驱动决策之间的纽带;将数据驱动决策定义为依靠数据分析而非单纯凭直觉的决策习惯。由于数据采集、存储、分析等步骤技术的提高以及成本的降低,使得企业可以获取并分析更多、更全面的数据,数据量和种类的大幅度增加让企业从数据中获得的信息更加准确、更有价值。数据要素提升企业决策能力主要体现在以下三个方面。

第一,企业能够获得的数据数量增加让信息的准确性大幅度提高。数据从原来生产的一种中间投入能够正式变为一种生产要素最大的改变就是数据记录的主体从原来的随机样本转变成了全部样本(李辉,2019)。数据挖掘、收集、存储等步骤成本的下降与技术水平的提升,会有大量的新数据获得路径,并且企业也能够从现在就有的数据获得路径获得更多数量的数据。比如企业现在能够运用网络爬虫等方法将社交媒体等各类网络平台上关于自身的文字评论、视频图片等非结构化数据收集起来,这些数据在之前是不能被企业获得的(张昕蔚和蒋长流,2021)。因为数据要素具有边际产量一直大于零的特点,获得数据量的大幅度提升能够让企业从数据中提取出更为准确、价值更高的信息。信息内容主要包括市场研究、竞争对手分析、客户反馈、行业报告等,企业会通过数据分析和可视化工具,将这些数据整合并提供给决策者,以便他们能够更好地理解市场和客户,并作出明智的决策。

第二,数据使用意识以及整理、分析等能力的提升加强了企业对数据的运用能力。在原来数据整理、分析等能力不是很强的时候,企业中的管理层一般只可以利用数据的一些简单统计指标,结合自己从事管理岗位的经验作出决策,即以企业管理者主观判断为主要依据的经验驱动决策模式(徐翔等,2021),这种决策方式没有办法发挥数据的全部潜力。而现阶段企业开始重视数据要素在决策过程中的运用。首先,企业开始建立数据文化和意识,培养员工和决策者对数据的重视和信任,定期组织数据要素使用相关培训活动,提高员工和决策者的数据素养和意识,鼓励他们使用数据进行决策。其次,企业开始建立完善的数据治理体系,包括数据质量管理、数据安全管理和数据流程管理等。通过制定明确的数据标准和管理流程,确保数据的准确性和可靠性,提高企业对数据的掌控能力。最后,企业开始重视先进数字技术的使用。大数据、人工智能、云计算等先进的数字技术让企业有机会深入挖掘数据价值,发现数据内潜在信息和规律,帮助企业显著提高了数据处理和分析的效率和能力,从而为企业提供更多的商业机会和竞争优势,为企业作出更准确的决策提供支持。

这种情况下,有很多数字化程度较高的企业都是通过计算机对获取的海量数据进行整理与分析,利用机器学习等方法直接从海量数据中得出人们想要的结论,所以企业的管理者直接能够看到计算机在考虑各种因素后得出的结论(李刚等,2021),只需要考虑这些结论是否合理并稍加修改即可,这样企业管理者就能够作出更符合科学逻辑与客观情况的决策。分产业来看,对第二产业来说,企业可以通过分析生产经营活动中产生的数据,优化其他要素配置,改进生产方式,同时了解市场需求、消费者行为、竞争对手情况等方面的信息,从而作出更加精准的决策。比如企业可以通过对销售数据的分析,了解产品的销售情况和市场需求,针对不同地区和人群制定更加精准的销售策略。对第三产业来说,数据要素可以帮助服务业企业了解服务质量和客户满意度的情况,从而制定更加合理的服务标准和流程,提高服务质量。通过收集和分析客户反馈数据,企业可以了解客户对服务的评价和意见,针对问题进行改进。更进一步,企业可以根据客户的活动数据判断客户类型以及客户经历的事件,从而为客户提供更定制化的服务并形成长期的合作关系,提高客户满意度和忠诚度。

第三,数据存储能力的提升以及传播、流通速度的加快提升了企业内部各部门之间数据信息之间的交流速率,提高了企业对于数据的应用效率,从而加快企业对于内部与外部情况变化的感知速度。在之前,企业内部不同部门之间往往存在信息壁垒,导致数据和信息无法顺畅流通。这种信息不对称不仅会影响各部门对整体业务的理解,还可能导致重复工作和资源浪费。数据总是分开存储在企业的各个部门,每个部门之间获得和应用的数据各不相同,导致各部门之间无法协调运行,同时企业内部数据的混乱也会造成在运用数据时该数据已经失去了时效性。这些问题都会导致企业内各部门作出相互冲突、有不良影响的决策,并且导致企业的决策与要解决的问题之间存在内部时滞与外部时滞,决策很可能无法发挥效果。而数据要素的发展使得企业对于信息的管理能力得到大幅度提升,通过对数据要素的运用,企业可以建立统一的数据平台或数据仓库,将各个部门的数据集中管理,促进信息的流通和共享。同时,可以建立跨部门的数据分析和沟通机制。通过定期召开数据分析会议或发布数据报告,各个部门可以共同探讨业务问题,分享经验和最佳实践。这种跨部门的沟通和协作可以促进不同部门之间的相互理解,增强团队合作意识。这样每个部门都可以及时获取其他部门的工作情况和数据,更好地理解和支持彼此的工作,从而让企业不仅能够对数据进行快速地收集与处理,更关键的是能够让数据在企业内各部门得到明确、一致的呈现,使得企业内各部门决策的速率和一致性都得到了提升

(Brock等,2013)。通过以上路径分析可以看到,数据要素能够让企业管理者作出更加明智、更符合实际情况的决策。因此,很多企业管理者在作决策时由经验驱动型转向了数据驱动型。

2.数据要素提升企业决策能力的具体事例

目前有非常多的企业通过运用数据要素进行决策获得了很好的效果。很多生产产品或提供服务的企业通过抓取数据和爬虫技术将很多网络评价与营销策略进行汇总,对收集来的数据进行处理与分析后能够比较准确地推测出市场上对于产品或者服务的未来需求(Chong等,2017)。还有一部分企业在网上设置有奖励的问卷采访,对消费者关于产品的要求以及意见进行大批量调查,通过问卷收集到的数据对市场未来走向与需求做出判断,让企业作出更加正确的决策。例如,数据要素是亚马逊公司战略选择的重要依据。亚马逊是全球最大的在线零售商之一,它的成功很大程度上归功于其强大的推荐系统。该系统利用用户的历史购买记录、浏览记录和搜索行为等数据,分析用户的兴趣和偏好,然后向用户推荐最有可能感兴趣的产品。数据要素帮助亚马逊理解消费者需求,优化产品推荐,并提高销售业绩。中国台湾的蒋文玉教授也运用数据挖掘技术,通过淡旺季、旅行地点、旅行频率等信息对旅客进行分类,帮助台湾航空公司决定哪一部分是高价值旅客并给予更多关注,从而提升公司利润。星巴克在选择新门店位置时,会考虑多种因素,包括人群密度、竞争对手的位置、交通状况等。通过收集和分析这些数据,星巴克能够准确定位新店的位置,并优化其经营策略。星巴克可能会选择在某个特定区域开设多家分店,以增加品牌曝光度和吸引更多顾客,而在一些区域选择不开分店,这类决策在数据还不是生产要素时是无法作出的。沃尔玛是全球最大的零售商之一,它的库存管理至关重要。通过数据要素的应用,沃尔玛可以实时监控库存水平,预测需求变化,并调整采购决策。这有助于沃尔玛保持库存充足,满足客户需求,同时避免库存积压和浪费。还有很多运输企业通过对生产总值、利率、外贸额、集装箱量等指标进行收集与分析,能够推测出亚洲各个港口集装箱量,其推测结果与实际数值差别不大(Tsai和

Linda,2015)。数据要素在中国的很多公司也发挥着重要的作用,比如中国三大运营商都拥有数亿用户,每个月都有大量用户有退出的风险,如果对每一位用户的通话、短信、流量使用等习惯进行分析评估,得到每一位用户能够为公司创造的潜在利益并根据该结果决策针对不同群体的优惠套餐种类,就能在保证最大利润的情况下保留所有用户。

以上事例说明数据要素很大程度上帮助企业作出明智的决策,越来越多的企业也正在向数据驱动型决策模式转型来加强或巩固自身在行业中的竞争优势。

(二)提升企业生产效率

1.数据要素提升企业生产效率的路径

数据要素能够让企业的生产效率得到显著的提升,主要体现在以下两个方面。

1.1 数据要素提升企业其他要素生产效率

数据要素能够促进其他生产要素边际产量提升,从而让整个企业生产效率增加(刘业政等,2020)。数据要素成为生产要素的一个重要特征就是能够与劳动、物质资本、技术水平等传统生产要素融合(谢康等,2020)。数据要素不仅能够优化其他要素在经济社会中的配置,还可以提升其他要素的效率,从而改变企业的生产方式、提升企业生产效率。蔡跃洲和马文军(2021)指出数据要素最为重要的作用就是与其他生产要素协同生产从而提升生产效率。

对于劳动力来说,数据要素可以使其决策更具有即时性与准确性,提升其决策能力,减少适应劳动资料的时间,从而提升生产效率。首先,对劳动力工作状况进行实时监测和反馈。通过数据要素的实时监测和反馈,可以让劳动力及时了解自己的工作表现和效率,从而进行调整和改进。在生产线上,可以通过数据监测设备实时收集每个劳动力的工作效率数据,如生产数量、生产时间、生产质量等,然后通过数据分析工具进行实时反馈。劳动力可以通过反馈数据了解自己的工作效率情况,找出生产过程中浪费的时间和资源,采取相应的改进措施,如减少等待时间、提高物料配送效率等,及时调整工作状态,提高生产效率。其次,对劳动力工作流程进行优化。数据要素有助于对工作流程进行优化改进,使劳动力更高效地完成工作任务。具体来说,可以对生产线上的各个环节进行数据分析,找出效率低下的环节,针对性地进行改进和优化。比如改进工艺流程、优化工具设备、提高生产线自动化程度等,从而提高劳动力的工作效率和生产质量。再次,为劳动力提供定制化培训和辅导。利用数据要素可以对每个劳动力的工作表现和工作方式进行分析,从而为他们提供个性化的培训和指导。通过对劳动力的工作效率、工作质量、工作习惯等数据进行深入分析,能够了解每个劳动力的优点和不足,进而制定针对性的培训计划和指导方案,这样可以帮助每个劳动力充分发挥自己的优势,提高技能水平和工作效率。从次,为劳动力设计出更合理的激励和奖励机制。劳动力的主观能动性和激励与奖励机制紧密挂钩。好的激励与奖励机制可以让劳动力更加积极地投入工作,提高工作效率。根据数据分析结果设立奖励制度,对工作效率高、质量好的劳动力给予奖励。这种奖励机制可以促使劳动力更加努力地完成工作任务,从而提高生产效率。最后,帮助劳动力预测未来市场发展趋势。借助基于数据要素的预测模型,预测未来的趋势和市场需求,从而更好地规划生产和技能学习计划。这可以帮助劳动力更好地了解未来的工作需求和任务安排,提前更好地规划自己的工作时间和学习精力。例如,通过分析历史销售数据和市场趋势,可以预测未来的产品销售情况,进而制定相应的生产计划和技能学习策略,帮助劳动力更加精准地安排工作时间和学习任务。除此之外,数据要素还能够促进劳动力之间的沟通和协作。通过数据要素的共享和沟通机制,可以强化劳动力之间的沟通和协作,从而提高工作效率。通过建立数据分析结果的共享平台和讨论机制,让每个劳动力都能及时获取自己的工作效率数据和分析结果,并与同事进行交流和讨论。这可以帮助劳动力更好地理解自己的工作表现和效率问题,并采取相应的改进措施。同时也可以促进不同岗位之间的协作配合,提高整体生产效率。能够看出,数据要素在提升劳动力生产效率方面具有重要的作用,信息技术的发展和对数据要素的不断挖掘,将为工人生产效率的提升提供更多的创新思路和方法。

对于物质资本来说,数据要素可以促进机器设备、厂房等向数字化、智能化的方向发展,使其生产效率提升,首先,对设备进行预测性维护和故障预警。在收集和分析机器设备的运行数据的基础上,可以预测设备可能出现的故障,并及时采取预防性措施进行维修和更换,避免设备在生产过程中出现停机或故障,从而提高设备的整体运行效率和生产线的稳定性。同时,对设备运行数据的分析还可以提前发现设备潜在的问题,及时调整设备参数或更换备件,延长设备的使用寿命。其次,优化设备的配置和调度。分析设备产生的数据可以了解每台设备的运行状况、性能特点以及生产需求,根据实际情况优化设备的配置和调度。针对生产线上不同环节的特点,合理安排设备的运行顺序和时间,提高生产线的整体运行效率。再次,提升设备的利用率。对设备使用情况的监控和记录可以了解设备的实际利用率情况,合理安排设备的生产计划。同时,对设备进行实时监控可以及时发现设备生产停滞,通过这些措施可以提高设备的利用率。最后,对生产设备进行精细化管理和控制。通过数据分析可以对设备进行更精细化的管理和控制。比如,实时监测设备的能耗、运行状态、加工质量等数据,根据这些数据对设备进行精准控制和调整。还可以根据历史数据对设备的维护和保养进行规划和管理,提高设备的维护保养效率和生产效率。总的来说,数据要素对提升机器设备的生产效率有很大帮助。通过预测性维护和故障预警、优化设备配置和调度、提升设备利用率以及精细化管理和控制等方式,企业机器设备的生产效率可以获得大幅度提升。

对于生产原材料来说,企业可以根据生产原材料的周期、市场供求关系、出库入库时间等数据信息,减少生产原材料闲置时间,防止生产原材料长期存放导致损坏,降低企业的储存和管理成本(王胜利和樊悦,2020)。首先,对生产原材料进行精准计划和采购。根据数据分析,企业可以深入了解市场需求、库存情况、生产计划等因素,精准地制定原材料采购计划,避免过量采购或不足采购,降低库存成本和提高生产效率。同时,对供应商的数据分析可以更好地评估供应商的供货能力、质量、价格等方面的信息,选择更合适的供应商,降低采购成本。其次,优化生产和库存管理。实时监测生产过程和库存情况可以及时发现生产过程中的问题和库存的异常情况,从而采取相应的措施进行调整和优化。当发现原材料的消耗速度过快或过慢时,可以及时调整生产计划或调整原材料的采购计划,避免生产效率低下或库存积压等问题发生。再次,提高原材料利用率。通过数据分析和监控,可以了解原材料的实际利用率情况,找出浪费原材料的原因和改进空间。分析生产过程中各环节的原材料消耗数据,能够找出浪费原材料的环节或工艺,采取相应的改进措施,提高原材料的利用率。从次,预测需求和调整采购策略。对历史销售数据、生产数据和市场需求等因素进行记录和分析,可以预测未来的原材料需求量和价格走势,制定更为合理的采购策略。这可以帮助企业提前做好库存准备,避免因原材料短缺或价格波动带来的成本增加和生产效率下降。最后,加强原材料采购部门与其他部门的合作。协同生产和供应链管理对提高原材料生产效率非常重要。通过数据共享和沟通机制,企业内各部门之间的协同合作得到加强。比如,生产部门可以及时将生产数据共享给采购部门、库存管理部门等其他相关部门,以便更好地调整原材料采购计划和库存管理策略。与供应商之间也可以通过数据共享机制,实现更加精准的供需匹配,提高原材料的供应效率和生产效率。可以看到,数据要素在提升生产原材料的生产效率方面发挥了关键作用。通过精准计划和采购、优化生产和库存管理、提高原材料利用率、预测需求和调整采购策略以及协同生产和供应链管理等方式,可以帮助企业更好地利用原材料,提升其生产效率。

对于资金来说,数据要素可以让其在企业发展过程中发挥更大作用。首先,进一步发挥财务数据价值。通过深入分析企业的财务报表,包括资产负债表、现金流量表和利润表等,可以了解企业的资金状况,包括资金的流入流出情况、资金的使用情况以及资金的效率情况等。比如对现金流量表的分析,可以了解企业经营活动、投资活动和筹资活动的现金流情况,从而判断企业的盈利能力和偿债能力。通过对这些数据的分析,可以找出企业资金利用的不足之处,为后续的资金管理提供数据支持。其次,辅助制定资金使用计划。根据企业的业务需求和市场环境,制定合理的资金使用计划。数据分析可以预测未来的资金需求和现金流情况,从而更好地安排资金的使用方向和数量,避免资金的浪费和短缺。对销售数据和库存数据的深入分析可以帮助企业制定合理的采购计划和生产计划,避免库存过多或过少导致的资金占用或销售损失。再次,优化企业资本结构。通过负债和权益资本的比例等数据可以深入了解企业的资本结构情况,根据企业的业务特点和市场环境,实现资本结构优化,降低资金成本和提高资产收益率,从而提高资金的利用效率。企业能够在分析负债的利率、期限和结构的基础上,制定更加合理的债务融资策略,降低企业的利息支出并提高债务的偿还能力。从次,准确把握现金流动向。对企业的现金流情况进行实时监测,可以及时发现现金流的异常情况,如现金流断裂、不足等问题,从而采取相应的措施进行调整和优化,避免因现金流问题导致的资金利用效率下降和企业经营风险增加。最后,对资金进行精细化管理。数据分析可以帮助企业了解经营情况和市场情况,从而对资金进行精细化管理,提高企业的经营效率和资金利用效率。比如,通过分析客户的信用、销售数据可以制定更加合理的信用、销售策略,或者通过分析市场数据、行业数据和企业自身数据等可以对市场、行业和企业内部风险进行评估,从而为企业制定相应的风险应对措施。数据支持可以大幅度提高企业抵御风险的能力,避免因风险导致的资金损失。这些精细化管理措施都能够提高企业的经营效率和资金利用效率。综上所述,数据要素可以通过财务数据分析、制定资金使用计划、优化资本结构、监控现金流、精细化管理等方式提升企业资金的利用效率,使企业更加合理地安排资金的使用方向和数量,避免资金的浪费和短缺,从而提高资金的使用效率和回报率。

1.2 数据要素提升企业内部创新效率

数据要素能够让企业更容易产生创新,让企业采用新的生产方法从而节省生产的时间与物质资源或能够生产出让消费者愿意支付更高价格的新产品。

在生产方法方面,梅宏(2018)指出数据要素不只可以让其他生产要素配置方式得到改善,更为重要的是能够运用与之前不同的生产方式,促进传统产业的智能化与数字化进程。利用数据分析和自动化技术,企业可以实现机器设备的自动化和智能化生产。自动化控制技术可以实现设备的自动控制和调整,提高设备的运行效率和生产力,智能化技术可以实现设备的智能诊断和维护,提高设备的维护效率和准确性。这种自动化与智能化的生产方式可以提高企业的生产效率和产品质量,同时降低生产成本和风险。同时,通过分析生产过程中产生的数据可以发现现有工艺和流程中的瓶颈和问题,从而针对性地创新和改进工艺流程。随着社会对环保意识的提高,企业也更加注重绿色生产和可持续发展,而数据要素可以帮助企业实现绿色生产。凭借对数据的分析和管理,企业能够把握生产过程中的能源消耗、污染物排放和资源利用情况,采取相应的措施进行优化和改进。针对能源消耗较大的环节,企业可以采取节能减排的技术进行改进,降低能源消耗和污染物排放。这种绿色生产方式可以提高企业的社会责任感和形象,同时降低生产成本和风险。数据要素的即时性特征让数据要素促进企业生产方法创新的能力得以放大。数据要素因为该特征,能够渗透到企业每一个环节。特别是在生产环节,企业可以对生产活动中的数据随时进行收集与分析,将结果与改进建议及时、自动地传输到各生产部门,保证企业能够随时发现生产中出现的问题,持续对生产方式进行调整改进。

在产品方面,随着数据收集与分析水平的提升,企业能够获得海量数据并从中获取知识,进而实现产品的创新(李树文等,2021)。首先,数据要素可以帮助企业深入了解用户的需求和行为,从而更好地指导产品研发和创新。具体来说,企业可以通过收集和分析用户数据,了解用户的使用习惯、购买行为、反馈意见等信息,进一步挖掘用户的潜在需求和痛点。这种深入了解用户需求的方式可以为企业提供更加精准的产品研发方向和思路,提高新产品的市场适应性和竞争力。其次,在产品设计中,数据要素可以帮助企业优化产品的外观、功能和性能等。企业可以通过数据分析和模拟测试,评估产品的设计是否符合用户需求,是否存在问题,从而对产品进行改进和优化。在产品设计中,企业可以使用原型制作和用户测试,了解产品的使用体验和用户反馈,进一步优化新产品的设计和性能。再次,数据要素可以帮助企业实现产品向智能化方向发展,提高产品的附加值和竞争力。企业可以将人工智能、物联网等技术应用到产品中,实现产品的自动化和智能化。比如智能家居产品可以通过数据分析和物联网技术,实现远程控制和自动化控制,提高产品的便利性。从次,数据要素可以帮助企业实现产品的个性化,根据用户的特定需求定制化生产产品。企业能够通过大量的客户数据深入了解他们的各种特征,为广大客户提供定制化的产品与服务(徐翔等,2021),变相地提升了企业的生产效率。具体来说,企业可以通过数据分析和挖掘,了解用户的偏好和需求,为用户提供个性化的产品和服务。比如在服装行业中,企业可以通过数据分析和用户行为挖掘、了解用户的喜好和身材特点,为用户提供定制化的服装设计和推荐服务,数据要素的发展让这种定制化的成本降低,能够被更多消费者接受。这种个性化产品的方式可以提高企业的市场占有率和用户满意度,也满足了用户的个性化需求并提高品牌忠诚度。最后,数据要素能够降低企业研发新产品的成本。企业可以通过数据分析和模拟测试,减少产品的原型制作和实验测试的次数,从而降低产品的研发成本。在汽车行业中,企业可以通过数据分析和模拟测试,减少车辆实验的次数和成本,同时提高车辆的性能和安全性。同时,通过数据分析和优化,企业可以提高新产品的质量和稳定性,减少产品的售后维修和更换成本。

总的来说,数据要素可以被认为是一种能够提高企业生产效率的信息资产(Farboodi等,2019)。

2.数据要素提升企业生产效率具体事例

现在有很多公司都通过运用数据要素提升了自身的生产效率。在生产方式创新方面,中航工业永红散热器公司与中联重科股份有限公司在使用了工业大数据管理系统后,优化了整个生产流程,生产效率、产品质量得到了提升,人力、维修成本也有所下降。①通过数据分析和优化,该企业实现了对生产线的智能化管理和故障预警。具体来说,企业通过对生产线上的各种传感器数据进行实时采集和分析,及时发现设备的异常状态和故障征兆,提前采取措施进行维修和更换,避免了设备故障对生产造成的影响。同时,数据要素也帮助该企业实现了对生产过程的精细化管理,通过对生产数据的分析和挖掘,企业可以更加精准地掌握生产过程的每一个环节,优化生产流程和提高生产效率。在产品创新方面,企业根据大量的交易数据能够详细地把握各个类型的消费者对于产品色彩、材质等特点的喜好,同时还能够及时对最新收集到的数据进行分析以保持对这些喜好变化趋势的了解,从而生产出更加贴合市场需求的新产品(Veldkamp,2019)。特斯拉通过数据要素一直在更新自己的产品。特斯拉的自动驾驶系统依赖于大量的传感器数据和车辆运行数据。这些数据被用来训练自动驾驶系统,使其能够识别交通信号、障碍物和其他车辆,并作出相应的驾驶策略。数据要素帮助特斯拉优化了自动驾驶系统,提高了驾驶安全性和用户体验。在食品行业,喜力公司作为全球著名的酿酒企业之一,使用物联网技术和大数据分析来监控并优化啤酒生产。他们的设备可以实时获取数百个数据点,帮助他们监测和调整生产工艺中的关键因素,比如温度、压力和发酵时间,这样有助于确保啤酒质量的稳定,并且大幅提升了生产效率。除了生产具体产品的企业,数据要素还能够让服务业企业提供的服务产生创新。比如从事保险业务企业能够根据顾客的日常交易数据判断顾客经历的生活中的大事件,并进一步判断这些事件会让顾客对保险的需求产生何种变化。当保险公司对这些事件以及可能造成的影响有较为准确的判断后,就能够为顾客提供更加符合顾客需求、质量更高的新保险服务。从事金融业务的企业也能够通过数据分析了解企业的金融需求和痛点,从而有针对性地创新金融产品和服务。通过分析企业的现金流和供应链的情况,推出适合企业的贷款、支付结算产品和服务,这些创新金融产品和服务可

---

① 《大数据优秀应用解决方案案例:工业、能源、交通卷》,国家工业信息安全发展研究中心发布于2018年。

以提高企业的资金利用效率和市场竞争力。

以上事例说明数据要素对提升企业生产效率起到了至关重要的作用,更多的企业正在生产过程中运用数据要素。

(三)扩展企业业务范围

数据要素让很多企业发展了新的业务,主要分为以下三个类型。

1.将企业自身产生的数据进行销售

一部分企业在传统业务以外,开始进行数据销售这一类新的业务。企业在日常进行生产或服务活动时,会生成海量的数据,这些数据不仅会对企业自身改善运营模式、提高生产效率有帮助,还会为本行业或其他行业的企业提供所需要的信息和见解,因此这些数据对其他企业也能够产生价值(Agrawal等,2018)。由于数据要素具有部分排他性和非竞用性,企业可以将数据重复销售给多个买家并且不会影响数据本身的价值,从而得到大量利润。比如现在很多社交软件、中间商平台等在为用户提供虚拟产品或服务时,可以收集到很多用户的特征以及对于各类产品与服务的建议与评价等数据,这部分数据对于从事产品生产与提供服务的企业有着非常重要的价值,这些企业愿意花费大量资金去购买这些数据,比如很多社交软件、中间商平台都开始从事出售数据的业务。Brock等(2013)给出了一个具体事例以诠释这种类型的业务,他们指出波士顿咨询公司就和一些银行展开合作,将这些银行的交易数据出售给各个行业的企业以谋取利润。可见数据销售的盈利前景非常广阔,有些企业甚至放弃了从生产的产品和服务中获取利润而专注于数据销售业务,比如现在很多app在提供免费服务或虚拟产品的同时收集用户的数据信息,出售给需要的企业。具体来看,京东和淘宝作为中国头部电商,已经开始从事向其他企业销售数据分析的业务,帮助他们了解市场趋势、消费者需求和竞争情况等,从而优化产品和服务、制定营销策略。这些企业可以利用京东和淘宝的销售数据分析结果,提高自身产品的销售量和用户满意度。腾讯是中国最大的互联网综合服务提供商之一,拥有庞大的用户数据。腾讯向其他企业提供用户行为数据分析服务,利用自身业务产生的数据帮助他们了解用户的购买行为、兴趣爱好和社交关系等,从而优化产品和服务、制定营销策略。这些企业可以利用腾讯的用户行为数据分析结果,增加自己产品在市场上的竞争力。美团作为中国最大的外卖平台,也向餐饮企业提供销售数据分析服务,帮助他们了解客流量、订单量、销售额等数据,从而优化餐厅的经营策略和管理方式。这些企业能够使用美团的销售数据分析结果,提高自身的经营效率和盈利能力。

2.将其他来源的数据整理进行销售

还有一部分企业自己不产生数据,而是从大量数据来源搜集数据,对这些数据完成清洗、整理让其变成直接能被使用的形式以后,限制对这些数据的接触权限,用户只有支付一定的会员费才能够下载并使用这些数据。比如尼尔森(Nielsen)是一家全球知名的信息、数据和度量公司,其主要业务包括市场调查和市场智能服务。其主要客户是零售商、品牌制造商、广告商、广告公司和媒体公司。它通过在全球范围内零售店运行轨迹(包括线上、线下购买数据)以及消费者行为调查项目(包括消费者观看电视、收听广播的行为数据)来收集数据。这些数据就包括了什么类型的商品在何时何地以什么价格被购买,哪些人群购买了什么样的商品,消费者是如何接触广告信息并产生购买行为的等等。完成数据收集后将这些数据进行处理、分析、整合,形成各种市场研究报告和分析工具,然后将这些产品卖给其他企业。例如,一家食品制造企业可能就需要了解其商品在超市货架上排列的位置、价格、促销方式等如何影响销售,或者是通过观察不同的广告投放方式对购买行为的影响,从而创造出更有效的销售和营销策略。益博睿(Experian)同样是全球领先的信息服务公司,不仅提供信用评分服务,还提供数据分析服务。它可以收集并分析消费者的信用、财务和购物习惯等信息,然后将这些信息以报告或其他格式提供给金融机构、零售商和其他企业。这些企业可以利用这些信息进行风险评估、目标市场的确定、营销策略的制定等。例如,一家金融机构可能会使用益博睿的信息来评估潜在贷款客户的信用风险,或是一家零售商可能会根据消费者的购物习惯来制定更有针对性的营销策略。经济学研究人员经常使用的万德（wind）、中国经济金融（CCER）等数据库也是以这种模式进行盈利的。还有一些公司只销售特定来源的数据，比如Gnip公司就专门将推特产生数据进行处理并销售以此获得利润（Nadim和Peter，2018）。

3.为其他企业提供数据处理分析服务

还有一些企业既不生产数据也不出售数据，而是专门为其他企业按照其要求提供数据处理服务。数据要素的出现让很多行业之间界限不再清晰（Tamim等，2013），让处在不同行业的企业能够相互合作，实现融合发展。具体来看，SumAll是一家位于纽约的数据分析公司，主要为中小型企业提供即时数据分析服务。它通过线上平台收集各种数据，并进行分析后，把可视化的分析结果展示在互动界面上供企业客户参考。例如社交页面上的网页流量、eBay上的销售量等数据，生成每星期、每个月的使用者与消费者分析报告，方便企业客户进行追踪。Databricks是一家提供大数据处理和机器学习平台的公司，他们的统一数据分析平台很大程度上简化了大数据和AI的管理和实施流程。各种规模的公司都可以使用Databricks，他们的收入主要来源于为企业提供平台使用和相关数据分析服务的费用。在医疗领域，Flatiron Health是十分有名的"医疗大数据技术"新创公司，主要专注于癌症数据分析。它通过各种渠道收集病患的临床记录、医师诊断记录、患者治疗结果、基因数据及缴费记录等数据，进行分析整合后提交给肿瘤学家，通过分析过往的治疗方法跟记录，帮助医生作出更好的临床诊断与治疗方案。还有上文中提到的Gnip公司除了提供标准化后的数据以外，还可以为各个类型的企业按照它们的需求提供分析数据的服务，以及博睿数据公司在苏宁易购运营过程中为其建立指标体系、分析数据，从而提升产品的质量。除此之外，一些企业研发出了app能够对汽车的行驶数据实时分析，从而改善驾驶员的驾驶习惯，增强驾驶安全性，同时还可以让汽车厂商根据分析的数据提升汽车性能。总的来说，这些企业都是通过数据处理服务来实现盈利的，它们利用先进的技术和算法对数据进行处理和分析，以提供更加准确、高效的数据服务，帮助其他企业更好地了解市场和消费者需求，优化产品和服务，制定更加精准的营销、经营策略。可以看到,数据要素为企业提供了很多新的业务选择。

四、本章小结

本章对于数据要素促进经济增长的机制从宏观、中观、微观三个层面进行了全面而详细的分析。

从宏观层面来看,首先,数据要素能够减少信息摩擦,提升社会中资源的配置效率。不完全信息、搜寻成本等问题导致很多社会资源无法被充分利用,而数据要素的发展能够让信息得到充分地传递,从而提升资源配置效率。其次,数据要素能够为社会创造新的增长极。数据要素的发展让社会中出现了大数据、云计算、人工智能、物联网等一系列新兴产业推动经济发展,并且还让经济学、会计学、情报学、教育学、医学等学科的研究思路、研究方法以及在社会中发挥的作用都有了很大的提升。最后,数据要素能够提升政府的行政效率,让政府可以更有效率地为人民服务,并且对政府内部的腐败情况也能有很大程度的改善。

从中观层面来看,首先,数据要素可以推动产业融合。由数据要素催生出的大数据、云计算、人工智能等新兴产业能够与传统产业融合,形成智慧农业、智慧制造等新业态,这对于中国数字经济发展非常重要,2021年中国产业数字化规模在整个数字经济规模中占比在4/5以上。其次,数据要素可以促进中国产业结构向高级化方向发展。数据要素很大程度上提升了第一产业与第二产业的生产效率,让很多资源能够从中释放出来涌向技术密集度更高的第三产业,从而实现产业结构向高级化方向发展。2010年到2021年间中国产业结构始终在向高级化方向发展。最后,数据要素可以加速产业内部创新。数据要素的发展让企业能够将平时生产与运营活动中产生的数据转化为创新所需要的知识,同时数据传输技术的进步让产业内各个企业能够互相分享创新失败产生的数据,从而提升整个产业的创新能力。

从微观层面看,首先,数据要素能够帮助企业作出更加明智的决策。数据要素的发展让企业获得的数据量、处理分析数据的能力、收集传播数据的速度等方面都有了明显的提升,为企业采用数据驱动型决策模式奠定了良好的基础。其次,数据要素能够让企业生产效率得到提升。数据要素能够增加企业其他生产要素的生产效率,并且能够让企业选用新的生产方式生产或生产出让消费者效用更高的新产品。最后,数据要素可以扩展企业的业务范围。数据要素的发展让很多企业都开始从事与数据相关的业务,主要分为出售自身产生的数据、收集数据处理后出售、帮助其他企业按其需要分析数据三大类。

总的来说,数据要素在经济增长中扮演着非常重要的角色,并且在宏观、中观、微观层面通过不同的机制促进经济增长。

第六章 影响数据要素作用发挥存在的问题

数据要素具有完全不同于传统生产要素的特征,因此其推动经济增长的机制也明显异于传统生产要素,我们不能简单地套用发展传统生产要素的方法去发展数据要素,应积极探索适合数据要素发展的新道路并发挥其在经济增长中的特殊作用。在此过程中,我们应认识到中国在数据要素使用中出现的很多不同于传统生产要素的新问题,这些问题如果不得到妥善地解决,就会成为数据要素发挥作用的绊脚石。本章将从企业、市场、政府三个维度对影响数据要素作用发挥存在的问题进行阐述。

一、企业维度

(一)侵犯个人隐私权力,威胁潜在数据供给

近些年来,大数据技术的发展让人们愈加关注其带来的负面影响,尤其是在对人们的监控、攫取私人信息方面。现代的企业都在向"数据驱动(data-driven)"转型,它们会想尽一切办法从各种渠道获得数据。中国规定"自然人的个人信息受法律保护,任何组织、个人不得侵害自然人的个人信息权益"[1]。然而对于现代企业来说,记录并研究人们日常的行为,即使是那些看起来没有任何价值的行为,已经变成了一种常规而不是特例(Angwin 和 Valentino-Devries,2012)。这意味着这些组织要对人们生活中的一举一动、人们之间的关系等信息

---

[1] 《中华人民共和国个人信息保护法(草案)》,十三届全国人大常委会第三十次会议表决通过,2021年11月1日起执行。

全部进行监控和数据化。未来随着人们对这一问题了解的深入,很可能开始过度保护自己的数据,让企业很难收集到数据,从而降低整个经济社会中的数据供给。

企业要想充分发挥数据要素的作用不仅仅需要被动地收集数据,同样需要积极地创造数据,这需要对各类人员、地理位置信息、事件发生流程以及它们之间的联系进行全面的监控与数据化(Van Dijck,2014)。对于很多商业模式来说,利润最重要的来源是你使用某产品或服务产生的信息,而不是购买该产品或服务支付的货币。这些产品或服务不止是作为一种商品形式存在,更是一种获取数据的手段,这种收集数据的动力很大程度上改变了技术发展水平与商业模式。当我们谈论起"数据收集""数据挖掘"等将各种来源的数据搜集并且整理成可以使用的信息的技术时,我们想象这些活动是一种中性积累,好像数据是一种独立存在于世界之外的资源等着人们去获取。但是,从数据攫取这一角度分析"数据收集""数据挖掘"等技术的本质,就可以看到这些技术对于目标人群的监控与剥削实质。目前世界上能够提取到的价值比较高的数据基本都是关于人的,比如说人们的性别、身高体重、职业、宗教信仰、行为习惯以及其他个人信息。Gregory(2014)对这一现象进行了总结,他认为大数据本质上就是由人构成的。这说明要想充分发挥数据要素的作用,收集并积累更多的数据,就需要对人们采取侵入性更强的探测与监控(Schneier,2015)。现在对人们的监控与数据的获取已经彻底地融入了我们的生活,从我们日常使用的消费品到城市基础设施以及其他生活中接触到的事物,"数据监视"这一功能已经融入各个领域中。

需要注意的是,这种对于日常生活的监视以及隐私的侵犯通常是在没有经过我们同意的情况下进行的。目前告知人们其数据被收集的主要方式是通过收集数据的应用程序条款,然而这些条款通常非常繁琐。早在2008年,McDonald和Cranor就发现一个美国人平均每年要遇到1462个隐私条款,全部读完它们需要76天。我们日常生活中使用频率最高的应用程序微信,其使用条款以及隐私政策也高达4000余字,几乎没有人会将它读完。这些条款不但非常冗长,其内容也包含很多专业的法律知识,这些知识对于绝大部分人是很难理解的。在公司提出这些条款时没有给人们谈判或选择的空间,科技巨头只会给我们两种选择,要么接受它们的条款,要么放弃人们在现代社会赖以生存的科技产品,毫无疑问人们只能选择前者,Zuboff(2019)将这种模式称为"没有选择的独裁(dictatorship of no alternative)",这就导致了微信等应用程序在用户不知情时读取相册等事件的发生。对于人们隐私权力的保护不应仅停留在数据收集阶段,还应该包括数据的传播和使用阶段,中国民众目前对于自身被收集数据的流通途径和用途一无所知。中国还没有明确的法律防止企业将收集到的个人数据分享给第三方,当某个企业得到用户个人信息后,它很可能为了利益最大化对数据进行再出售。同样,我们的个人数据被用作什么用途也无法得到法律保护。在2016年担任美国国家情报局局长的詹姆斯·克莱珀承认政府可能会将互联网、大数据技术视为监控人们家庭和生活的通道,未来情报部门会利用这些技术进行身份识别、监控、定位、获取网络足迹等一系列操作(Ackerman和Thielman,2016)。

除了企业或政府部门对人们隐私数据的窃取外,很多非法组织或个人也会侵犯个人隐私,而这种行为通常危害更大。非法组织或个人窃取的个人数据可能包括身份信息、财务信息、医疗信息等。这种情况下数据泄露通常是由网络攻击等原因引起的。网络攻击是指利用计算机系统或网络的漏洞,通过恶意软件等其他手段对网络进行攻击。恶意软件是一种旨在破坏、窃取或传播数据的计算机程序,它可以是病毒、蠕虫、木马等。恶意软件可以通过各种途径传播,例如通过下载受感染的文件、点击恶意链接或接收来自未知来源的电子邮件附件等。如果恶意软件侵入数据所在的计算机系统或网络,就可能收集、窃取或篡改个人数据,导致个人隐私数据的损失。一旦这些数据泄露,很可能会被用于不良目的,危害最大的当属身份盗窃或电信诈骗。身份盗窃是一种犯罪行为,涉及使用他人的个人信息来冒充该人的身份,这些信息可能包括姓名、社会保障号码、信用卡号、密码等。电信诈骗是指通过电话、网络和短信方式,编造虚假信息,设置骗局,对受害人实施远程、非接触式诈骗,诱使受害人打款或转账的犯罪行为。

如果被身份盗窃或电信诈骗,会导致个人财产受到严重损失,影响家庭成员的财产安全,还会影响到个人信用记录,对以后的贷款、信用卡申请等产生不良影响。除了对个人影响外,数据泄露还会对整个社会和国家产生不良影响。受害者可能会因为被骗而感到愤怒和失望,甚至会因此与家人或朋友产生矛盾。社会的信任关系受到破坏,使人们对于陌生人的信任度降低,影响到社会的和谐稳定。在国家层面,大量的个人信息和银行账户信息如果被不法分子获取并利用,将会严重威胁到国家的信息安全。这些信息可能会被用于网络犯罪、恐怖主义活动等不良行为,对国家和社会的安全稳定造成威胁。

这些侵犯隐私的活动会严重影响人们提供自己数据的意愿,从而威胁社会潜在的数据供给。缺乏对居民隐私数据的保护会导致一些利用个人数据的科学研究缺乏伦理标准,无法阐明收集与分析这些数据的原则和机制,并可能会对这些研究人群造成伤害(Lazer等,2020)。企业也可以肆意利用人们的生活习惯、支付意愿等个人数据,对人们实行价格歧视等行为,榨取消费者剩余,给人们造成利益损失。当人们认识到提供数据会让自己遭受损失时,会严格限制自身数据被企业收集,而数据供给量的减少很大程度上会阻碍数据要素对经济增长的促进作用。

(二)歧视弱势群体,不平等加剧抑制经济增长

企业使用数据要素造成对弱势群体的歧视主要是通过算法实现的。算法指的是完成任务的一系列规则,这些规则在以前是由计算机程序员人工编写,而在数据成为生产要素后,机器学习开始使用一种利用大型数据集自动统计推断过程开发的特殊算法。这种算法先将要研究的对象量化,再从大量量化结果中归纳模型,然后运用模型研究新的对象,最后根据反馈进行改进(Barocas等,2017)。在这个过程中,机器学习很可能会使用带有偏见的数据(比如运用车祸率作为汽车质量的指标),算法所使用的数据来源于人,人构成社会,而社会本来就是不平等的,因此算法会偏向于现在社会存在的权力、边缘化、优劣模式(D'Ignazio和Klein,2020),从而加重社会中存在的种族主义、性别歧视等问题。自

从人类社会形成以来,就存在不同的阶级及其导致的不平等现象,权力在管理机构、社会机构、微观个体之间流动,并且与当时的技术紧密相关,一般情况下技术都会反映和强化当下的社会秩序。人们之间的不平等加剧会严重抑制整个社会的经济增长。

现在很多机构都运用算法来为刑事判决、福利分配、招聘流程以及其他资源分配活动提供指导,同时,算法还会通过社交媒体、搜索引擎等平台改变着人们的生活和工作习惯,可以说算法已经渗透到了我们日常生活的各个方面(Davis 等,2021)。算法的本意是提供一种对所有人都友好的、博爱的决策方式,使得拥有权力的机构以一种更公平、更方便的方法去做决定,然而这种以数据驱动的系统会产生有偏的结果,最终反映并加强社会中的不平等(Crawford,2021)。当算法使用的数据元素包括人口统计信息(如地理位置、种族或性别等),这可能导致数据歧视。比如,有些算法使用个人的邮政编码数据进行决策,但这可能导致贫困或高犯罪地区被不公平地视为高风险或不值得投资。算法还可能被用来将人们分割进微目标市场,这可能导致公司向特定的人群提供不同的价格、产品和服务,从而造成不平等,一些公司可能会使用数据分析,向更有可能购买昂贵产品的消费者显示更高的价格。例如,"The Princeton Review"是美国一家考试辅导公司,其通过算法将广告大量投放给亚裔群体,并且针对相同的服务有近两倍概率收取亚裔群体更高的费用(Angwin 等,2015)。

现在有很多学者都提议使用"反分类(Anti-classification)"方法解决算法导致的歧视弱势群体问题,反分类的含义是在使用算法处理任何问题时禁止使用受到保护的个人特征,比如种族、性别、是否为残疾、社会阶层等,禁止使用的包含表示这些特征的直接变量以及这些特征的代理变量。Corbett-Davies 和 Goel (2018)认为这种反分类方法就等同于受到法律保护的平等保护原则(principles of equal protection),这一原则规定社会不能根据人口的某些特征或者偏好来决定他们在社会中处于优势或者劣势。而反分类方法就是在算法运作时让其忽视有可能影响结果的个人特征。反分类方法的一个重要用途就是在算法决定是否录用某些人员时消除这些人员的个人特征,在历史上雇佣者对于被雇佣者的种族、性别等都存在着明显歧视,这些特征会决定哪些候选者能够通过初步筛选,而反分类方法旨在防止因为管理层人员对某些特定类型的人员持有偏见而在招聘时存在歧视。然而在实践中反分类方法并没有起到防止歧视弱势群体的作用,反而加深了对弱势群体的歧视。比如在2014年,亚马逊运用算法将每个职位与申请者进行匹配后排序,并且将性别、种族等身份特征从申请信息中剔除,这么做的本意是提升应聘效率并且防止HR对弱势群体的内在偏见,但结果反而加深了在应聘过程中对于弱势群体的歧视。因为亚马逊和其他很多大公司一样,劳动力中大多数都是白人男性群体,因此提供给算法的训练数据大多数都来自以白人男性为主的在职人员,这会让一些女性以及其他种族特征降低申请人的分数,从而产生歧视弱势群体的恶性循环,亚马逊最终在应聘过程中放弃了使用算法(Dastin,2018)。数据要素不但不能使弱势群体获益,还会对他们造成伤害。在美国执法部门会向警察和监管社区收集有色人种的数据并对他们实行额外的监控,这是将种族主义带入数据驱动社会的体现(Browne,2015)。美国还在对亚裔的数据收集基础设施方面投入巨大,并且经常在对收集到的亚裔数据进行分析后,以恐怖威胁、犯罪、非法滞留等理由对亚裔进行监禁和驱逐(Bayoumi,2015)。因为这些原因,弱势群体普遍不愿意作为数据收集的对象(Nebeker等,2017),从而进一步加剧了以上问题。中国虽然不存在针对种族的歧视,但是越来越多的公司在招聘时开始运用算法进行筛选,会造成一些与家庭条件相关的(比如社会实践、实习经历不足)或者与性别相关的(比如参加过女子社团)指标降低申请者的分数,从而导致对弱势群体的歧视。

可以看到反分类方法本质上是有缺陷的,这一方法看似从意识形态方面避免了对弱势群体的歧视,但没有从数理统计的角度真正解决这一问题。为算法提供数据的人群以及受算法支配的人群都来源于不同的性别、种族、社会阶层,只要这些区别存在,就会被持续地放大(Davis等,2021)。有些人可能没有足够的技术知识,无法理解和利用自己的数据,更无法对自己的数据拥有控制权。而那些能够理解并有效利用数据的人,可能会得到更多的权利和机会,导致数据鸿沟。因此,如果企业持续运用现在的算法而不进行改进,数据要素的使用会加剧弱势群体受到的歧视。

社会中人们之间不平等加剧会导致经济增长受阻。第一,不平等加剧容易造成人们心态失衡,抑制工作动力。第二,不平等加剧会影响社会稳定,从而降低投资吸引力。第三,贫困家庭较难进行人力资本投资,浪费了社会中潜在的人力资本。国际货币基金组织也通过实证研究证实了这一关系,研究发现当收入前20%人群收入份额每增加1%,接下来5年GDP实际增长率会下跌0.08%,而后20%人群收入份额每增加1%,GDP实际增长率会上升0.38%(IMF,2015)。可以看到,当企业使用数据要素歧视弱势群体时,经济增长率也会下降。

二、市场维度

(一)加剧市场垄断,抑制技术进步

在数据成为新的生产要素后,收集并控制数据不但能够让众多企业获得经济利益与竞争优势,同时可以让企业设置壁垒、防止竞争对手进入市场,从而导致市场垄断加剧。数据被当作一种普遍的物质权力,任何能够提出数据需求并且从各种来源获取数据的人,都可以从中获取大量收益(Jathan,2019)。因此,现代企业都被一种"数据祈使"(dataimperative)驱动着,这种力量让它们要尽可能地从任何可能的来源获取数据(Fourcade和Healy,2017)。对于企业来说,数据与权力和利润相对应,这种反馈回路会让某些企业产生无限的权力和利润(Jathan,2019),从而加剧经济社会中的垄断现象,而垄断会通过降低经济运行效率、减少创新产出等途径抑制经济增长。

鉴于垄断对于经济社会有较大的危害,中国于2007年就通过了《中华人民共和国反垄断法》。然而数据具有传输速度快、多样性、数量巨大等特点,并且数据要素的主要使用领域互联网产业具有多边市场、跨界竞争、网络效应等特征,导致中国现有的反垄断法无法很好地管控数据要素造成的垄断(袁波,2019)。

数据要素能够加剧垄断的主要原因有以下三点:第一,数据要素具有规模经济与范围经济特性。在数据领域,规模经济和范围经济效应尤为明显。随着数据规模的扩大,企业对于消费者和市场的把握能力也会增强,这有助于企业更好地了解市场需求、优化产品设计、提高服务质量等。因此,拥有大规模数据的公司或平台往往具备更高的竞争力,能够在市场中占据优势地位,进一步扩大与中小企业的差距。第二,数据要素具有锁定效应与网络效应。数据锁定效应是指用户一旦使用某个平台或产品,就会产生大量的数据痕迹,形成数据资产。这些数据资产对于该平台或产品具有很高的价值,但转移到其他平台或产品的难度较大。网络效应则是指随着用户基数的增加,平台或产品的价值也会随之提高。一旦某个平台或产品在市场中占据了主导地位,就会形成正向的锁定效应和网络效应,使得其他竞争对手难以切入市场。第三,数据要素具有马太效应。在数据要素领域中,马太效应同样起到了重要作用。拥有更多数据的公司或平台,能够通过不断优化算法、提高服务质量等方式,进一步扩大市场份额,形成强者愈强的局面。而缺乏数据的公司或平台,则因无法准确把握市场需求、优化产品设计等原因,难以在市场中获得竞争优势。

还有一个阻碍中小公司发展的重要因素,即数据的收集首先需要吸引大批用户使用自己的产品或服务,要达到此目的首先需要投入高额成本开发出好的产品,同时需要给予使用者一定补贴,这一过程需要消耗大量资金,通常只有大企业才有能力负担。这些大企业通过免费或低价的产品吸引顾客,然后收集他们的数据来获取源源不断的利润。而互联网产业的小型公司通常没有自己的数据库,很大程度上限制了它们的发展,导致这类互联网公司一般只有两种结局:第一,无法继续经营;第二,由于有价值被互联网巨头收购,任何一种都会加剧市场垄断。公司的合体并不只局限于大公司对小公司的收购,在数据成为生产要素后,越来越多体量相同的公司开始进行合并。因为数据要素具有显著的规模经济效应,数据量在增大的过程中其蕴含的信息会变得更加准确和有价值,在很多行业数据的合并对于加快行业创新等方面有着明显的经济效益。数据集相互补充远比将数据储存在很多个"数据孤岛"里拥有更高的价值(Martens,2020)。

中国就有很多互联网公司在2015年也就是中国的"大数据元年"(李政和周希禛,2020),通过完成合并成为了各自领域的巨头,比如美团与大众点评、58同城与赶集网等(刘佳明,2019)。尤其值得注意的是滴滴和优步没有依法申报就进行了合并,且在2021年7月被爆出涉嫌将中国几亿用户信息和道路数据卖给美国,再次将数据垄断企业对社会造成的危害问题推到风口浪尖。还有近几年中国发展很快的电子商务行业,也存在着严重的垄断问题。中国《反垄断法》规定超过市场份额50%就可以判定为垄断,在2020年电商销售额中,阿里巴巴占有56%,京东和拼多多也分别占有18%、12%。①而这些互联网巨头几乎掌握着全国网民的数据,可以制定出最合理的营销策略,其他公司很难与之竞争。因此未来随着数据要素的作用被进一步挖掘,互联网公司的垄断程度很可能进一步加重。

除了企业的收购与合并造成的垄断外,数据要素也使得巨头企业能够滥用自身的市场支配地位从而造成垄断。大数据的运用与普及使得更多的企业充分认识到了数据要素的价值,数据的规模以及集中程度都有了很大的提升,导致一些企业在数据市场中逐步占据了支配地位。这种支配地位指的是一些掌握大量数据资源的企业通过自身的力量与地位将其他竞争者挤出市场的一种状态,任何占据市场支配地位的企业都会阻碍其他竞争对手获取数据从而垄断市场。还有一部分企业通过自身的力量无法达到挤出其他企业的目的,便与一些企业通过协议的方式达成同盟,在同盟内部数据共享、协同经营,进而排除其他企业以实现垄断,当市场规模足够满足同盟内各企业的盈利需求时,这种"共赢"的协议垄断模式就会持续下去(刘佳明,2019)。可以看到数据要素的出现让市场更容易形成垄断。

垄断会导致企业长期均衡位于平均成本曲线最低点左侧,说明人们愿意为

---

① 数据来源于国家统计局、上市公司财务报表。

一单位商品或服务支付的价格高于其边际成本,造成整个经济社会的效率损失。垄断利润会导致垄断企业缺乏创新的动力,而其他企业无法进入市场,没有创新所需的资源,使得整个社会技术进步受阻(高鸿业等,2018)。技术进步速率下降会严重影响经济增长。

(二)数据交易市场混乱,限制数据要素流动

只有让数据要素流通起来,才能充分发挥其促进经济增长的作用。然而目前中国数据交易市场不够完善,难以支撑数据要素的自由流动。中国学者对于如何改善混乱的数据交易市场也做了很多研究,数据交易市场主要有以下四点问题:

第一,数据产权不明确,发生交易活动时易产生纠纷。清晰的产权规定与合理的权属登记制度是数据能够在市场中顺利交易的基础,当市场交易物品为实物时,只有明确这个物品的产权所属才能合理地在交易各方中分配权力与责任。数据产权主要包含数据的所属权、使用权、收入权三个方面,明确数据产权就是要确定这些权力的界限与归属。然而数据要素由于其不同于传统生产要素的特征,其产权确定非常复杂,中国目前还没有法律对数据产权如何确定给出明确解释,也没有对数据这一新型生产要素建立符合其特征的产权登记制度(刘吉超,2021)。现在来看,中国在数据产权确定方面与预期还是有比较大的差距。这主要是因为数据产权仍处于模糊地带,数据的产权确定必须同时考虑市场中交易各方的利益,数据交易市场中各方信息不对称会导致权力与责任界限不清,缺乏可靠的第三方交易平台更是加重了这一问题(任保平和王思琛,2022)。目前的数据交易平台往往只提供简单的信息发布和搜索功能,缺乏专业的数据管理、交易结算、安全保障等功能,无法满足买卖双方的多样化需求,平台的服务质量和用户体验也有待提高,例如客服响应速度慢、交易流程繁琐等。现在整个经济社会对于数据市场的认知也不完善,现存的数据产权规定无法有效促进数据向数据资源的转变,使得在进行交易时主要转让的是交易权而非产权(李刚等,2021),从而影响交易各方利益分配。在数据产权确定困难的情况下,数据无法

采用传统物品完备的交易方式进行交易,参与交易各方的利益也很难有法律保障。

第二,缺乏统一的数据交易规则和标准。不同机构或平台的数据格式、质量标准、交易方式等存在差异,导致数据买方和卖方需要花费更多的时间和精力去适应不同的规则和标准。由于缺乏统一的标准,对于数据的分类、定价、质量评估等存在较大的主观性和不确定性,容易产生信息不对称和误导。不同机构或平台的数据交易规则可能存在冲突或漏洞,给交易过程带来不必要的风险和不确定性。

第三,大部分数据交易机构经营不善,无法发挥其促进数据交易的作用。中国自从2015年在贵阳成立了第一家大数据交易所之后,又陆续在各地成立了多家数据交易机构,然而这些年以来各个数据交易机构发展状况不容乐观。虽然也有像上海数据交易中心这种运营情况较好、取得不错成绩的数据交易机构,但大部分数据交易机构发展现状都与预期相差甚远。在现有的40多家各类数据交易机构里,只有1/3的机构官网仍然正常运营,其他机构已无法通过网络与其联络业务。通过天眼查app对这些机构进行查询发现很少有机构正式员工超过10人(刘吉超,2021)。罗曼和田牧(2021)通过对大家寄予厚望的中国第一家大数据交易所——贵阳大数据交易所进行实地调查后发现,该交易所的业绩与预期值差距非常大。

第四,对数据的安全保护做得不够到位。数据要素由于其具有的特殊性质,在交易时存在着很多安全问题。首先,数据由于其虚拟性和易复制性,非常容易被泄露。一些不法分子为了节约购买数据所需花费的大量资金,试图通过黑客技术、雇佣商业间谍等非法途径获得其他企业计划交易的数据,让数据出售方遭受巨大损失。其次,很多企业都存在滥用数据的问题。现在人们都处在一个高度数字化的社会之中,人们的一切特征以及平时的很多行为都会被记录下来变为数据(操奇和孟子硕,2020),这些数据通常包含着很多人们不想被外界知道的信息。然而很多企业所交易的数据都涉及人们的特征以及行为等隐私,这些数据被交易并投入商业使用会对人们的权益造成很大的伤害。再次,缺乏完善的数据保障机制。在数据交易过程中,买卖双方的数据隐私和安全性无法得到充分保障。一些机构可能会进行不公正的数据定价、进行欺诈行为或者泄露用户隐私等违法违规行为。由于缺乏有效的保障机制,数据交易过程中可能存在数据违规再次出售、滥用或非法获取等问题,给买卖双方带来损失。最后,缺乏有效的数据监管和治理机制。在数据交易市场中,有效的监管和治理机制是必不可少的。然而,目前许多数据交易机构缺乏有效的监管和治理机制,导致数据交易过程中存在违法违规行为。一些机构可能会进行不公正的数据定价、进行欺诈行为等。这些行为不仅会影响数据交易市场的健康发展,也会给用户带来损失。监管和治理机制的缺乏也使得买卖双方难以建立信任关系,进一步阻碍了数据交易市场的发展。

第五,缺乏成熟的数据需求市场。现阶段许多企业和机构对于数据的价值和重要性认识不足,缺乏对数据的深入挖掘和分析能力,导致数据需求市场发展缓慢。具体来说,企业和机构可能没有意识到数据作为一种资产的价值,或者没有意识到数据可以帮助他们更好地决策、改进业务运营状况和提高效率。一些企业和机构可能缺乏数据科学家、数据分析师等专业人才,无法对数据进行有效的挖掘和分析,这使得许多优秀的、有价值的数据无法得到充分利用和挖掘。此外,由于数据采集、处理、存储等方面的技术和管理问题,可能导致数据质量不高,影响了数据的价值和可用性。数据还可能存在缺失、重复、不准确、格式不一致等问题,使得数据难以被有效利用。数据的处理和存储方式也会存在缺陷,导致数据难以被快速、准确地访问和使用,降低了数据市场的需求。缺乏成熟的数据需求市场会使得数据的供给方难以了解市场的真实需求,从而无法针对性地提供更优质的数据和服务。

第六,数据参与分配机制不健全,存在分配不公平的问题。收入分配制度一直是中国基本经济制度的重要组成部分,近些年随着经济形势的变化中国收入分配制度也在不断地完善,党的十九届四中全会提出要健全数据要素按自身贡献参与收入分配的机制,其中数据要素的自身贡献由市场决定,其获得的收入由贡献决定。但首先数据要素的贡献难以确定,其作用很多时候体现为促进其他生产要素的生产效率提升,难以量化其单独的贡献。其次国内目前对于数据收入分配的主体仍然存在较多争议。一些学者认为企业是数据要素的收入分配主体,因为个体在使用很多虚拟产品以及智能实体产品时已经获得了巨大的效用,而企业在收集、处理这些个体产生的数据时消耗了大量资金,而正是这些资金让这些数据拥有价值,因此企业才是数据要素收入的分配主体。一些学者认为数据收集对象才是数据要素收入分配主体,因为数据并不是那些企业自身创造或生产的,而是这些数据收集对象在日常生活中产生的。还有一部分学者认为大数据技术人员应该作为收入分配主体,因为是他们的劳动让数据拥有交易的价值,而企业忽视了他们作为数据要素收入分配主体所应得的报酬,没有对他们的劳动给予充分的补偿(操奇和孟子硕,2020)。数据要素自身贡献以及收入分配主体的不确定性抑制了各经济主体生产与交易数据要素的积极性,阻碍了数据交易市场的发展。

数据交易市场的混乱让数据要素无法很好地流动,导致很多时候数据不能被最能发挥其价值的使用者获得,很大程度上遏制了其促进经济增长的潜能。

三、政府维度

(一)相关立法不足,阻碍数据要素潜力发挥

目前中国政府有关数据要素的相关立法还明显不足,使得数据要素的潜力没有完全发挥出来。相关立法不足主要体现在四个方面:第一个方面是中国数据要素市场法治化程度非常低。首先,数据要素市场缺乏顶层立法,法律法规标准繁多,主管部门要求不统一。随着网络安全法、数据安全法、个人信息保护法的实施,过去两年是监管高举高打的两年。网信办、工信部、公安部、市场监管部门频繁发布针对数据与个人信息的新要求新规定、整改公告、下架通知等,从中央到地方,数十个标准纷纷出台。这无疑对过去我国数据行业野蛮生长引起的违法违规乱象实现了有效遏制和规范。但同时,由于法律法规标准繁多,主管部门要求不统一,有很多企业都反馈近年来大部分的精力用于研究消化新法规新要求,很多数据类新产品新功能由于摸不准合规要求而暂缓,更无暇顾及数据类技术创新和突破,其中不乏行业头部公司。这种由于合规要求不清晰,监管动作无预期造成的数据使用疑虑一定程度上阻碍了数据要素市场的发展。虽然国务院及有关部委也出台了多项规范数据要素市场的相关规定与政策,但是这些政策同样相互之间缺乏协调性,在顶层制度设计方面欠缺统筹规划,因此无法形成完善的法律框架。其次,数据要素市场相关法律缺乏层次性。中国虽然形成了一定的多层次、多领域数据要素市场法律法规体系,但是仍然存在严重的法律法规断层以及政策不延续的问题。很多直接对数据市场进行规范的法律层次偏低而立法部门众多,导致效力低下,而顶层法律过于笼统,无法解决一些具体的事务与纠纷。再次,数据要素市场相关法律可操作性较差。顶层立法与法律层次性欠缺直接导致中国数据要素市场相关的法律法规可操作性不足,在实践中无法实现对数据的综合性监管。同时,数据要素市场中的单行法与配套法律建设不健全也使得法律执行起来较为困难(曾铮和王磊,2021)。最后,缺少合理的市场布局规划和行业发展指导。在数据交易市场中,合理的市场布局规划和行业发展指导对于促进市场的健康发展至关重要。然而,目前许多数据交易机构存在同质化竞争现象,缺乏明确的定位和战略规划。这可能导致资源的浪费和市场秩序的混乱,无法形成综合优势来发挥数据交易机构的作用。

第二个方面是缺乏保护居民隐私的法律。虽然中国在2021年8月颁布了《中华人民共和国个人信息保护法》,但目前还没有对居民的哪些数据不能被收集以及收集到的数据如何使用等问题有明确规定,使得居民个人隐私泄露以及弱势群体受到歧视事件频频发生。

第三个方面是防止互联网巨头企业借助数据要素形成垄断的相关法律不足。目前监管机构仍然比较缺乏对数据要素造成的垄断的监管经验。在互联网行业的早期发展阶段,监管机构对互联网平台企业的监管态度相对宽松,未能及时对具有垄断行为的平台进行有效地识别和监管。这主要是由于当时互联网业态的运行方式并未完全展开,对其中各种新型垄断行为规律并未全面掌握。尽管《反垄断法》在实施初期对一些突出案件进行了处罚和纠正,但它主要源于工业经济时代,对互联网市场的新特性(如多边结构、零价市场、商品服务多样化和个性化等)适用性不足,这使得传统的相关市场界定、市场支配地位认定方式在互联网领域可能不适用,导致监管机构出现误判。由于互联网行业的资本和技术密集特性,一些企业可能利用这些优势进行隐蔽的垄断行为,使其更难被发现,给监管机构识别和监管带来困难。2021年11月8日中国正式成立了反垄断局,主要针对互联网巨头企业进行监管,并且因为阿里巴巴、美团涉嫌垄断对其进行了罚款。但仍然有很多企业借助数据要素形成市场支配地位,榨取消费者剩余,说明相关反垄断立法还需要继续跟进和完善。

第四个方面是缺乏法律让一些企业将产生的数据进行共享,压制了数据要素的潜能。数据要素需要聚集到一定数量才能发挥其作用,并且具有边际报酬始终为正的特征,因此数据要素具有很强的规模经济效应。这意味着将互相有补充作用的数据集汇聚在一起比将它们保存在信息孤岛中能提取出更多有价值的信息(Martens,2020)。在经济社会中某行业各个企业的数据要素如果汇总在一起,其价值必然高于数据要素单独存放于的各个企业价值之和。然而各个企业没有动力与它们同行业的竞争对手去分享数据,这样会降低它们在行业中的竞争力(Martens和Zhao,2021),就出现了"囚徒困境"。当所有企业都分享数据时,大家的效用都会提升,然而当有的企业分享有的企业不分享时,分享的企业效用会低于不分享时的效用,最后所有企业都选择不分享数据。这说明全社会本来可以进行帕累托改进却没有,数据要素出现市场失灵的现象,导致其真正价值无法发挥出来。可以看到,相关立法的缺失会阻碍数据要素潜力的发挥,减弱其对经济增长的促进作用。

(二)传递错误信息,干扰政策准确性

数据要素在经济社会中发挥的主要作用就是提供决策所需的重要信息,现在很多管理者都改变了以往结合自身经验主观判断的决策模式,而是运用机器学习对大量的数据进行分析并得出客观结论(李刚等,2021)。因此数据的质量问题直接关系到决策是否合理,如果使用不能反映真实情况的数据,会对经济社会造成巨大损失。

相比于企业,政府部门收集的数据更容易出现传递错误信息的问题。因为通常情况下,企业收集的数据通常很快就会被投入使用并产生相应的结果,企业员工直接对自己收集的数据负责,如果数据错误导致公司亏损自己会承担严重后果。而政府部门数据收集工作短时间内不会产生影响,并且数据发生问题时难以追责,导致政府部门数据收集人员的工作态度与专业素养均不如企业,甚至政府部门还有动机去刻意修改数据以完成上级考核目标。

数据传递错误信息主要有主观和客观两方面的原因。就客观原因而言,首先,现在很多时候数据量太大而无用信息太多。比如2020年3月以来有关新冠疫情的论文数量猛增,每天都有数千篇相关文章发表,这些文章提供了大量关于新冠的数据,然而这些数据大多都没有经过同行评议,造成数据准确性问题。大量质量无法保证的数据对于对抗疾病的科学家和寻求科学指导的政策制定者来说,是一种非常严重的"知识负担"(Jones,2009)。其次,数据的收集和处理工作需要很多设备以及专业技术人员的支持,因此资金和人员投入量较大,很多组织在数据的收集和处理阶段会因为资金不足、人员专业技能欠缺等问题而导致数据质量降低。Serajuddin等在2015年提出了数据贫瘠(datadeprivation)的概念,来表示很多发展中国家因为缺乏相应的资源,无法运用合格的数据来衡量和追踪本国的贫困等问题。新冠疫情在全球传播以来,这一问题体现得更加突出。一些发展中国家缺乏先进的数据收集方法,并且本国经济受到疫情影响导致对于统计部门的预算进一步减少,使得收集到的新冠数据质量较差,缺乏即时性和准确性,进而严重降低了本国的疫情追踪和防控工作效率(Naudé和Vinuesa,2021)。最后,数据在各个部门不统一也会导致传递错误信息。Luengo-Oroz等(2020)认为各个国家在抗击新冠疫情时没有明确的、国际通用的数据标准,收集到的数据缺乏"互用性(interoperability)",因此这些数据很多时候无法被正确解读从而不能提供有效信息，导致各个国家和地区之间在抗击疫情的决策方面缺乏一致性和协调性，很大程度上降低了抗疫措施的效力。

就主观原因而言，一些政治团体会通过修改数据定义或改变统计方法来扭曲数据表达的信息以达到自身的目的，数据的定义和统计方法对于表达的含义有非常大的影响。在定义方面，Poirier(2021)对美国环境保护署有毒物质排放清单的数据定义进行了研究，发现该清单中各数据的值会随着不同政治团体所倡导的主题而改变，服务于政治目的，并不能很准确地反映污染物的真实情况。美国国家航空航天局(NASA)在2015年指出当"森林"在两个不同的定义之间切换时，地球上将会有6%的森林面积消失[①]。Scott(2011)也发现在计算没有住房的人群数量时，是否包括居住在一起的家庭对于结果有非常大的影响。很多学生在学习社会政治历史时认为这些数据集是存在偏差的，他们提出数据应远离各类因素的干扰并且应将被政府等特殊利益集团扭曲的数据恢复到原始状态(Poirier,2021)。在统计方法方面，一位深圳环境执法部门的工作人员接受采访时指出，政府收集了很多公司提供的购买生产物质资源记录以及其他财务数据，但是这些数据是非常容易伪造的，无法反映公司真实的环境保护情况(Große和Kostka,2021)。可以看到，政府有时收集并公布的数据是偏离事实的。

中国目前大部分统计工作都由国家及各地方统计局完成，需要什么数据以及采取何种统计方法都有国家统计局制定的标准，因此不会存在美国等国家出现的国家内各部分数据标准不一致的问题。但是中国在数据收集和处理环节还存在较大的问题，首先，很多统计工作都由没有任何统计知识的社区工作者完成，并且一些地方统计局工作人员专业知识缺乏，使得在数据的收集和处理环节容易出现较大误差。其次，中国数据收集和处理过程缺乏监管，一些地方统计局在完成统计工作后没有复核和纠错的过程，也导致工作人员对数据准确性的重视程度下降。最后，中国政府会将一些项目(如体育馆、地铁站选址等)交给研究

[①] 数据来源：NASA. When a definition makes a forest disappear. 网址：https://earthobservatory.nasa.gov/images/87176/when-a-definition-makes-a-forest-disappear

机构或高校完成,而这些研究机构或高校会将数据收集(如对居民的调查问卷等)交给学生完成,学生面对这些与自己毫不相干的任务经常敷衍了事,严重影响了数据的准确性。

当政府使用这些无法传递准确信息的数据时,会产生很多问题。第一,作出错误的政策决策。政府部门通常依赖数据来制定和调整政策,如果数据质量存在问题,可能会导致基于这些数据作出错误的判断,从而影响政策效果,甚至可能导致反效果。第二,公众信任度下降。如果公众发现政府发布的数据存在错误,可能会对政府的公信力和透明度产生怀疑,进一步影响政府的形象和信任度。第三,造成资源浪费。如果政府部门花费大量时间和资源收集到的数据存在质量问题,那么这些资源就可能被浪费了。这可能会导致政府部门需要重新收集数据,或者需要花费更多的时间和资源来处理和修正质量问题,从而增加了政府工作的成本和难度。第四,资源分配不当。政府通常利用收集的数据来决定不同区域或行业的资源分配。如果数据质量有问题,可能会导致资源分配不公,不符合实际需求。可以看到,政府的数据质量问题会对经济社会发展造成严重危害。

四、本章小结

本章从企业、市场、政府三个维度对于影响数据要素作用发挥存在的问题进行了全面而详细的分析。

从企业维度来看,首先,企业使用数据要素会侵犯个人隐私。对于现在生产智能化产品以及提供网络服务的企业来说,监控并记录人们的特征与行为数据已经成为一项日常工作,但是哪些数据能够被收集、收集到的数据该被如何使用以及收集到的数据能够被分享给谁都没有明确的法律规定,这会导致企业随意侵犯居民个人隐私,降低人们分享数据的意愿,威胁潜在的数据供给。其次,企业使用数据要素会歧视弱势群体。现在对于数据要素的使用主要是通过机器学习,机器学习需要大量的数据投喂,如果我们持续使用现有的数据进行投喂,会导致现在社会中人与人之间差距被进一步拉大,强化当下社会中人与人之间的不平等,从而抑制经济增长。

从市场维度来看,首先,使用数据会加剧市场垄断。现在很多互联网巨头都借助自身的市场支配地位设立数据门槛,防止竞争对手接触到用户数据从而失去与自己竞争的能力,以此达到挤出对手的目的,并且由于数据要素的特征,当企业拥有一定市场支配地位后,它会积累越来越多的数据,从而加固这一地位。即使当单一企业无法做到这一点时,它还可以通过与其他企业达成同盟以形成对市场的垄断。市场垄断加剧会严重抑制技术进步。其次,数据要素的使用被混乱的数据交易市场所限制。现在中国数据交易市场主要存在数据产权不明确,发生交易活动时易产生纠纷;大部分数据交易机构经营不善,无法发挥其促进数据交易的作用;对数据的安全保护做得不够到位,损害交易各方权益;数据参与分配机制不健全,收入分配不公平等一系列问题,严重阻碍了数据要素发挥其应有的作用。

从政府维度来看,首先,中国政府针对数据要素的相关立法不足。以上影响数据要素作用发挥存在的问题都缺乏相关的法律法规进行改善,同时现有的法律法规存在顶层立法不足并过于笼统、法律层次性欠缺且各法律条款间缺乏协调性、在实践中可操作性不足等问题。其次,政府使用数据要素应注意其质量问题,防止其传递错误信息导致政策失灵。数据会因为客观或主观原因传递出与事实不符的信息,客观原因主要包括数据量太大而无用信息太多、数据收集与处理过程中发生错误、各部门间数据缺乏统一标准导致数据信息无法被正确解读等,主观原因主要是一些政治团体和企业会通过修改数据定义或改变统计方法来扭曲数据表达的信息以达到自身的目的。而当政府依据这些传递错误信息的数据制定政策时,政策的效果就会大打折扣甚至起到与预期相反的作用,从而对经济社会发展造成危害。

第七章 结论与展望

本文基于数据资产投资量化理论、资本存量测算理论与经济增长理论,对中国各行业以及总体的数据资本存量进行了测算并估算出数据资本对于中国经济增长的贡献率,同时本文还分析了数据要素促进经济增长的机制与影响其作用发挥存在的问题,为统计中国数据要素规模、把握数据要素对经济增长的促进作用、厘清数据要素发挥作用的机制以及促进数据要素健康发展提供了一定的理论机制分析与实证结果支撑。

一、主要研究结论

本文首先对数据要素、数据资本、数据资产投资、数据资本存量等相关核心概念进行了阐述和区分,然后对重要的数据资产投资量化方法、资本存量测算、经济增长测算方法进行了详细的介绍并结合中国的实际情况与数据要素的特点选取适用于本文的研究方法。其次,按照永续盘存法的要求,运用科学的方法确定了数据资本的价格指数、基期存量、重置(折旧)率等重要参数,并在此基础上尝试测算中国所有沪深市场上市公司19个传统行业的数据资本存量,之后利用等资本产出比法将结果外推至全国层面,再通过与不同路径测算出的结果以及其他研究的结果进行比较分析以验证本文结果的稳健性与合理性。再次,通过合理的经济增长模型选取,本文测算出了全国层面数据资本对于经济增长的贡献,随后又采用计量方法在微观企业层面验证使用数据要素对企业发展的影响。最后,分析了数据要素从宏观、中观、微观三个层面促进经济增长的理论机制,并

对影响数据要素作用发挥存在的各类问题进行了分析与总结。在上述研究的基础上,本文主要得到以下四点结论:

第一,采用了合适的资本存量测算方法以及相关参数测算出了中国数据资本存量。在测算方法方面,发现应该选用成本法对数据资产投资进行量化,选用永续盘存法完成数据资产投资到数据资本存量的转变,并结合之前使用永续盘存法测算物质资本存量与无形资本存量的研究,得到了适用于数据资本的永续盘存法中各个重要参数。在实证结果方面,(1)在2010—2020年,各个行业的数据资本存量除了采矿业之外都存在不同幅度的上升。建筑业与水利、环境和公共设施管理业数据资本存量相对于其他行业较少,说明中国在建造房屋与各类基础设施时仍使用传统生产方式,数字化程度较低。采矿业、电力、燃气及水的生产和供应、交通运输、仓储及邮政业、金融业、房地产业与租赁和商务服务业数据资本存量略高于以上两个行业,但数字化转型需加强。批发和零售业、科学研究、技术服务和地质勘查业与文化、体育和娱乐业三个行业数字化转型较为成功,数据资本存量在各行业中名列前茅。需要注意的是,目前中国的数据资本存量仍然主要集中于信息传输、计算机服务和软件业与制造业两个行业中,并且信息传输、计算机服务和软件业的数据资本存量的增长速度高于全国总体的增长速度,说明全国的数据资本存量正在进一步向这个行业集中。(2)在2015年、2017年、2019年以及2020年国家出台支持数据要素发展的重大政策之后,中国数据资本存量会出现明显的上涨,说明中国政府的政策效果非常明显,数据要素的发展需要国家政策的大力支持。(3)在几何、双曲线、直线三种路径下数据资本存量数值存在一定差异,但始终保持较快上升趋势且变化趋势基本相同,未来随着数据资产投资的稳定这一差异会逐渐变小,并且资本存量路径下结果与上述三种路径也没有明显差异,说明本文结论具有稳健性。(4)通过与其他研究计算出的中国数据资本存量、计算机化信息资本存量、物质资本存量以及发达国家的数据资本存量进行比较分析,发现本文结论是比较合理的,而且与发达国家相比,中国数据资本存量基础比较薄弱,但上升速度较快。

第二,在测算出的数据资本存量基础上,采用了合理的经济增长模型测算出了数据资本对于中国经济增长的贡献,并运用计量方法验证了运用数据要素会对企业发展有促进作用。在测算方法方面,本文考虑到模型特点、数据可得性等问题并参考了其他相关研究,得出运用新古典经济增长模型测算数据资本对经济增长的贡献是最为合理的,并将数据资本像其他生产要素一样纳入生产函数中。在实证结果方面,本文发现在全国层面数据资本对经济增长的贡献在2010—2020年基本保持上升的态势,尤其在国家出台支持数据要素发展的重大政策之后贡献值会出现明显上涨,并且各年贡献值的数值与变化趋势在几何、双曲线、直线三种路径下差异较小,说明测算出的结果较为稳健。本文还运用倾向得分匹配、最小二乘等计量方法从微观企业层面探索了使用数据要素对企业盈利能力的影响,结果发现企业使用数据要素会显著提升自身的盈利水平,该结果通过了一系列的稳健性检验与安慰剂检验,并且从数值上与已有的国外相关研究进行了比较,说明了结果的合理性。

第三,从宏观、中观以及微观三个层面对数据要素促进经济增长的理论机制进行了详细的梳理和总结。研究发现在宏观层面,首先,数据要素可以减少经济社会中的信息摩擦,增加各经济主体接受信息的能力与可能性,从而提升整个经济社会的资源配置效率。其次,数据要素促使一些新兴产业形成,并且让很多学科有了新的研究方法与研究内容,为整个经济社会创造出了新的增长极。最后,数据要素能够提升政府为人民服务的能力,并且防止政府内部贪腐事件的发生,使得政府整体的行政效率提高。在中观层面,首先,数据要素能够促进大数据、人工智能等新兴产业与传统产业的融合,为传统产业带来新的生产和经营思路。其次,数据要素能够提升农业、工业中劳动力与物质资本的生产效率,从而让更多的资源涌入技术密集度更高的服务业,推动产业结构向高级化方向发展。最后,数据要素为各个产业带来了更多的新知识,并且能够让产业中各企业互相从失败的创新经历中吸取经验教训,促使整个产业的创新能力得到大幅度提升。在微观层面,首先,数据要素能够增加企业得到信息的准确度、提高企业从数据中提取有效信息的能力、增加有效信息在各部门之间的一致性与流通速度,从而帮助企业作出更加明智的决策。其次,数据要素能够提升企业内其他生产要素的边际报酬并促使企业采用新的生产方式,进而提升企业的生产效率。最后,数据要素能够让一些企业进行售卖自身生成的数据、收集数据并进行标准化、帮助其他企业分析数据等业务,很大程度上拓宽了企业的业务范围。

第四,从企业、市场、政府三个维度阐述了影响数据要素作用发挥存在的问题。研究发现在企业维度,一方面,企业会在人们不知情的情况下对其特征与行为数据进行收集与分析,并且还会在不征求人们同意的情况下将这些数据分享给第三方,严重侵犯了个人隐私,影响人们分享自身数据的意愿进而威胁潜在的数据供给。另一方面,数据要素的作用主要是通过算法发挥,而投喂给算法的数据主要为现在已经存在的数据,因此使用算法会强化现存的社会秩序以及人们之间的不平等现象,造成对弱势群体的歧视,从而抑制经济增长。在市场维度,一方面,巨头企业或企业联盟会利用数据要素占据市场支配地位,挤出现存的其他企业并防止其他竞争者进入市场,从而让市场中的资源向少部分企业集中,加剧市场的垄断,导致技术进步受阻。另一方面,数据交易市场存在数据产权不明确、数据交易场所经营不善、对数据的安全保护不足、数据参与分配机制不健全等问题,导致数据交易市场混乱,运行效率低下,限制了数据的自由流通。在政府维度,一方面,政府对于上述影响数据要素作用发挥存在的问题缺少相关的法律规制,并且现有的法律也存在顶层立法过于笼统、各法律条款间协调性不足、在现实中难以实行等问题。另一方面,现在很多政府收集到的数据存在质量问题,数据会因为无用信息过多、收集过程中出错、各部门数据缺乏一致性等客观问题以及一些官员或企业为了自身利益修改数据定义或改变统计方法等主观问题无法反映出真实的信息,政府依据这些错误信息制定的政策很可能无法达到预期效果,从而对经济社会发展造成危害。

二、促进中国数据要素进一步发挥作用的政策建议

(一)加快推进数据要素相关统计工作,准确把握数据要素对于中国经济的影响

目前中国对于数据要素的统计工作做得还不够到位。基于现有研究,本文认为应采用成本法统计数据资产投资的价值,然而该方法主要存在以下两点问题:一方面,没有官方的国家、行业或地区层面的数据资本统计数据,并且一些经营数据业务的公司也没有将数据业务单独列出来,而是包含在其他业务里,因此无法直接得到用于测算数据资产价值的统计资料,政府应该制定政策将数据资本提升到与物质资本一样的地位,加入国家统计局的统计工作并且规定从事数据业务的企业将数据资本在资产负债表中体现出来。另一方面,在使用成本法计算数据资产价值时普遍依据收付实现制原则,而国民经济核算体系主要依据权责发生制原则,因此在计算出数据资产价值结果后需要根据两种原则的不同进行转换才能将其纳入国民经济核算体系中。

在认识到以上问题的基础上,本文对做好成本法中劳动力报酬、中间投入、资本服务三个部分的统计工作提出以下建议:第一,应该对从事数据相关业务的人员有一个清晰的分类并明确各职业分类用于数据生产活动的时间占比。现有的职业分类标准已经无法满足成本法中劳动力报酬部分的统计需求,应将数据收集(数据录入员、调查访问人员、调查数据统计人员等)、存储与整理(计算机信息系统管理人员、信息系统测试人员等)、分析(财经分析师、经济学家、社会学家等)各阶段的工作人员进行重新分类,并确定各类人员在数据生产活动中投入的时间占总工作时长的比例,运用该比例分别乘以各类人员的工资就能够计算出成本法中的劳动者报酬部分。第二,在整个社会范围内确定数据资产投资中的中间投入是一件非常困难的事,本文建议应该对从事数据生产活动的典型企业进行调查,确定这些企业数据生产活动中消耗的直接物质资源费用、间接物质资源费用、管理费用、能源消耗费用等中间投入费用之和,并计算出处于数据生产

各环节企业中间投入与劳动者报酬的比例,通过该比例推算出整个社会数据资产投资中中间投入部分。第三,确定整个社会数据资产投资中的资本服务费用同样非常困难,本文建议采用与统计中间投入相同的方法,调查典型企业在数据生产活动中用于土地、建筑物、机器设备的费用,确定该部分费用与劳动者报酬的比例后推算整个社会数据资产投资中资本服务费用部分。将以上三部分加总就可以统计出全社会的数据资产投资价值。

同时国家统计局可以考虑先建立卫星账户。在建立时可参考OECD建立卫星账户的思路,首先明确交易性质,判断交易是否属于数据交易,然后确定数据的生产者、使用者以及数据产品。在概念框架的基础上,运用供给-使用表统计出各种数据产品和服务的总供给、总使用以及其他相关变量。在成熟的卫星账户基础上,可以考虑将数据资本纳入中心框架中,对国家、行业以及地区层面的数据资本进行测算。

(二)完善数据要素发展支持体系,充分发挥数据要素潜力

现阶段中国对于数据要素潜力的挖掘尚显不足,应该从宏观、中观以及微观三个层面入手,构建完善的数据要素发展支持体系,从而充分发挥数据要素在经济增长中的重要作用。在宏观层面,第一,构建全国范围的数据平台,在保证各方对数据要素投资积极性的前提下,尽可能公开更多的数据。可以让资金、劳动力、物质资本等社会资源都得到更为有效的配置,而且公开的政务数据能够让人民加大对各政府部门的监督力度,更多地参与到国家治理中。第二,高度重视云计算、人工智能等与数据要素息息相关的新兴产业,加大这些产业的投资规模和人才培养。ChatGPT的成功让我们看到了人工智能和大数据的广阔应用前景和巨大潜能,中国必须由国家牵头组建相关领域的研究机构,让其成为我国经济新的增长极。第三,注重对数据要素相关基础设施的投资,进一步落实"东数西算",建设高算力的数据中心以及大容量的数据传输网络。在中观层面,第一,鼓励传统产业在运营过程中积极使用数据要素,对投资数据要素的企业实施一定程度的税收补贴、现金补贴等优惠政策,促进传统产业与大数据、人工智能等新

兴产业深度融合,同时促进产业内部的创新活动。第二,拓宽资金流转渠道,增加资金的流动性,并创办各类高质量的再就业培训班。从而加强物质资本、劳动力等生产要素的流动性,加速产业高级化进程。在微观层面,第一,加强对企业的教育培训,让各企业都意识到数据要素的重要性,并在作决策以及生产时有使用数据要素的意识。第二,完善现有的公司法与知识产权保护法,使其能够充分考虑到各类依靠数据业务盈利公司的特征,让从事数据业务的公司能够更好地发展。

(三)保护公民隐私权力,降低个人信息泄露造成的危害

运用数据要素进行的商业或是非商业的研究其实与传统的关于人类行为或心理因素的研究非常相似,都需要收集人们行为、情绪等方面的数据并将这些数据集整合后进行分析与解释。但是在传统的研究中研究者会明确告知被研究者他们哪方面的数据被采集了、将被用作什么用途且给予被研究者自主选择的权力,因此研究者和被研究者之间会建立起深厚的信任,这种信任能够让研究各方团结起来为共同的目标而努力。企业或科技工作者在运用数据要素进行研究时信任是非常重要的一个问题,他们应该警惕将数据要素作为研究人类行为和心理的核心方法,因为这种方法的可行性就建立在人们对组织脆弱的信任上,一旦这种信任消失数据要素将无法发挥其作用。Gilbert等(2021)通过调查发现如果运用人们的数据进行的研究事先征求他们同意,很多人是愿意参与这些研究的。因此运用数据要素的研究者应该从传统的关于人类行为或心理因素的研究中学习,解决好被研究者知情权与接受度等方面的问题,从而取得被研究者的信任,这样才能够在保护隐私的基础上得到想要的研究结果。

解决数据要素带来的隐私问题不仅需要运用数据要素的学者、企业以及其他机构的努力,同样也离不开政府的支持。由于数据要素具有非均质性,不同数据对于人们的影响有差异,因此政府在制定相关法律保护数据主体隐私时,应该考虑将数据要素分为公开数据和隐私数据。对于公开数据(比如微博、公开演讲等),在创造时数据主体已经知道这些数据可以被公众任意接触到,因此可以适

当放宽使用限制,着重挖掘该数据蕴含的价值,需要注意的是数据即使公开使用者也应向数据主体表明使用目的。隐私数据(比如私聊信息、医疗记录等)对于个人有着非常重大的影响,应该制定严格的保护政策,只有在威胁人身安全、打击犯罪时能够被国家机关使用。同时政府应注重对自己拥有的隐私数据的保护,政府因为国家安全、在一些行业的垄断等原因,拥有大量民众的隐私数据,一定要对这些数据的储存方式、用途进行严格审核,防止非法售卖用户数据等事件的发生。

然而我们需要认识到,在每次使用数据要素时征求每个数据主体的意见是一件非常困难的事情。如果严格执行该政策,会耗费大量人力物力并且很大程度上会阻碍数据要素和数字经济的发展。因此政府在制定政策保护民众隐私的同时,也要防止矫枉过正导致中国数据要素的潜力无法被发挥出来。可以考虑规定任何组织在收集数据前,必须告知该数据的流通路径以及潜在的用途,同时不得将任何产品或服务与同意提供不必要的个人数据绑定在一起,真正给予人们拒绝的权力。只有当人们对数据收集和使用者充分信任时,才会愿意持续提供自身数据,保证经济社会中始终有大量高质量数据。

(四)促进经济主体平等,防止市场垄断与歧视弱势群体出现

数据收集、储存以及计算技术的提升让很多大企业能够更加全面地获取其用户数据并从中挖掘出更多有效信息,从而创造更好的产品、制定更合理的经营策略,在市场中的优势会日益增加。因此数据要素让很多行业出现了非常强的马太效应,最终会形成行业垄断,给经济社会带来很大的危害。OECD(2016)指出随着数据要素在各个行业的地位越来越高,这个领域的反垄断法变得迫在眉睫。中国针对数据要素带来的垄断问题应该主要采取以下措施:首先,应该要求垄断企业对自己的产品或服务合理定价,防止企业刻意压低价格获得垄断地位。很多运用数据要素的企业通过补贴等手段短期内吸引了大量用户,用户量的增加让企业可以获得更多的数据,从而提升自己的产品与服务,这会让很多用户产生对该企业产品或服务的依赖,企业也会继续保持低价阻止其他企业进入。反

垄断部门可以考虑管制余额宝垄断的方法，在2013年6月余额宝出现后，因其可以免费、随时提现且收益率较高，大量银行资金涌入余额宝，随后在2016年10月，余额宝被迫在提现时收取千分之一的手续费。反垄断部门也应规定数据垄断企业的产品不能刻意压价，鼓励消费者选择其他企业的产品。其次，应该对于科技巨头的收购和合并行为加强监管，防止单个企业掌握过多用户数据，从而占据市场支配地位。美国在以前就注意到了这一问题，亚马逊、脸书、谷歌、苹果四家科技巨头自从1998年以来收购500多家公司，美国反垄断委员会提出应该对这些巨头进行拆分，不允许经营已经占据统治地位业务的相关业务，并且应该制定政策阻碍科技巨头收购其他公司。[1]中国近期也开始意识到了这一问题，2021年7月由腾讯主导的虎牙和斗鱼合并因为所占直播市场份额过高被叫停，同年11月中国正式成立了国家反垄断局，其重点任务之一就是互联网行业反垄断监管。中国应继续强化对科技巨头合并的监管，防止单个企业通过数据聚集控制市场。

同时，数据要素会导致人们之间的不平等加剧。数据驱动技术运作的机制就是通过算法从已经发生的事中寻找规律，从而将过去与未来联系起来，数据分析很可能会依赖过去有偏差的数据，加重未来社会的不平等。因此，算法的设计应该考虑如何修正以往数据存在的偏差。然而现在绝大部分算法都不对外公开，并且对于算法的有效性、公平性等验证也是由开发人员自己进行。中国应该请算法研发人员以外的专业人员对每个算法进行测试，客观指出该算法的局限性与缺点，并且应该召集相关专家，为算法的公平性等指标制定行业标准，确保算法不会歧视弱势群体。

（五）重视数据可信程度，提升数据质量并防止数据篡改

造成数据传递错误信息的原因主要分主观、客观两类。其中客观原因主要包括收集、处理数据的单位资金不足、人员专业技能欠缺、内部各部门不统一等，

---

[1] 数据来源于"Commercial, and Administrative Law of the Committee on the Judiciary". Subcommittee on Antitrust, Investigation of Competition in Digital Markets. 2020.

相比于主观原因更好解决。首先,中国应该加强政府官员和企业管理者对数据统计工作重要性的认识,给予政府和企业的统计部门足够的资金。这些资金既要用于购买高端的信息化设备,保障统计部门硬件完善,又要提升工作人员的福利待遇,吸引高层次人才进入统计部门。其次,中国应该加强对统计部门在职人员的培训与监管,定期组织考试来监督统计人员坚持学习,从而保证他们具有良好的理论基础,同时应鼓励老员工为新员工传授实践经验,全方位提高统计部门工作人员的专业技能。在提升专业技能的基础上,还要加强对工作成果的监管。应成立专家小组对统计结果进行匿名评估,实行明确的奖罚制度,保持工作人员的责任心和积极性。最后,中国应该加强各基层统计部门之间、各企业统计部门之间数据的衔接性与协调性。要明确界定各基层统计部门与企业统计部门的职责,规划好各部门的分工,从而保证各部门数据可协调、统一使用。

主观原因主要包括企业为了逃避处罚或夸大经营效果、政府官员为了政绩而刻意更改统计数据,这一类问题需要从数据质量和数据解读两方面去解决。从数据质量方面来讲,首先中国应该对各个指标进行更加严谨和科学的界定,完善统计工作各个环节的规章制度,这样可以减少企业与政府在统计数据方面的自主性,保证数据的客观性以及在横向和纵向的可比性。其次中国应该经常组织对统计工作人员的教育活动,让他们对于统计的标准流程有深入的了解。同时应加强《统计法》的执行力度,对违反规定流程、私自篡改数据的统计工作人员给予严厉的处罚,在各个企业以及地方都建立一支高效率、实事求是的统计队伍。从数据解读方面来讲,首先我们在使用数据时,不应该只关注数据的具体数值,同时应该关注指标详细的解释。在合并不同数据库进行研究或比较不同数据库的同一指标时,应该仔细研究指标的含义,如果可能先将不同数据库的数值转化为同一含义再进行合并或对比。其次我们在分析数据时应该对数据收集的文化环境以及数据相关者的利益予以考量,研究这些因素可能对数据真实性造成的影响并进行修复。同时应该重视数据中的缺失值,将缺失值也当作数据,考虑缺失的原因等,这样才能在分析数据时得到全面、真实的信息。

(六)充分发挥政府作用,促进数据要素健康高效发展

数据作为一种新的生产要素,其健康发展必然离不开政府的大力支持,政府应主要在以下几个方面发挥作用。第一,在数据要素市场建设方面。要充分挖掘一种生产要素的价值,必须要保证其能够有序、高效地在市场中流动,然而由于数据要素具有易复制、非竞用、无运输成本、非均质性等特征,目前市场交易规则会导致数据要素市场失灵,需要政府进行干预。首先政府应保证数据要素产生过程中各方都获益。数据要经过整理、清洗等步骤才能变为有价值的数据要素,然而这些步骤的实行者很多时候不是数据主体,因此政府应明确规定生产数据要素各方所有权比例确定方法,当交易数据要素获利时按规定分配各方利益。其次政府应该为数据要素定价制定合理程序,数据要素的非均质性使其定价非常困难,政府可考虑放弃统一定价,让数据交易双方在谈判中确定价格并成立第三方监管机构监督谈判过程,确保各方利益不受损。再者政府应注重对于交易数据种类的监管,由于数据交易非常隐蔽,一些涉及个人隐私、国家安全的数据也在市场上交易,政府应对交易此类数据的人员进行严惩,保证交易数据的合法性。

第二,在数据要素汇总方面。由于数据要素具有边际报酬始终为正的特征,数据聚集在一起能够发挥出更大的作用,不同企业或机构如何能够将各自有互补作用的数据集合在一起,其价值肯定大于这些数据单独存储于各企业内部发挥的价值。然而如果只由市场进行调节的话,没有企业有动力去分享自己产生的数据,造成严重的市场失灵问题,让整个社会无法达到帕累托最优。如同传统的市场失灵问题一样,数据要素的市场失灵问题也需要政府解决。政府应该成立国家级别的数据共享平台,强制要求各个企业提交生产、产品使用过程中产生的数据,然后将有互补作用的数据汇总后返还给企业研发部门和科研机构并对研发成果给予相应的奖励,从而大幅度增加中国各行业科技研发效率,让整个社会实现帕累托改进。

第三,在数据人才培养方面。目前中国数据人才缺乏情况严重,2025年大数据核心人才将缺少230万。①同时中国大数据行业大专及以下学历求职者供不应求,而硕士及以上学历供大于求,这说明中国大数据行业缺乏应用型人才(王元卓和隋京言,2021)。但企业或其他机构通常因为耗时高、见效慢、员工流动性强等问题,不愿意投入大量资源对员工进行系统、高质量的大数据行业相关技能的培训。因此这一任务必须由政府完成,中国政府应该出台政策鼓励高校开设大数据相关专业,完善大数据人才培养体系,不但要重视大数据专业学生在高校的理论知识学习,还应该多让学生去企业进行锻炼,培养其应用理论知识解决实际问题的能力。

三、研究不足与展望

本文对中国数据资本存量测算及其对经济增长的贡献、数据要素促进经济增长的机制、影响数据要素作用发挥存在的问题进行了深入的研究,然而由于缺乏充足的数据以及自身研究水平的欠缺,仍然存在很多可以改进并延伸之处,主要为以下三个方面。

第一,研究对象方面。由于该研究领域相对较新,可供研究的数据不够充分,因此本文只能将上市公司作为研究对象,计算出各行业的数据资本存量后按照等资本产出比法估算出全国总体的值。该研究方法存在的不足主要有:(1)上市公司在生产方式、生产水平等方面可能与全国存在一定的差异,因此等资本产出比假设不一定满足,导致结果出现偏差。(2)一些原始数据经过加工和分析后被用于其他资产的生产和消费,这意味着有些数据价值被包含在R&D资产、软件资产等其他资产中,导致数据资本存量被低估。(3)数据资产的价值除了花费的成本外还应该考虑数据是否运用于具体场景、数据的使用者数量以及使用次数等因素。可以看到,以上问题的出现主要是因为数据可得性限制,未来在具有更完善的统计数据的条件下,可以对上述缺陷进行改进,从而更加准确地测算中

---

① 数据来源:赛迪智库,《2019中国大数据产业发展白皮书》,2019年。

国的数据资本存量。

第二,研究内容方面。首先,本文只测算了数据资本对经济增长的贡献,没有衡量其对社会其他重要方面的影响,未来当居民生活便利度、居民幸福感、环境恶化程度等方面都可以被较为准确地量化时,可以测算数据资本对这些方面的影响程度。其次,本文测算的数据资本对经济增长的贡献无法按照数据要素促进经济增长的机制进行区分,未来有了更为详细的数据后,可以测算出通过各个机制数据资本对经济增长的贡献分别是多少。最后,由于本人对法律专业的知识了解不够深入,在分析如何解决影响数据要素作用发挥存在的问题时给出的一些政策建议可能与现存的法律条款不兼容,可操作性较差,未来需要对法律与数据要素都非常了解的学者给出更为合理与可行的政策建议。

第三,在研究方法方面。在数据资本存量测算部分,目前使用永续盘存法过程中所需要的重要参数都需要一些假设进行推算,未来可以通过更加完备的数据进行进一步校准得到更符合数据资本特征的参数。在经济增长贡献测算部分,本文在完全竞争的假设条件下测算数据资本对经济增长的贡献,未来可以考虑在更加符合现实情况的垄断竞争条件下进行测算。同时,由于数据限制本文采用了假设技术水平为外生的新古典经济增长模型,但数据资本对技术水平应该是有影响的,在未来应尝试采用内生增长模型测算数据资本对经济增长的贡献。

参考文献

[1] Acemoglu D, Makhdoumi A, Malekian A, et al. Too Much Data: Prices and Inefficiencies in Data Markets[C]. NBER workingpaper, 2019.

[2] Ackerman S and Thielman S. US intelligence chief: Wemight use the Internet of Things to spy on you[N]. TheGuardian, 9 February 2016.

[3] Agrawal A K, Mchale J, Oettl A. Finding Needles in Haystacks: Artificial Intelligence and Recombinant Growth[C].NBER Working Papers,2018.

[4] Ahmad, N., J. Ribarsky and M. Reinsdorf. Can potential mismeasurement of the digital economy explain the post-crisis slowdown in GDP and productivity growth? [C]. OECD Statistics Working Papers, OECD Publishing, Paris, 2017.

[5] Akcigit U.,Q Liu.The Role of Information in Innovation and Competition[J]. Social Science Electronic Publishing, 2016,14(4):828-870.

[6] Akiyuki T, Michiyo K, Wendy C Y Li. Empirical Research on Depreciation of Business R&D Capital[C].ESRI Discussion Paper Series, 2015(5).

[7] Alberto Abadie, Guido W. Imbens. Bias-Corrected Matching Estimators for Average Treatment Effects[J]. Journal of Business and Economic Statistics, 2011,29(1):1-11.

[8] Andrejevic M. The Big Data divide[J]. International Journalof Communication,2014（8）: 1673 - 1689.

[9] Angwin J and Valentino-Devries J. New Tracking Frontier: Your License

Plates[J]. Wall Street Journal - Eastern Edition, 2012, 259(75):1-13.

[10] Angwin J, Mattu S and Larson J. The tiger mom tax: Asiansare nearly twice as likely to get a higher price from Princetonreview[J]. NEW YORK,September 4, 2015.

[11] Bai C, Hsieh C, Qian Y. The Return to capital in China[J].Brookings Papers on Econominc Activity, 2006,37(2):61-88.

[12] Barocas S, Hardt M and Narayanan A. Fairness in machinelearning: Limitations and opportunities[C]. NIPS Tutorial 1, 2017.

[13] Bayoumi M. This Muslim American Life: Dispatchesfrom the War on Terror [M]. NYU Press,2015.

[14] Belhocine,N. Treating Intangible Inputs as Investment Goods:The Impact on Canadian GDP[C]. IMF Working Papers, 2009.

[15] Browne S. Dark Matters: On the Surveillance ofBlackness[M]. Duke University Press,2015.

[16] BrynjolfssonE. HittL., Lorin, et al. Paradox Lost? Firm-Level Evidence on the Returns to Information Systems Spending[J]. Management Science, 1996, 42(4): 541-558.

[17] Brynjolfsson E., Hitt L.M., and Kim H.H. Strength in numbers: How does data-driven decision making affect firm performance? [C]. SSRN working paper, 2011.

[18] Calderón, J. B. S., Grassier, D. G., Valuing the US Data Economy Using Machine Learning and Online Job Postings[C]. BEA Working Paper, 2022.

[19] Chandler, A. D. The Visible Hand: The Managerial Revolution in American Business[M]. Cambridge, MA: The Belknap Press,1977.

[20] Chong Alain, Yee Loong, Ch'ng Eugene, Liu Martin, Li Boying. Predicting consumer product demands via Big Data: the roles of online promotional marketing

and online reviews[J].International Journal of Production Research, 2017,55(17-18): 1-15.

[21] Chow G C. Capital Formation And Economic Growth In China[J]. The Quarterly Journal of Economics, 1993(3):809-842.

[22] Chow G C.New capital estimates for China: Comments[J].China Economic Review,2006, 17(2):186-192.

[23] Christensen L R , Jorgenson D W. Measuring the performance of the private sector of the US economy, 1929-1969, Measuring Economic and Social Performance [M]. New York: National Bureau of Economic Research, 1973.

[24] Collins, Virginia, and Joel Lanz. "Managing Data as an Asset."[J]. The CPA Journal,2019: 22-27.

[25] Cong L W,Xie D,Zhang L. Knowledge Accumulation,Privacy,and Growth in a Data Economy [J]. Management Science,2021,67 (10): 6480-6492.

[26] Corbett-Davies S, Goel S. The Measure and Mismeasure of Fairness: A Critical Review of Fair Machine Learning[J]. Arxivpreprint, 2018.

[27] Corrado C, Hulten C, Sichel D. Intangible Capital and U. S. Economic Growth[J]. Review of Income and Wealth, 2009, 55(3):661-685.

[28] Corrado C A, Hulten C R, Sichel D E. Intangible Capital and Economic Growth[C]. NBER Working Papers, 2006.

[29] Corrado C,Hulten C,Sichel D.Measuring Capital and Technology: An Expanded Framework[J]. Social Science Electronic Publishing, 2005(45):11-46.

[30] Corrado, C, Haskel, J,Jonalasinio, C, Lommi, M. Innovation and Intangible Investment in Europe, Japan and the United States[J].Oxford Review of Economic Policy,2013,29(2):261-286.

[31] Crawford K. Atlas of AI: Power, Politics, and the PlanetaryCosts of Artificial Intelligence[M]. YaleUniversity Press, 2021.

[32] Cukier K and Mayer-Schoenberger V. The rise of big data:How it's Changing the way we think about the world[J]. ForeignAffairs, 2013,92(3): 28-40.

[33] D'Ignazio C and Klein LF. Data Feminism[M]. MIT Press,2020.

[34] Dastin J. Amazon Scraps secret AI recruiting tool thatshowed bias against women[N]. Reuters, 2018/10/10.

[35] Davis JL, Williams A, Yang MW. Algorithmic reparation[J]. Big Data & Society,2021(7).

[36] Devens, R. M. Cyclopaedia of Commercial and Business Anecdotes[M]. Nabu Press,1865.

[37] Edquist,H. O.,How Much Does Sweden Invest in Intangible Assets[C]. IFN Working Paper, 2009.

[38] Enric, Fortuny J D, David, et al. David Martens, and Foster Provost. Predictive Modeling With Big Data: Is Bigger Really Better?[J]. Big data, 2013, 1(4).

[39] Erik B, Hitt L M, Hellen K H. Strength in Numbers: How Does Data-Driven Decisionmaking Affect Firm Performance?[J]. SSRN Electronic Journal, 2011.

[40] Farboodi M, Mihet R, Philippon T, et al. Big Data and Firm Dynamics[C]. NBER Working Papers, 2019.

[41] Farboodi M,Veldkamp L. Long—run Growth of Fifinancial Data Technology [J]. American Economic Review,2020,110 (8):2485-2523.

[42] Farboodi M., Veldkamp L. A Growth Model of the Data Economy[C]. NBER Working Paper Series,2021.

[43] Fourcade M and Healy K. Seeing like a market[J]. SocioEconomic Review, 2017,15(1): 9-29.

[44] Gaessler F, Wagner S. Patents, Data Exclusivity, and the Development of New Drugs[C]. Rationality and Competition Discussion Paper Series, 2019.

[45] Gary H. Jefferson, Thomas G. Rawski and Yuxin Zheng. Growth, Efficiency,

and Convergence in China's State and Collective Industry[J]. Economic Development and Cultural Change, 1992,40(2):239-266.

[46] Gerhard M. Bert V. Statistics on Tangible Capital StockDirect Observation at Statistics Netherlands[C]. Conference onCapital Stock, Preliminary Version, Canberra, 1997.

[47] Gilbert SA, Vitak J and Shilton K. Measuring Americans' comfort with research uses of their social media data[J]. SocialMedia+Society,2021, 7(3):1‐13.

[48] Gitelman L. ''Raw Data'' is an Oxymoron[M]. MIT Press, 2013.

[49] Goldsmith R W. A Perpetual Inventory of National Wealth, Studies in Income and Wealth[M]. New York: national Bureau of Economic Research,1951.

[50] Goodridge P, Haskel J, Wallis G. Can Intangible Investment Explain the UK Productivity Puzzle?[J]. National InstituteEconomic Review, 2013, 224(1):48-58.

[51] Goto A, Suzuki K. R&D capital, rate of return on R&D investment and spillover of R&D in Japanese manufacturing industries[J]. The Review of Economies and Statistics,1989,71(4):555-564.

[52] Gregory K. Big Data, like Soylent Green, is made ofpeople[C]. DIGITAL LABOR WORKING GROUP, 2014.

[53] Griliches Z. R&D and productivity:measurement issues and econometric results[J].Science,1987,237(3):31-35.

[54] Griliches Z. R&D and the productivity slowdown[J]. American Economic Review,1980,70(1):343-348.

[55] Große-Bley J, Kostka G. Big Data Dreams and Reality in Shenzhen: An Investigation of Smart City Implementation in China [J]. Big Data & Society. 2021(7).

[56] Hall R E, Jones C I. Why Do Some Countries Produce So Much More Output per Worker than Others?[C]. NBER Working Papers, 1999.

[57] Hallinan B, Brubaker J and Fiesler C. Unexpected expectations: Public re-

action to the facebook emotional contagionstudy[J]. New Media & Society, 2020, 22 (6):1076–1094.

[58] Harrod R F. An Essay in Dynamic Theory[J]. The economic journal, 1939 (49):14-33.

[59] Harry, X. Wu. The Real Chinese Gross Domestic Product(GDP)for the Pre-Reform Period 1952-77[J].Review of Income and Wealth, 1993,39(1).

[60] Heeks R, Shekhar S. Datafication, developmentand marginalised urban communities: an applied datajustice framework[J]. Information, Communication, andSociety,2019, 22(7): 992–1011.

[61] Heshmati A,Yang W. Contribution of ICT to the Chinese Economic Growth [C].The RATIO Institute and Techno-Economics and Policy Program,Seoul National Univ. 2006:1-17.

[62] HittL.,BrynjolfssonE. Productivity,business profitability,and consumer surplus: Three different measuresof information technology value[J].MIS Quarterly,1996, 20(2):121-142.

[63] Holz,C.A. New capital estimates for China[J].China Economic Review,2006, 17(2):142-185.

[64] IMF. Causes and Consequences of Income Inequality: A Global Perspective [C]. Strategy, policy, and Review Department, 2015.

[65] Jathan Sadowski. When data is capital: Datafication,accumulation, and extraction[J]. Big Data & Society, 2019,6(1).

[66] Jennifer Lee, Andrew G. Schmidt.Research and Development Satellite Account Updates Estimates for 1959-2007[J]. Survey of Current Business, 2010,90(12): 16-55.

[67] Jessica, D. After GDPR, The New York Times cut off ad exchanges in Europe — and kept growing ad revenue[Z]. Digiday, JAN 16, 2019. 网址:https://digiday.

com/media/new-york-times-gdpr-cut-off-ad-exchanges-europe-ad-revenue/

[68] Jon Brock, Ralf Dreischmeier, James Platt, and Robert Souza. Opportunity Unlocked:big data's five routes to value[R]. BCG, 2013.

[69] Jones B.The burden of knowledge and the death ofrenaissance man: Is innovation getting harder? [J]. Review ofEconomic Studies 2009,76(1): 283–317.

[70] Jones C, Tonetti C. Nonrivalry and the Economics of Data[C]. NBER workingpaper, 2020.

[71] Jorgenson D W, Stiroh K J. Raising the Speed Limit: U.S. Economic Growth in the Information Age.[J]. Brookings Papers on Economic Activity, 2000(1):125-235.

[72] Katie Shilton, Emanuel Moss, Sarah A. Gilbert el at. Excavating awareness and power in datascience: A manifesto for trustworthypervasive data research[J]. Big Data & Society, 2021,8(12).

[73] Kitchin R, Lauriault TP, McArdle G. Knowing andgoverning cities through urban indicators, city benchmarking, and real-time dashboards[J]. Regional Studies, Regional Science 2015, 2(1):6–28.

[74] Kwon, H.U.and T, Inui. R & D and productivity growth inJapanese manufacturing firms [R]. ESRI discussion paper, 2003, No. 44.

[75] Lambrecht A, Tucker C. E. Can Big Data Protect a Firm from Competition? [J]. Competition Policy International Antitrust Chronicle, 2017(1):1-8.

[76] Lazer DMJ, Pentland A, Watts DJ, et al. Computationalsocial science: Obstacles and opportunities[J]. Science, 2020, 369(6507):1060–1062.

[77] Lee, John D. Trust, Information Technology, and Cooperation in Supply Chains.[J]. Supply Chain Forum: International Journal, 2005, 6(2):82-89.

[78] Li Q, Wu Y. Intangible capital in Chinese regional economies: Measurement and analysis[J].China Economic Review, 2018(51):323-341.

[79] Loveman G W. An assessment of the productivity impact of information technologies[M].MIT press, 1994.

[80] Luengo-Oroz M, Hoffmann P, Bullock J, et al. Artificialintelligence cooperation to support the global response toCOVID-19[J]. Nature Machine Intelligence, 2020(2): 295 – 297.

[81] Maddison, A. Monitoring the World Economy, 1920-1992[C].OECD Develoment Centre, Paris, 1995.

[82] Marrano M G, Haskel J. How Much Does the UK Invest in Intangible Assets?[C]. Queen Mary University of London Working Papers, 2006.

[83] Martens B, Zhao B. Data access and regime competition: A case study of car data sharing in China[J].Big Data & Society, 2021(7).

[84] Martens B. An economic perspective on data and platformmarket power[C]. JRC Digital Economy working paper, Joint Research Centre of the European Commission, Seville, Spain, 2020.

[85] Mcafee A, Brynjolfsson E. Big data: the management revolution [J]. Harvard business review, 2012, 90(10):60-68.

[86] McDonald AM, Cranor LF. The cost of reading privacypolicies[J]. Journal of Law and Policy for the Information Society,2008,4(3): 543 – 568.

[87] Mezzadra S, Neilson B. On the multiple frontiers ofextraction: Excavating contemporary capitalism[J]. CulturalStudies, 2017, 31(2/3): 185 – 204.

[88] Milton Mueller, Karl Grindal. Data flows and the digital economy: information as a mobile factor of production[J]. Digital policy, regulation and governance, 2019,21(1):71-87.

[89] Moulton, Brent R. GDP and the Digital Economy: Keeping up with the Changes[M]. MIT Press, 2000.

[90] Müller, Fay M, Brocke J V. The Effect of Big Data and Analytics on Firm

Performance: An Econometric Analysis Considering Industry Characteristics[J]. Journal of Management Information Systems, 2018, 35(2):488-509.

[91] Nadim Ahmad, Peter van de Ven. Recording and measuring data in theSystem of National Accounts[C]. Meeting of the Informal Advisory Group on measuring GDP in a digitalised economy, 9 November 2018.

[92] Naudé W, Vinuesa R. Data deprivations, data gaps and digital divides: Lessons from the COVID-19 pandemic[J]. Big Data & Society, 2021(7).

[93] Nebeker C, Murray K, Holub C, et al. Acceptance ofmobile health in communities underrepresented in biomedicalresearch: Barriers and ethical considerations for scientists[J]. JMIR MHealth and Uhealth, 2017, 5(6): 87.

[94] Nguyen D, Paczos M. Measuring the economic value of data and cross-border data flows: A business perspective[C]. OECD Digital Economy Papers, 2020.

[95] Nordhaus W. Do Real Output and Real Wage Measures Capture Reality? The History of Lighting Suggests Not[C]. Cowles Foundation for Research in Economics, Yale University, 1994.

[96] OECD. Big Data: Bringing Competition Policy to The Digital Era [C]. 126th meeting of the CompetitionCommittee, 29 November 2016.

[97] OECD. Handbookon Deriving Capital Measures of Intellectual Property Products [R]. OECD publishing, 2010.

[98] OECD. Measuring Capital-OECD Manual [M]. OECD Publications Service, 2001.

[99] OECD. Measuring Capital-OECD Manual(secondedition)[M]. OECD Publications Service, 2009.

[100] Oliner S D, Sichel D E. The Resurgence of Growth in the Late 1990s: Is Information Technology the Story?[J]. The journal of economic perspectives, 2000, 14(4): 3-22.

[101] Ordonez G L. The Asymmetric Effects of Financial Frictions[J]. Journal of Political Economy, 2013, 121(5):844-895.

[102] PahwaA. The Data Monetization: Big Data Business Models[J]. Feedough, 2018(2).

[103] Patrick Bajari, Victor Chernozhukov, Ali Hortaçsu, Junichi Suzuki.The Impact of Big Data on Firm Performance: An Empirical Investigation[C].NBER Working Papers, 2018.

[104] Poirier L. Reading datasets: Strategies for interpreting the politics of data signification[J]. Big Data & Society,2021(7).

[105] Provost F, Fawcett T. Data Science and its Relationship to Big Data and Data-Driven Decision Making[J]. Big Data, 2013, 1(1):51-59.

[106] Reinsdorf M, J Ribarsky. Measuring the digital economy in macroeconomic statistics: The role of data[C]. International Monetary Fund Working Paper, 2019.

[107] Roth F, Thum A E. Intangible Capital and Labor Productivity Growth: Panel Evidence for the EU from 1998 – 2005[J]. Review of Income & Wealth, 2013, 59(3):486-508.

[108] Rowley, J. The wisdom hierarchy: representations of the DIKW hierarchy [J]. Journal of Information Science, 2010, 33(2):163-180.

[109] Rudd L, Hajkowicz S, Boughen N, et al. Fast Forward: the digital marketplace for government services[R].Rearch Gate, 2015.

[110] Runes C. Invisibility is an unnatural disaster[J]. UrbanWire, 2017.

[111] Sadowski J and Pasquale F. The spectrum of control: Asocial theory of the smart city[J]. First Monday,2015,20(7).

[112] Saunders A. Valuing IT-Related Intangible Capital[C]. International Conference on Information Systems DBLP, 2010.

[113] Schaefer M, Sapi G. Learning from data and network effects: The example

of internet search[C]. Discussion Papers of DIW Berlin, 2020.

[114] Schneier B. Data and Goliath: The Hidden Battles to Collect Your Data and Control Your World[M]. Norton & Company Press,2015.

[115] Scott MM. Doubled-up households: should they onlycount if they're 'homeless'? [C]. Urban Institute, 2011.

[116] Sehreyer P. Capital Stocks, Capital Serviees and Multi-factor Prouctivity Measures,OECD Economic Stuies[R]. Paries: OECD,2004:164-183.

[117] Serajuddin U, Uematsu H, Wieser C, et al. DataDeprivation: Another Deprivation to End[C]. Policy Research Working Paper 7252, WorldBank Group,2015.

[118] Shin N. The Impact of Information Technology Innovation on Firm Performance[C]. Americas Conference on Information Systems. Seidenberg School of CSIS Pace University, 2007.

[119] Statistic Canada.The value of data in Canada: Experimental estimates[C]. Latest Developments in Canadian Economic Accounts, 2019.

[120] Stiglitz, Joseph E. Information and the Change in the Paradigm in Economics[J]. American Economic Review, 2002, 92(3): 460 - 501.

[121] Stiglitz, Joseph E., Andrew Weiss. Credit Rationing in Markets with Imperfect Information[J]. American Economic Review, 1981, 71(3):393 - 410.

[122] Stiroh K J. Information Technology and the U.S. Productivity Revival: a Review of the Evidence[J]. Business Economics, 2002, 37(1):30-37.

[123] TamimSaleh, Jon Brock, LuersAndrew. The Age of Digital Ecosystems: Thriving in a World of Big Data[C]. BCG,2013.

[124] Teece,D.J. Profiting from technological innovation: Implications for integration, collaboration, licensing and public policy[J]. Research Policy, 1986.

[125] TsaiFeng-Ming, Huang Linda J.W.Using artificial neural networks to predict container flows between the major ports of Asia[J].International Journal of Produc-

tion Research,2015:1-10.

[126] Van Dijck J. Datafication, dataism and dataveillance: Bigdata between scientific paradigm and ideology[J]. Surveillance& Society, 2014, 12(2):197 - 208.

[127] Varian, H. Artificial Intelligence, Economics, and Industrial Organization [M].University of Chicago Press,2018.

[128] Veldkamp L. Data and the Aggregate Economy[C]. Annual Meeting Plenary. Society for Economic Dynamics,2019.

[129] Veldkamp L. Slow boom, sudden crash[J]. Journal of Economic Theory, 2005, 124(2):230-257.

[130] Wang Y, Yao Y. Sources of China's Economic Growth, 1952-1999: Incorporating Human Capital Accumulation[J].China Economic Review, 2003, 14(1):32-53.

[131] Wendy C Y Li. Depreciation of Business R&D Capital[C].Working Paper on National Accounts,2012(7).

[132] Wong C K. Information Technology,Productivity and Economic Growth in China[C]. Proceedings of the 16th Annual Conference of the Association for Chinese Economics Studies,Australia (ACESA)Brisbane,QLD,2004:19-20.

[133] Wu, Y. China's Capital Stock Series by Region and Sector[J].Frontiers of Economics in China, 2016,11(1):156-172.

[134] Yan C S, Haksar V. The Economics and Implications of Data: An Integrated Perspective[R]. IMF Departmental Papers / Policy Papers, 2019.

[135] Young,A. Gold into Base Metals,Productivity Growth in the People's Republic of China During the Reform Period [J]. Journal of Political Economy,2003,111 (6):1220-1261.

[136] Zuboff S. The Age of Surveillance Capitalism: The Fight forA Human Future at the New Frontier of Power[M]. Public Affairs,2019.

[137] 白永秀,李嘉雯,王泽润.数据要素:特征、作用机理与高质量发展[J].电子政务,2022(06):23-36.

[138] 白重恩,张琼.中国的资本回报率及其影响因素分析[J].世界经济,2014,37(10):3-30.

[139] 白重恩,张琼.中国生产率估计及其波动分解[J].世界经济,2015,38(12):3-28.

[140] 蔡虹,许晓雯.我国技术知识存量的构成与国际比较研究[J].研究与发展管理,2005(04):15-20.

[141] 蔡晓陈.中国资本投入:1978~2007——基于年龄—效率剖面的测量[J].管理世界,2009(11):11-20.

[142] 蔡跃洲,陈楠.新技术革命下人工智能与高质量增长、高质量就业[J].数量经济技术经济研究,2019,36(05):3-22.

[143] 蔡跃洲,马文君.数据要素对高质量发展影响与数据流动制约[J].数量经济技术经济研究,2021,38(03):64-83.

[144] 蔡跃洲,牛新星.中国数字经济增加值规模测算及结构分析[J].中国社会科学,2021(11):4-30+204.

[145] 蔡跃洲,张钧南.信息通信技术对中国经济增长的替代效应与渗透效应[J].经济研究,2015,50(12):100-114.

[146] 蔡跃洲.数字经济的增加值及贡献度测算:历史沿革、理论基础与方法框架[J].求是学刊,2018,45(05):65-71.

[147] 操奇,孟子硕.数据作为生产要素参与分配机制的几个问题[J].福建论坛(人文社会科学版),2020(11):19-27.

[148] 曹景林,赵宁宁.中国高技术产业R&D资本折旧率的测算[J].统计与信息论坛,2017,32(06):78-85.

[149] 曾先峰,杨柳.中国资本回报率:考虑碳减排成本的新核算[J].中国人口·资源与环境,2017,27(10):149-158.

[150] 曾铮,王磊.数据要素市场基础性制度:突出问题与构建思路[J].宏观经济研究,2021(03):85-101.

[151] 陈昌兵.可变折旧率估计及资本存量测算[J].经济研究,2014,49(12):72-85.

[152] 陈静,赵旖.运用大数据一体推进"三不"机制建设论析[J].廉政学研究,2022(01):3-25+288.

[153] 陈培钦.中国高投资下的资本回报率研究[D].华中科技大学,2013.

[154] 陈钰芬,侯睿婕,吴诗莹.不同活动类型研发资本存量的估算:2009-2016[J].科学学研究,2020,38(06):1028-1037.

[155] 陈钰芬,侯睿婕.中国制造业分行业研发资本存量的估算[J].科学学研究,2019,37(09):1570-1580.

[156] 程名望,张家平.ICT服务业资本存量及其产出弹性估算研究[J].中国管理科学,2019,27(11):189-199.

[157] 单豪杰.中国资本存量K的再估算:1952~2006年[J].数量经济技术经济研究,2008,25(10):17-31.

[158] 德怀特·H·珀金斯,陈越.中国经济体制改革(二)[J].管理世界,1989(01):65-79.

[159] 德勤中国.中国人工智能行业综述[J].科技中国,2019(01):63-77.

[160] 丁文联.数据竞争的法律制度基础[J].上海法学研究,2020,3(01):352-361.

[161] 杜秦川.数据要素影响中国经济增长的初步研究[J].中国物价,2022(01):37-39+112.

[162] 杜庆昊.数据要素资本化的实现路径[J].中国金融,2020(22):34-36.

[163] 段伟杰,陈文晖.基于上市公司数据的企业货币需求分析[J].北京社会科学,2021(11):82-93.

[164] 范子英,赵仁杰.法治强化能够促进污染治理吗?——来自环保法庭设

立的证据[J].经济研究,2019,54(03):21-37.

[165] 方丹丹,俞文群.加快培育宁波数据要素市场的对策建议[J].宁波经济(三江论坛),2022(02):16-19+25.

[166] 方文全.中国的资本回报率有多高?——年份资本视角的宏观数据再估测[J].经济学(季刊),2012,11(02):521-540.

[167] 干春晖,郑若谷,余典范.中国产业结构变迁对经济增长和波动的影响[J].经济研究,2011(5):4-16+31.

[168] 高鸿业等.西方经济学(微观部分)(第七版)[M].中国人民大学出版社,2018.

[169] 龚六堂,谢丹阳.我国省份之间的要素流动和边际生产率的差异分析[J].经济研究,2004(01):45-53.

[170] 郭鹏飞,罗玥琦.中国信息通信技术分行业资本存量的估算[J].统计与决策,2018,34(13):126-130.

[171] 郭文,秦建友,曹建海.中国资本存量测算问题分析[J].上海经济研究,2018(12):89-102.

[172] 郝枫.中国省区资本存量估算:1952-2004[J].数据分析(JDA),2006(6):11-30.

[173] 何大安,任晓.互联网时代资源配置机制演变及展望[J].经济学家,2018(10):63-71.

[174] 何枫,陈荣,何林.我国资本存量的估算及其相关分析[J].经济学家,2003(05):29-35.

[175] 何哲.新信息技术革命:机遇、挑战和应对[J].人民论坛,2021(Z1):8-11.

[176] 贺菊煌.我国资产的估算[J].数量经济技术经济研究,1992(08):24-27.

[177] 贺立,吕光明.中国省份要素替代弹性估计及增长效应研究[J].中国经济问题,2022(04):109-124.

[178] 洪永淼,汪寿阳,任之光,薛涧坡,钟秋萍,钟锃光."十四五"经济科学发展

战略研究背景与论证思路[J].管理科学学报,2021,24(02):1-13.

[179] 洪永淼,汪寿阳.大数据如何改变经济学研究范式? [J].管理世界,2021,37(10):40-55+72+56.

[180] 侯睿婕,陈钰芬.SNA框架下中国省际R&D资本存量的估算[J].统计研究,2018,35(05):19-28.

[181] 黄勇峰,任若恩,刘晓生.中国制造业资本存量永续盘存法估计[J].经济学(季刊),2002(01):377-396.

[182] 蒋洁.培育发展数据要素市场的疑难问题与法律应对[J].图书与情报,2020(03):22-24.

[183] 雷辉.我国资本存量测算及投资效率的研究[J].经济学家,2009(06):75-83.

[184] 李宾.我国资本存量估算的比较分析[J].数量经济技术经济研究,2011,28(12):21-36+54.

[185] 李刚,张钦坤,朱开鑫.数据要素确权交易的现代产权理论思路[J].山东大学学报(哲学社会科学版),2021(01):87-97.

[186] 李海舰,赵丽.数据成为生产要素:特征、机制与价值形态演进[J].上海经济研究,2021(08):48-59.

[187] 李辉.大数据推动我国经济高质量发展的理论机理、实践基础与政策选择[J].经济学家,2019(03):52-59.

[188] 李金昌.关于统计数据的几点认识[J].统计研究,2017,34(11):3-14.

[189] 李军.数据说服力—菜鸟学数据分析[M].北京:人民邮电出版社,2016.

[190] 李仁君.中国三次产业的资本存量测算[J].海南大学学报(人文社会科学版),2010,28(02):47-52.

[191] 刘涛雄,戎珂,张亚迪.数据资本估算及对中国经济增长的贡献——基于数据价值链的视角[J].中国社会科学,2023,(10):44-64+205.

[192] 李树文,罗瑾琏,葛元骎.大数据分析能力对产品突破性创新的影响[J].

管理科学,2021,34(02):3-15.

[193] 李向东,李南,白俊红,谢忠秋.高技术产业研发创新效率分析[J].中国软科学,2011(02):52-61.

[194] 李小胜.中国R&D资本存量的估计与经济增长[J].中国统计,2007(11):40-41.

[195] 李颖.中国省域R&D资本存量的测算及空间特征研究[J].软科学,2019,33(07):21-26+33.

[196] 李跃,王艺臻,孙瑞琦,王霄飞.煤炭产能空间集聚有利于区域产业转型升级吗?——基于中国30个省份的实证研究[J].资源开发与市场,2022,38(07):784-791.

[197] 李政,周希祺.数据作为生产要素参与分配的政治经济学分析[J].学习与探索,2020(01):109-115.

[198] 李治国,唐国兴.资本形成路径与资本存量调整模型——基于中国转型时期的分析[J].经济研究,2003(02):34-42+92.

[199] 林晓言,陈娟,王红梅等.技术经济学[M].北京:清华大学出版社,2014.

[200] 刘吉超.我国数据要素市场培育的实践探索:成效、问题与应对建议[J].价格理论与实践,2021(12):18-22.

[201] 刘佳明.大数据背景下数据垄断的反垄断规制研究[D].华东交通大学,2019.

[202] 刘建翠,郑世林,汪亚楠.中国研发(R&D)资本存量估计:1978-2012[J].经济与管理研究,2015,36(02):18-25.

[203] 刘进.人工智能如何使教育研究走向科学[J].高等工程教育研究,2020(01):106-117.

[204] 刘瑞明,毛宇,亢延锟.制度松绑、市场活力激发与旅游经济发展——来自中国文化体制改革的证据[J].经济研究,2020,55(01):115-131.

[205] 刘文革,贾卫萍.基于数据要素驱动的结构转型与经济增长研究[J].工

业技术经济,2022,41(06):10-17.

[206] 刘业政,孙见山,姜元春,陈夏雨,刘春丽.大数据的价值发现:4C模型[J].管理世界,2020,36(02):129-138+223.

[207] 罗曼,田牧.理想很丰满现实很骨感贵阳大数据交易所这六年[N].证券时报,2021-07-12(A01).

[208] 马海涛,朱梦珂.税收负担对企业固定资产投资的影响——基于税种差异视角的研究[J].经济理论与经济管理,2021,41(11):4-22.

[209] 毛艳芬.基于互联网的产业融合问题研究[J].郑州轻工业学院学报(社会科学版),2015,16(04):94-97.

[210] 梅宏.大数据与实体经济融合是重要方向[J].当代贵州,2018(21):72-73.

[211] 孟倩.生产率悖论与中美两国信息技术投资效果比较[J].工业工程与管理,2005(01):68-73.

[212] 莫怡青,李力行.零工经济对创业的影响——以外卖平台的兴起为例[J].管理世界,2022,38(02):31-45+3.

[213] 欧阳日辉,龚伟.基于价值和市场评价贡献的数据要素定价机制[J].改革,2022(03):39-54.

[214] 彭刚,赵西超.大数据如何影响国民经济核算(上)[J].中国统计,2020(07):70-72.

[215] 彭建平,李永苍.FDI存量、R&D存量与自主创新——基于省际动态面板GMM估计的实证研究[J].经济经纬,2014,31(01):79-83.

[216] 秦荣生.大数据、云计算技术对审计的影响研究[J].审计研究,2014(06):23-28.

[217] 任保平,王思琛.新发展格局下我国数据要素市场培育的逻辑机理与推进策略[J].浙江工商大学学报,2022(03):85-93.

[218] 任保平.新时代中国经济从高速增长转向高质量发展:理论阐释与实

践取向[J].学术月刊,2018,(3):66-74+86.

[219] 任若恩,刘晓生.关于中国资本存量估计的一些问题[J].数量经济技术经济研究,1997(01):19-24.

[220] 任韬,宋子琨.技术进步偏向性、要素配置偏向性与中国三次产业全要素生产率的提升[J].首都经济贸易大学学报,2022,24(05):14-28.

[221] 施莉,胡培.中国信息技术投入经济价值测度实证分析[J].科技进步与对策,2007(02):106-108.

[222] 石育玮,张黎.大数据侦查方法在集资诈骗案件中的应用研究:前景、问题与对策[J].北京警察学院学报,2021(02):68-76.

[223] 孙川.中国省际信息通信技术资本存量估算[J].统计研究,2013,30(03):35-42.

[224] 孙凤娥,江永宏.中国研发资本测算及其经济增长贡献[J].经济与管理研究,2017,38(02):3-12.

[225] 孙琳琳,任若恩.转轨时期我国行业层面资本积累的研究——资本存量和资本流量的测算[J].经济学(季刊),2014,13(03):837-862.

[226] 汤铎铎,刘学良,倪红福,杨耀武,黄群慧,张晓晶.全球经济大变局、中国潜在增长率与后疫情时期高质量发展[J].经济研究,2020,55(08):4-23.

[227] 唐要家,唐春晖.数据要素经济增长倍增机制及治理体系[J].人文杂志,2020(11):83-92.

[228] 唐要家.中国个人隐私数据保护的模式选择与监管体制[J].理论学刊,2021(01):69-77.

[229] 田杰棠,刘露瑶.交易模式、权利界定与数据要素市场培育[J].改革,2020(07):17-26.

[230] 田侃,倪红福,李罗伟.中国无形资产测算及其作用分析[J].中国工业经济,2016(03):5-19.

[231] 田友春.中国分行业资本存量估算:1990~2014年[J].数量经济技术经

济研究,2016,33(06):3-21+76.

[232] 汪玉凯.数字化是政府治理现代化重要支撑[J].国家治理,2020(14):3-7.

[233] 王宏伟,董康.数据要素对企业发展的影响——基于云计算行业197家上市公司实证分析[J].东岳论丛,2022(03):161-173+192

[234] 王江容.数据生产要素的统计核算研究[J].河北企业,2022(02):32-34.

[235] 王俊.我国制造业R&D资本存量的测算(1998-2005)[J].统计研究,2009,26(04):13-18.

[236] 王谦,付晓东.数据要素赋能经济增长机制探究[J].上海经济研究,2021(04):55-66.

[237] 王胜利,樊悦.论数据生产要素对经济增长的贡献[J].上海经济研究,2020(07):32-39+117.

[238] 王夙.加快培育数据要素市场[N].经济日报,2020-04-16(5).

[239] 王维,陈杰,毛盛勇.基于十大分类的中国资本存量重估:1978~2016年[J].数量经济技术经济研究,2017,34(10):60-77.

[240] 王伟玲,王晶.我国数字经济发展的趋势与推动政策研究[J].经济纵横,2019(01):69-75.

[241] 王伟玲,吴志刚,徐靖.加快数据要素市场培育的关键点与路径[J].经济纵横,2021(03):39-47.

[242] 王小鲁,樊纲等.中国经济增长的可持续性[M].经济科学出版社,2000.

[243] 王昕玥,渠鸿竹,方向东.组学大数据和医学人工智能[J].遗传,2021,43(10):930-937.

[244] 王亚菲,王春云.中国行业层面信息与通信技术资本服务核算[J].统计研究,2017,34(12):24-36.

[245] 王亚菲,王春云.中国行业层面研究与试验发展资本存量核算[J].数量经济技术经济研究,2018,35(01):94-110.

[246] 王元卓,隋京言.应用型大数据人才培养[J].高等工程教育研究,2021(01):44-49.

[247] 魏辉,王春云.准确理解资本存量与资本服务测度[J].经济统计学(季刊),2016(02):194-209.

[248] 文豪,李洪月.中国的无形资产投资及其国际比较[J].宏观经济研究,2013(12):26-34.

[249] 吴方卫.我国农业资本存量的估计[J].农业技术经济,1999(06):34-38.

[250] 吴海青.数据要素化:保险科技新层次[N].中国银行保险报,2021-04-23(006).

[251] 吴建军,金兆鹏,刘晴.人力资本对辽宁省经济增长影响的实证分析[J].辽宁经济,2015(09):44-47.

[252] 吴清峰,唐朱昌.投资信息缺失下资本存量K估计的两种新方法[J].数量经济技术经济研究,2014,31(09):150-160.

[253] 吴晓怡,张雅静.中国数字经济发展现状及国际竞争力[J].科研管理,2020,41(05):250-258.

[254] 吴延兵.R&D存量、知识函数与生产效率[J].经济学(季刊),2006(03):1129-1156.

[255] 鲜祖德,王天琪.中国数字经济核心产业规模测算与预测[J].统计研究,2022,39(01):4-14.

[256] 向蓉美,叶樊妮.永续盘存法核算资本存量的两种途径及其比较[J].统计与信息论坛,2011,26(03):20-26.

[257] 肖敏,谢富纪.我国R&D资本存量的空间分布特征[J].科技管理研究,2009,29(08):435-436+439.

[258] 谢康,夏正豪,肖静华.大数据成为现实生产要素的企业实现机制:产品创新视角[J].中国工业经济,2020(05):42-60.

[259] 谢千里,罗斯基,郑玉歆.改革以来中国工业生产率变动趋势的估计及

其可靠性分析[J].经济研究,1995(12):10-22.

[260] 徐蔼婷,靳俊娇,祝瑜晗.我国研究与试验发展资本存量测算——基于财富与生产双重视角[J].统计研究,2021,38(05):15-28.

[261] 徐国泉,姜照华.R&D资本存量的测度与中美的比较研究[C].第二届中国科技政策与管理学术研讨会暨科学学与科学计量学国际学术论坛2006年论文集,2006:218-222.

[262] 徐杰,段万春,杨建龙.中国资本存量的重估[J].统计研究,2010,27(12):72-77.

[263] 徐经长.人工智能和大数据对会计学科发展的影响[J].中国大学教学,2019(09):39-44.

[264] 徐翔,厉克奥博,田晓轩.数据生产要素研究进展[J].经济学动态,2021(04):142-158.

[265] 徐翔,赵墨非.数据资本与经济增长路径[J].经济研究,2020,55(10):38-54.

[266] 徐欣,唐清泉.技术研发、技术引进与企业主营业务的行业变更——基于中国制造业上市公司的实证研究[J].金融研究,2012(10):193-206.

[267] 许妮娅,解刚刚.物质资本与人力资本对经济增长影响的实证分析[J].统计与决策,2018,34(09):117-120.

[268] 许宪春,张美慧.中国数字经济规模测算研究——基于国际比较的视角[J].中国工业经济,2020(05):23-41.

[269] 许宪春,张钟文,胡亚茹.数据资产统计与核算问题研究[J].管理世界,2022,38(02):16-30+2.

[270] 薛俊波,王铮.中国17部门资本存量的核算研究[J].统计研究,2007(07):49-54.

[271] 严成樑,龚六堂.R&D对我国经济增长的贡献测度[J].投资研究,2014,33(01):13-23.

[272] 杨林涛,韩兆洲,王昭颖.多视角下R&D资本化测算方法比较与应用[J].数量经济技术经济研究,2015,32(12):90-106.

[273] 杨林涛,邱惠婷.中国财富性与生产性R&D资本存量估算——基于非传统永续盘存法[J].数量经济技术经济研究,2021,38(11):122-143.

[274] 杨默如,杨令仪.高技术企业税费负担与全要素生产率——基于减税降费政策的研究[J].税务研究,2022(02):24-32.

[275] 杨晓维,何昉.信息通信技术对中国经济增长的贡献——基于生产性资本存量的测算[J].经济与管理研究,2015,36(11):66-73.

[276] 杨轶波.中国分行业物质资本存量估算(1980—2018年)[J].上海经济研究,2020(08):32-45.

[277] 叶樊妮.资本存量与资本服务核算研究[D].西南财经大学,2009.

[278] 叶明确,方莹.中国资本存量的度量、空间演化及贡献度分析[J].数量经济技术经济研究,2012,29(11):68-84.

[279] 叶卫东,李波.大数据推动农田数字化建设的应用研究[J].农村.农业.农民(B版),2022(07):63-64.

[280] 叶宗裕.中国省际资本存量估算[J].统计研究,2010a,27(12):65-71.

[281] 叶宗裕.中国资本存量再估算:1952—2008[J].统计与信息论坛,2010b,25(07):36-41.

[282] 袁波.大数据领域的反垄断问题研究[D].上海交通大学,2019.

[283] 张胡,李树青,丁晓蔚,胡桓.面向数据科学的情报学学科研究方法及学科教育内容设计[J].图书与情报,2021(05):115-122.

[284] 张军,吴桂英,张吉鹏.中国省际物质资本存量估算:1952—2000[J].经济研究,2004(10):35-44.

[285] 张军,章元.对中国资本存量K的再估计[J].经济研究,2003(07):35-43+90.

[286] 张军扩."七五"期间经济效益的综合分析——各要素对经济增长贡献

率测算[J].经济研究,1991(04):8-17.

[287] 张利群.技术创新与区域经济增长[D].吉林大学,2010.

[288] 张梁梁,袁凯华.省际文化资本存量估算与经济增长效应研究[J].统计与信息论坛,2018,33(05):39-49.

[289] 张少辉,李经,余泳泽.地方财政收入目标制定对企业劳动收入份额的影响[J].经济学动态,2021(06):98-112.

[290] 张昕蔚,蒋长流.数据的要素化过程及其与传统产业数字化的融合机制研究[J].上海经济研究,2021(03):60-69.

[291] 张燕.农业大数据在农业经济管理中的应用策略[J].商业文化,2022(06):71-72.

[292] 张英.发展数字经济,快入赛道[N].湖南日报,2022-05-20(002).

[293] 张之光,蔡建峰.信息技术资本、替代性与中国经济增长——基于局部调整模型的分析[J].数量经济技术经济研究,2012,29(09):71-81+150.

[294] 赵西亮,基本有用的计量经济学[M].北京大学出版社,2017.

[295] 郑世林,杨梦俊.中国省际无形资本存量估算:2000～2016年[J].管理世界,2020,36(09):67-81+110+82.

[296] 中国信息通信研究院.数据资产化:数据资产确认与会计计量研究报告(2020年)[R].2020b.

[297] 中国信息通信研究院."四化"协同,数字经济发展新阶段[J].信息化建设,2020a(07):39-41.

[298] 中国资产评估协会.资产评估专家指引第9号——数据资产评估[R].2019.

[299] 宗振利,廖直东.中国省际三次产业资本存量再估算:1978—2011[J].贵州财经大学学报,2014(03):8-16.